专家论股
江氏操盘实战金典
4

江氏操盘手
Jiang Shi Cao Pan Shou

庄散博弈

盘口识庄利器

—— 江海 著 ——

四川人民出版社

图书在版编目（CIP）数据

庄散博弈：盘口识庄利器 / 江海著. —成都：四川人民出版社，2017.7（2021.4 重印）
（江氏操盘实战金典）
ISBN 978-7-220-10195-3

Ⅰ.①庄…　Ⅱ.①江…　Ⅲ.①股票交易—基本知识
Ⅳ.①F830.91

中国版本图书馆 CIP 数据核字（2017）第 136670 号

ZHUANGSAN BOYI PANKOU SHIZHUANG LIQI
庄散博弈：盘口识庄利器
江　海　著

出 品 人	黄立新
策划组稿	王定宇
责任编辑	王定宇
封面设计	李其飞
版式设计	戴雨虹
责任校对	王鲁琴
责任印制	王　俊
出版发行	四川人民出版社（成都槐树街 2 号）
网　　址	http://www.scpph.com
E-mail	scrmcbs@sina.com
新浪微博	@四川人民出版社
微信公众号	四川人民出版社
发行部业务电话	（028）86259624　86259453
防盗版举报电话	（028）86259624
照　　排	四川胜翔数码印务设计有限公司
印　　刷	成都蜀通印务有限责任公司
成品尺寸	185mm×260mm
印　　张	15.5
字　　数	250 千
版　　次	2017 年 7 月第 1 版
印　　次	2021 年 4 月第 5 次印刷
印　　数	18001—23000 册
书　　号	ISBN 978-7-220-10195-3
定　　价	48.00 元

证券投资的新篇章

北京大学中国金融研究中心证券研究所所长　吕随启

我与江海老师相识已经7年，他在股市中已有16年多的职业投资经验，拜访过十几位中国股市中的前辈，跟随其在股票投资上的授业恩师8年，加上自己的自律、勤奋，因此在证券投资上取得了非凡的成绩。从2011年到现在一路走来，2011年7月20日、2011年10月17日、2014年7月24日、2015年6月12日……对大盘每次的变盘点都能够提前做出精准预判。

我们早在几年前就有约定，如果江海老师出版股票投资的书，我一定会为他作序。因为我见证了中国股市一次又一次的涨跌起落，见证了中国股民在这条道路上所走的弯路，甚至有的人走向了万劫不复的深渊，伤害了自己、伤害了家庭、伤害了周围的朋友。江海老师愿意将他所学、所知、所悟向中国股民公开，对于整个证券市场都是值得庆幸的好事。更让我欣慰的是，江海老师会将其所学的证券投资知识通过“江氏操盘实战金典”丛书毫无保留地向读者传授。

曾经和江海老师开玩笑时问道：你的这套交易体系已经足够让您轻松地在这个市场中如鱼得水甚至平步青云，为什么还整天不辞辛苦地奔波于全国各地讲课，每天工作时间都超过14小时？他回答：我个人以及我的家庭在这个市场中都不会为财富发愁，我也可以通过我的财富去帮助更多需要的人，但是授人以鱼不如授人以渔，凭一己之力又能帮助多少人呢？我愿意通过讲课的方式将我们交易体系的知识传授给有缘人，愿意帮助他们在这个市场中成长，一方面是将我们交易体系的知识进行传承，成就更多的人一起把爱传递开来；另一方面“法布施得智慧”，生命不息、学习不止，这是我的人生信条，也是我愿意站在讲台上为证券投资传经布道的原因，启迪他人，修炼自己。

中国证券市场还在不断发展和完善的过程中，上市公司的数量会不断增多，交易规则会不断完善，投资的难度越来越大，如果不通过有效的学习把自己变得更加专业，就很可能让自己变成任人宰割的羔羊。“江氏操盘实战金典”丛书在经典技术分析的基础上，充分结合了A股市场的特性，从多方位对股票价格的运行进行分析，而且充分考虑到不同水平投资者的需求，由浅入深，充分结合案例进行深度解读。证券投资不是一招一式就能做到稳定盈利的，更不是按照自己的思维方式去预测股价，一定是在对技术有了全方位的研究之上，熟悉了股价运行的结构和逻辑后，才能够“悟”到的。在丛书中，作者会经常提到主力思维的重要性，培养散户养成这种思维方式，建立自己的交易模型，并且需要严格执行，不妄测市场，而要跟随趋势。

K线是证券投资的基础，是进入证券市场的第一堂课，《买在起涨——K线组合利器》对各种K线形态进行了量化的定义，每个形态背后多空资金是如何博弈的、散户的思维方式和主力的思维方式有何不同、同一个形态在股价运行的不同位置出现时的不同含义等问题，都进行了深度解读。在传统的技术分析中，从K线图中只能解读到高开低走等有限的信息，《买在起涨——K线组合利器》颠覆了这种红买绿卖表象的分析方式，而是从多空博弈的角度解读了股价运行的逻辑。

涨停板是最吸引投资者的一种股价快速上涨的技术形态，因为它可以带来最丰厚的投资利润。从统计学和概率论的角度来说，风险和收益之间是对称的，获得更大的收益就要面临更大的风险，但是对于理解股价运行逻辑的人来说，好的投资机会一定是在承受小的风险的同时能够带来更大的收益。《涨停聚金——短线操作利器》是针对不同位置的涨停板进行透彻分析，深度剖析什么位置的涨停板最具有小风险大收益的投资机会。

趋势是打开证券投资的一把钥匙。这把钥匙在这个市场中已经传递了近百年，但是能够正确使用这把钥匙打开证券投资这把锁的人却屈指可数。每一位能够正确使用这把钥匙的人都付出了无数的努力，所以都不会轻易讲出它的核心在哪里，更不愿意将其公之于众。《趋势为王——波段操作利器》是我读过的证券投资类书籍中关于趋势、波段讲解比较透彻的一本，它将道氏理论、波浪理论、时间周期理论等多种定性的理论进行定量分析，一层一层地揭开了股价运行的内部结构，是投资者实现同市场对话的一本难得的好书。

虽然盘口是股票交易中的最小单位，但是它决定了任何一种行情机会的转变，更是主力资金同散户进行互动的最直接“战场”。投资者经常能够从盘口中看出当下主力是在建仓、拉升还是出货，但是结果却是事与愿违，股价的真实方向和判断的主力意图是相反的。这就需要投资者上升到人性和博弈层面，切实结合股价运行位置等要素进行综合分析，才能准确地发现主力运作行径。这是市场上众多盘口书籍不能解决的问题，而正是《庄散博弈——盘口识庄利器》这本书最大的亮点。

均线对于交易的辅助作用非常大，但是均线的参数该如何设置，不同的均线参数会直接决定交易的结果。实际上均线和K线的阴阳一样，只代表市场运行过程中的一种表象，均线背后的真实意义才是最具有研究价值的。《黑马在线——均线实战利器》立足于从面到点、从整体到局部的分析方式，建立了均线分析之前的位置要素分析模式，跳出“均线参数”的谜团，更注重主力行为和趋势分析，回归价格结构的本源进行分析。

我对《价值爆点——牛股挖掘利器》的感触最大。证券市场不仅有股价的起起落落，更有其背后人性的明争暗斗。西方传统的价值投资经典在A股上难免水土不服，但是在理论支撑的基础上结合A股的特色，更容易形成一套战无不胜的交易系统。如果说“江氏操盘实战金典”丛书的其他几本偏向于对“术”层面上的讲解，那么《价值爆点——牛股挖掘利器》则是百尺竿头更进一步，将整个体系的投资精髓上升到了“法”和“道”的层面。

我对国际金融研究得比较多，中国的金融市场和证券市场正在蓬勃发展，严格监管更是为它的健康发展提供了新的机遇，在这个过程中会有无数优秀的投资个体、投资机构快速发展。“江氏操盘实战金典”丛书一定会为想要在中国证券市场快速发展的进程中取得优异成绩的您插上双翼，助您快速起航，搏击证券投资的苍穹。

2017年6月1日

前 言

时间如电光火石般擦肩而过，从我拜访过褚时健老人家后决定带着责任感和使命感将整个江氏交易体系发扬光大的那天起，已两年有余。在这两年里，江氏交易体系日渐完善，最重要的是整套体系将在中和应泰这个平台上生根发芽，让更多的普通投资者、职业投资者知道江氏交易天机（“江氏操盘实战金典”的操作体系，已获得国家注册商标）、认可江氏交易天机，是这个平台成就了我们团队，成就了每一位因为中和应泰而结识的股民朋友。

非常感恩中和应泰的王圣雄总经理，他让我们整套体系在全中国乃至世界上留下了踪迹；也非常感恩中和应泰的每一位同人，是你们在背后的默默付出，才有了江氏交易体系团队成员的光环。在我们“江氏操盘实战金典”系列之四、之五、之六再版之际，我和我们团队所有成员对中和应泰的每一位同人表示最诚挚的谢意!

信任、宽容、感恩和爱自己，这四个词语是这篇前言我要阐述的核心内容。它们是我的人生信条，是我们团队每一位成员的人生信条，也真诚地希望它们可以给因本书结缘的您带来对生活、对证券市场的感悟。

>>信任

信任是我有今天成就的种子，是我能保持执着地走在这条路上的源泉。我相信这个市场是有规律的，而且一定有人通晓这个规律，所以我不断地去寻觅那个可以把我真正带入这个市场的贵人，直到我认识我的授业恩师。八年时间里，我坚定不移地跟随在恩师的身边，我用别人想象不到的勤劳和汗水不断地学习和精进，夜以继日地走近这个市场、探索这个市场，数不清多少个不眠之夜、记不得阅读过多少本书籍，我留下了一本又一本的笔记后，坚定而稳健地迈开每一步脚印。

对一件事情感兴趣不难，难的是可以持之以恒地做同一件事。数年来坚持不懈的能量都来自我对恩师的信任和在这条道路上走下去的决心。所以我对我的操盘手学员、弟子的要求也是一样的，当你全然地相信、全然地接受时，证券投资的大门才会真正为你打开。

>>宽容

感恩恩师对我每一次错误的宽容，更是这样的品质让我感受到一名投资大师的心胸和格局。宽容不只是对身边的人，也包括身边所发生的一切好的、坏的事情。像宽容自己一样宽容身边的每一个人，宽容市场给予你的每一次亏损，宽容每一个诽谤你的人。因为学会宽容，遇事我才会更加平和；因为学会宽容，我有更成熟的心态面对市场的千变万化；因为学会宽容，我结识了更多来自五湖四海的朋友；因为学会宽容，我们江氏交易天机的家人们越来越紧密地团结在一起。

>>感恩

如果你还没有体味到“感恩”这个词的奥妙和能量，那么，真心地建议有缘的读者朋友用心地去实践，你就会发现生活发生的微妙变化。因为感恩，我的生活减少了抱怨、多了美好；因为感恩，才会在逆境中寻找到希望。对美好的事物感恩很容易，然而精彩的人生属于那些对挫折也心存感激的人。感恩证券市场成就了亿万投资者，感恩主力资金辛勤地运作才让我们有获利的机会，感恩每一次刻骨铭心的往事让我们变得更加坚强、更加勇敢。

>>爱自己

当信任、宽容、感恩成为你生活的一部分，你会时刻被正能量包围着，渐渐地发现自己也在发生变化，越来越光彩照人，因为在践行信任、宽容和感恩的同时，我们自己才是最大的宠儿。爱自己不是买最贵的衣服，不是住最漂亮的房子，不是开最豪华的车，而是不断增长自己内心的平和以及洞察万物的能力。只有自己，才是我们能够拥有的全部，自己看到阳光，才会感到整个世界充满阳光。爱自己不是自私，而是爱周围一切的开始。

股市是最好的修行场所！但是所修的不仅是技术，更是我们躁动不安的心。如果证券投资还没有带给你快乐，请你去修行信任、宽容、感恩，并爱自己，这才能够让你在这个市场中，无论是精神还是物质都会变得富足。

“江氏操盘实战金典”目前一共出版了六本书，完成了对江氏交易天机雏形的构建。我相信，以后我的学生们会有更出色的书陆续出版，会从各方面诠释江氏交易这套庞大的体系。本次三本书的精彩之处在于：

《庄散博弈》诠释了主力资金和散户资金通过盘口进行对抗的全过程，精彩、通透是本书的特色。本书从股价运行全局的位置讲到盘中量价形态的变化，全面解读主力是如何通过盘口在低位取得筹码，在高位出货变现。在A股市场上进行投资，如果能够识别下跌是洗盘还是出货，就可以解决强势牛股上涨时的持仓问题，这是在市场中有着多年股龄的老股民都没有办法解决的问题。本书就是以主力思维为出发点，通过解读盘口中资金驱动下的量价变化，来判断主力的真实意图，进而达到拉升前进场、出货前离场的目的。

《黑马在线》是结合证券市场趋势理论、波浪理论等重要的经典理论，结合A股独特的主力运作模式，对股价运行的位置进行详细阐述的一本书。高手套在低位，新手套在高位，这是对位置的重要性最直接的诠释，也就是说，高手和新手最大的区别就是对位置的认识。市场上讲证券投资的书琳琅满目，但是能够真正道明股价运行位置的少之又少，而本书将会为投资者解决买进后大亏的问题。

《价值爆点》是最符合A股市场的简单实用的基本面的一本书。对于欧美国家一些经典的价值投资方式，一定要结合A股的特性，才会使基本面研究具有重大意义。任何一只牛股的爆发都离不开基本面的配合，有的是因为上市公司良好的运营和发展，有的是行业性利好造成的产业链联动。然而基本面的数据和信息灿若繁星，投资者需要用一双慧眼，从这些繁星中找到最明亮的那颗。本书就是将财务分析进行流程化，强调分析时要关注哪些数据，市场上的消息在股价不同位置是实质性利好还是利空，上市公司通常会采用哪些“讲故事”的方式和投资者进行博弈……

开卷有益，欢迎大家和我们的团队一起，在证券市场中成长、前行！

江涵

2018年1月31日

小 序

距离上次写小序刚好时隔一年，一年的时间对于一个人的一生来说不算太长，但是决定每个人一生命运的，也就是那么几个一年的时间。有些炒股经验丰富的投资者，十几年来见证了股价的涨涨跌跌，然而账户收益却差强人意，虽然对市场也有领悟，却始终不能形成一个有效的交易系统。但是一旦遇到高手指点，多年沉淀下来的盘感和经验会让自己对市场有全新的领悟，操作上也会取得突破性的进展。和大部分投资者相比我是幸运的，一进入这个市场就遇到给自己指路的人，遇到一个和自己一起前行的团队。

如果上一次写小序时还是在对这个市场全面地了解和认知阶段，那么最近的一年则是同市场进行深度接触并将理论用于实战的阶段。无论哪一位投资者，在市场中都需要这个过程：学习理论、参与实战、总结归纳、修正理论、再参与实战、再总结归纳……就像一块璞玉，在反复雕琢的过程中，有敲击的痛苦，有成形的喜悦，无论发生什么，无论问题多少，终点只有一个——琢玉成器。无论是我们体系中卓越的学员、操盘手，还是每个能够站在行业巅峰位置的人，都要经历这样的过程。

每个人的一生中都会遇到无数的贵人，但是他们在你的身边出现的方式会有很大差别，有的是以导师的方式为你指引方向，有的是以敌人的方式让你更加坚强，有的是以亲人的方式给予你无限的关爱和温暖，有的是以伙伴的方式与你并肩前行……只有心怀感恩，才能接纳来到我们身边的每一位贵人，才能接纳万物，才能视万物皆为大自然的恩赐。因为接纳和包容，世界才会在你心中显得无比美好，苦味在你口中才会变得甘之如饴。

感恩一路走来陪伴在身边的恩师和学长，是你们的包容和谅解让我在证券市场上日渐成熟，虽然在前进的道路上难免磕磕绊绊，但是每一次踏过荆棘，都让我们凝聚得更紧；每一次冲云破雾，都让我们更坚定地一起走下去。感恩江氏交易天机的创始人、我的老师江海先生，是他夜以继日的付出，才使整套交易系统日臻完善，也是他对我的谆谆教导，让我在证券投资之路上少走了无数的弯路！

随着我们投资者教育事业的不断发展，有越来越多的80后、90后加入我们的行列，有的要成为操盘手，有的要成为投资培训讲师，越来越年轻的队伍让我们感受到了无限的朝气和希望。在这个和平、幸福的年代，我们在一起共同奋斗，每个人生命的意义会被重新编码。老师、老师的老师、老师的老师的老师……他们秉承着“前人栽树后人乘凉”的信念不断奉献，使得知识不断被传承、被超越，适应一代又一代变迁！感恩运道使然，让我成为江氏交易天机团队的一员。

我们这套证券投资的交易系统能够应对牛熊，不仅适合想在市场中有所斩获的普通投资者，也适合要以其为生的交易员，还适合掌管大资金的操盘手。整套体系以主力思维、趋势思维、强者思维、风险思维和逐利思维为指导方向，继承了证券市场众多经典投资理论的精华，贯穿着江海老师数十年个人和机构的投资经验，大到基本面研判、小到分时盘口解读，处处围绕市场的内在根本结构和A股市场政策、资金主导的特殊交易机制，帮助投资者有效识别不同的行情机会，系统、理性地实现避险逐利的投资目的。

在“江氏操盘实战金典”丛书的《庄散博弈》《黑马在线》《价值爆点》即将出版之际，预祝更多有缘人因为这套丛书而与我们结识，因为江氏交易天机而受益！

曲君洁

2017年6月1日

目　录

【导读】

投资不是一件容易的事情

投资不是一件容易的事情，在股市中淘金如果真像很多股评家说的那么容易，我们中国股民就不会有二八法则了。有人说在A股中赚钱太难了，所以更愿意去炒港股或者美股。2016年10月份有幸聆听过一次罗杰斯先生在国内的演说，和大家分享两个我记得最清楚的数据：一个数据是在美国，70%的专业投资者操作的结果不尽如人意，甚至还赶不上普通投资者的平均水平；另一个数据是75%的失败的投资者都是有着别人羡慕的学历背景和社会地位的“高智商”人群。

投资不是一件容易的事情，国外市场已经沉淀了上百年的历史，市场上也演化出非常多的分析方法，每一位进入这个市场的“修行者”都是经过了千锤百炼，阅读过无数本书、拜访过无数位老师，但是很多的结果是股龄增加不少、阅历增加不少，就是收益没有太大的变化。其实每位投资者走过的弯路笔者都经历过，因为很多对这个市场的分析、研究、理解甚至是感悟都是停在术的层面上的，没有从事物的本质上去探寻其本因，殊不知这是一个完全由人的行为构成的市场，市场上每个结果都是人的想法、意愿最直接的表现。

感恩证券市场上睿智的前辈，用他们的智慧发明了K线，为我们探寻这个市场的奥秘奠定了一个非常完美的开端，一代代优秀的探寻这个市场价格运行规律的使者们，也立下了一个又一个丰碑。然而随着计算机的普及，从手绘K线图的时代已经进入了计算机处理、互联网传输的大数据时代，精密的机器可以让投资者获取更多的交易数据，对K线的真实构成有了更深的了解。而K线的构成就是盘口。

市场上介绍盘口的书很多，如果您并没有阅读过太多其他与盘口相关的书籍，很高兴这本书会帮您绕开很多弯路直接接触证券市场上量价关系的本质；如果您已经阅读过很多介绍盘口或者短线的书，说明您已经有了比较扎实的基础，更加欢迎您阅读本书，因为本书会使您迈向一个全新的高度。

本书对盘口的诠释是从庄散资金博弈的角度由浅入深的。阅读本书，您会感受到盘面上的任何一个区域都是一个没有硝烟的战场，是由来自全世界的陌生人组成，所有参加者只能通过数字、图形的变化识破对手的招式与意图。有的投资者说盘口行情级别太小、变化太快，根本没有研究的价值，其实他们是没有对盘口进行深度研究，所以不知道它的奥妙。在此先带领大家了解一下老鼠仓和短庄，进而带领大家走进探索盘口之路。

盘口陷阱——老鼠仓

老鼠仓是投资者耳熟能详的一个投资界专业名词，虽然不是什么光明正大的事情，但是对于普通投资者来说却极富诱惑力，因为它可以让手上的筹码一日之内获得的收益远超银行一年的理财产品收益，更有甚者当天就可以获得20%的收益。

老鼠仓让每一位投资者又恨又爱，恨是因为觉得不公平，爱是因为期待自己能够遇见。每天交易时间只有4个小时，但是投资者可不止这4个小时在水深火热之中，而是全天候地处在焦虑和恐慌之中，如果在盘中遇见一次老鼠仓这样快速波动的股票可能小心脏都要跳出来了。老鼠仓就像一个谜团一样吸引着我们但是却一直无法解开，本书的开篇就带您详细了解一下老鼠仓的那些事儿。（笔者一定要在此声明：以下的案例全部是笔者根据江氏交易天机的技术要点筛选、搜集的，这些案例在特殊的价位上有明显的资金异动行为，笔者没有参与这些异动行为，也根本不会知道背后是谁在操作，如果不小心刚好说对了也不是刻意揭露某些人的异动行为，更没有参与其中的任何利益关系，特此说明。）

图示案例

如图所示，海德股份（000567）在横盘一段时间后走出了一根有长长下影线的阴线，在《买在起涨》中详述这种长下影线出现后很可能是见底的信号，但是还需要我们结合多种因素进行研判。该K线最大的亮点在分时走势上，从当天的分时走势图中可以看到在中午11:30的时候股价出现快速向下打压后又快速拉回，打压的深度直接到跌停板，然后被快速拉回，瞬间的振幅达到了10%以上。

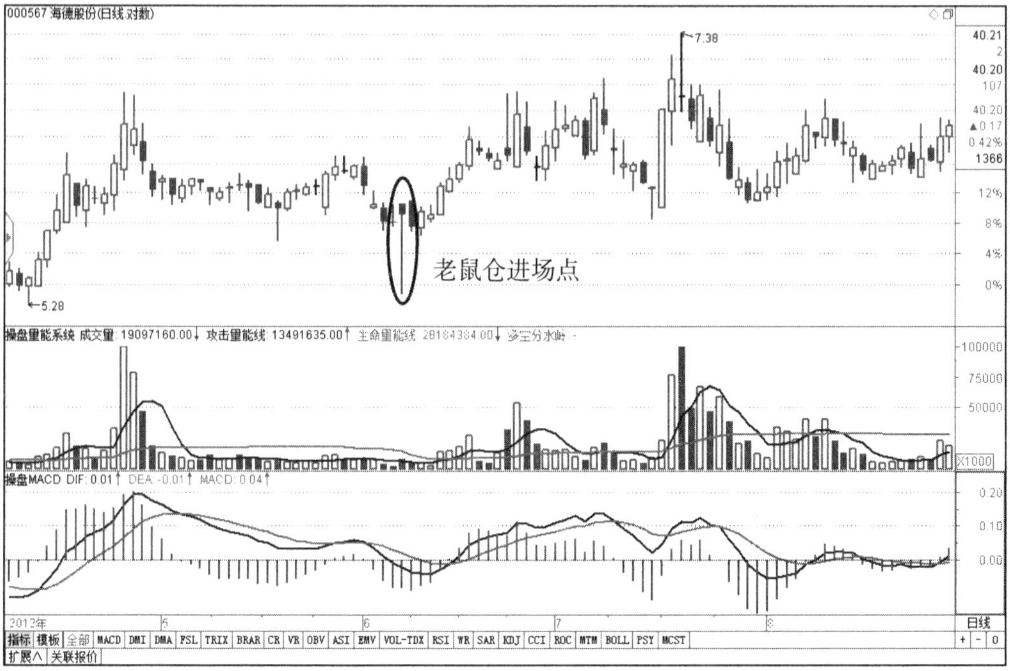

海德股份（000567）2012年4月~8月日K线走势图

在11:30这一刻是放了当天最大量的，但是不留心看是很难看出来的，因为这根成交量柱和走势图方格背景的线是重合的。再看成交明细上，11:30最后一笔成交的价格是5.35，成交总量是2220手，而前一笔的成交价格是5.85，瞬间跳水的幅度是8.55%，而下一笔在13:01成交的价格竟然是5.87，就是说3次成交演绎了从跌8.55%到涨9.7%的过山车游戏。

当日海德股份的盘中上演了这样一幕：午盘接近休市，市场交易逐渐冷清，买卖盘的挂单也越来越少，从当时最近价格5.88到当天的跌停板价格之间的全部挂单寥寥可数。交易所对全部委托数据公开后，市场上提供全部委托数据的交易软件比比皆是，所以手上筹码比较多的主力资金完全可以按照委买盘的全部挂单数量卖出筹码，进而实现将股价瞬间打到跌停板。

实际上，普通投资者的委托单基本都挂在前五档，一旦过了前五档大部分就撤单了，所以对于一只交易不活跃的股票来说，将其瞬间打到跌停板并不是一件多么难的事情，所需要的资金量并非我们想象的那么大。后文会详细介绍将中国石油这头“大象”打到跌停板所需要的资金量，结果一定会让你吃惊！但是问题是，将股价打到跌停板后封死在跌停板就难了，可谓是打江山容易、守江山难！

股价不是偶然到跌停板上的，因为跌停板上有2220手的委托买入单子，折合成资金为1187700元，也就是股价快速下跌是为了拉上这价值100多万的“老鼠”。之前的快速打压会造成买盘空档，“老鼠”上船后，就到了午盘休市的时间了，此时主力资金有足够的时间来填补买盘的空档，只要在原来的买一价位放上委托买入的单子就可以瞬间让股价恢复平静。

海德股份（000567）2012年6月7日分时走势图

上文已经将如何带“老鼠”上船的过程描述得非常清楚了。该笔资金当天盈利8%以上，后面什么时候卖已经不是很重要了，因为此次操作必然是盈利的。但是这个只有100多万价值的交易还不算真正的老鼠仓，最多算是给好朋友的一个红包行情，资金超过500万的才能算是老鼠仓。

图示案例

如果上一个案例让你感受到了这个市场的精彩，那么这个案例将会让你感受到这个市场的刺激。龙星化工（002442）在经过了前期充分的下跌后，走出4个交易日的小平底结构，在9月21日又出现了一根下影线，在K线图上这根K线的特征没有海德股份那么明显，但是精彩都在盘口上。

当天股价小幅低开，之后在绿盘区窄幅震荡，在一切还很平淡的情况下，股价从7.15瞬间被打到跌停价6.49，在跌停价上事先委托买入的数量是10000手，此

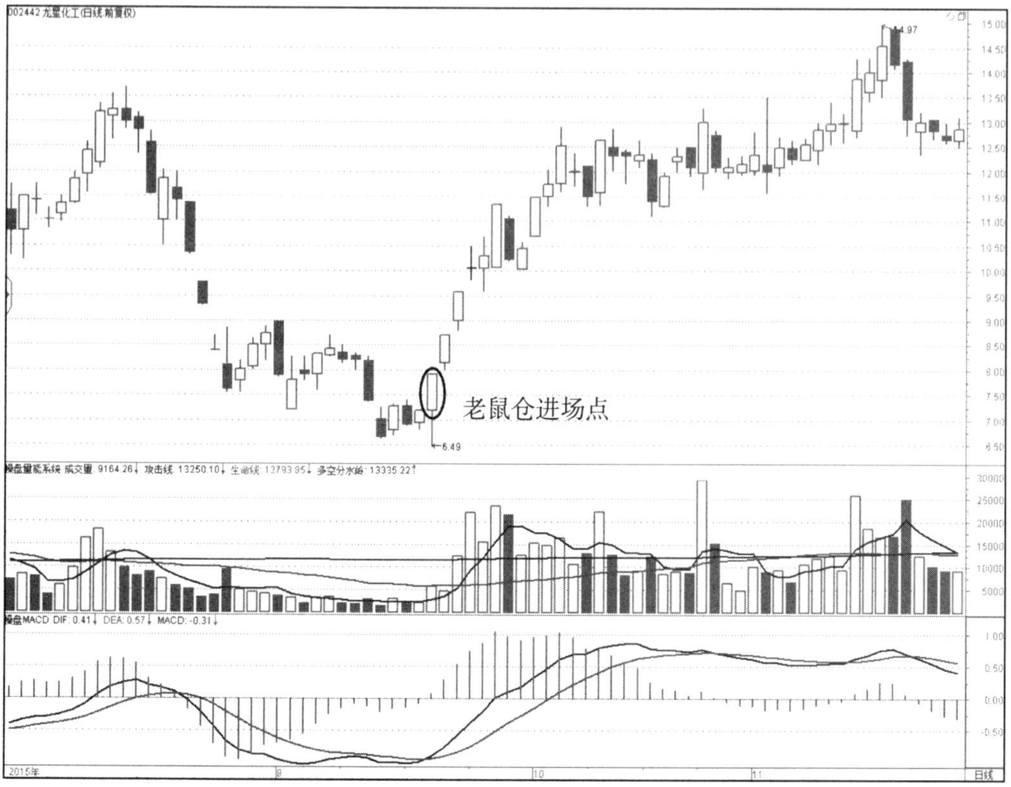

龙星化工（002442）2015年8月~11月日K线走势图

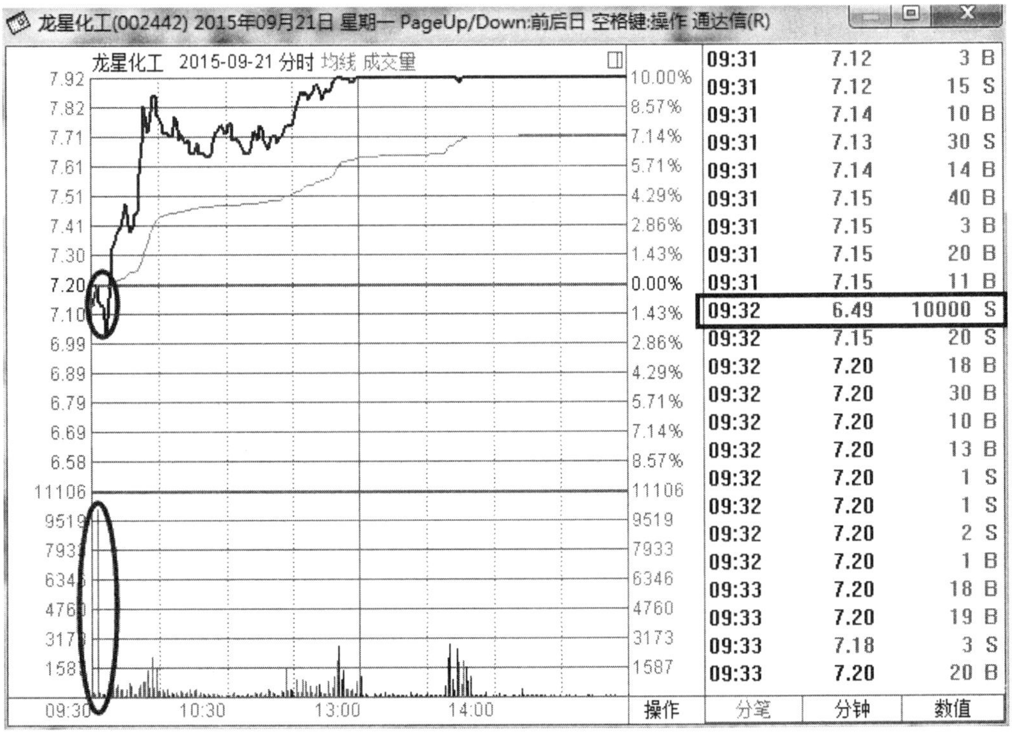

龙星化工（002442）2015年9月21日分时走势图

时全部成交，折合成资金为649万元。在盯盘者还在感慨10000手当天赚了10%的利润后，股价开始一路上扬，直到冲击到涨停板，10000手当天获利20%。再看龙星化工后期的K线走势，后面连续走出了2个涨停板和跳空高开的十字星，该笔单子在短短的4个交易日内获得了近50%的收益。

和读者分享以上两个经典的关于老鼠仓的案例并不是想给大家“爆料”，更不是怂恿大家去这么做，毕竟这是有悖道德和法律双层面的问题，只是想告诉大家，盘口很复杂，值得我们用心去学、去研究。

盘口陷阱——短庄

投资者对短庄的熟悉程度没有老鼠仓高，但是从字面上很容易明白它的含义——短线庄家操作的行情。

看到“短庄”这个称呼，投资的兴趣一定更浓了，天天都会提到“庄”，但是就是觉得和它们有着遥不可及的距离。在“江氏操盘实战金典”系列丛书中，我们会一直围绕一个核心话题：主力。这是A股市场最大的特色，也是我们体系能够得到广大投资者认可的核心所在。在此对市场中短线操作资金的案例进行简单介绍，其实也就是近年来各路游资采用的手法：快速建仓后边拉边出货，总操作周期在5个交易日左右。

图示案例

如下图所示，九安医疗（002432）在2016年4月~8月期间一直处于低位横盘状态，但是其震荡的空间比一些股票大些，在此震荡期间的小的上升波段中可以发现比较明显的短线资金进场拿筹码然后快速拉高出货的痕迹。

5月12日早盘低开后股价全天震荡上升，在小的上升通道中可以看到明显的吸筹迹象。在本书中会详细介绍通过盘口如何判断是否有资金进场吸筹。

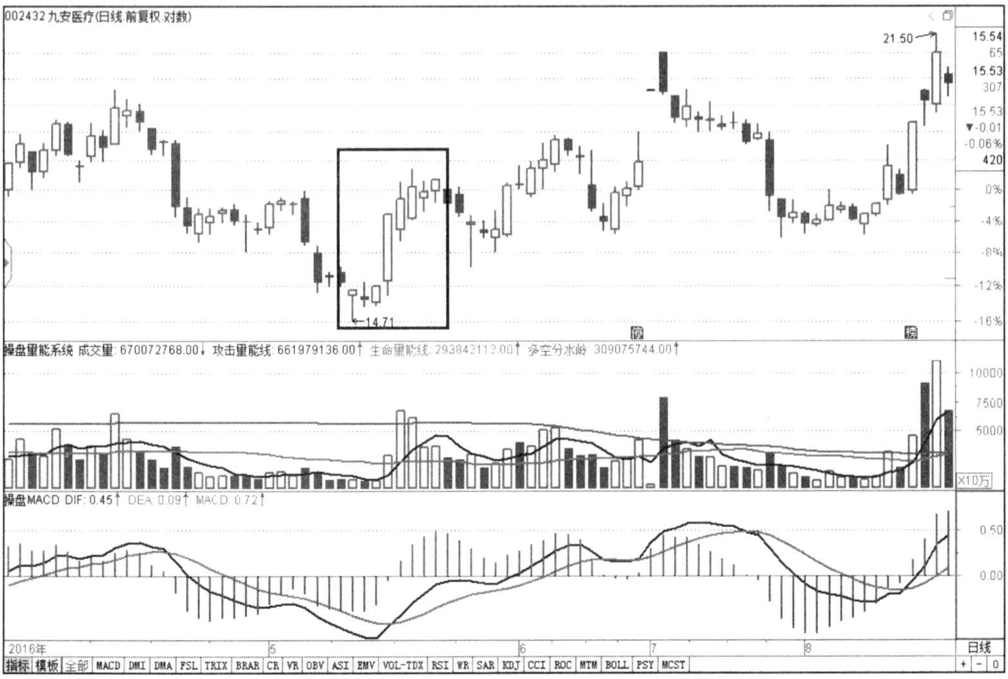

九安医疗（002432）2016年4月~8月日K线走势图

九安医疗（002432）2016年5月12日分时走势图

九安医疗（002432）2016年5月13日分时走势图

5月13日股价早盘拉高后震荡下跌，更像是早盘投入少量资金后让股价自由回落，更有试盘的痕迹，前期经过了充分下跌后股价处于比较低迷状态，没有场外资金主动参与的股价震荡下跌，但是并没有较大的量能放出来，说明市场上筹码比较稳定，具备操作短线行情的条件。

经过了上个交易日的试盘后，5月16日再次展开了快速拿筹码的动作。5月16日吸筹的手法和5月12日吸筹的手法不尽相同，5月16日采用的是全天横盘震荡尾盘拉尾抢筹的模式，这样一来5月12日和5月16日两天拿到的筹码都出现了浮盈。

九安医疗（002432）2016年5月16日分时走势图

研究了前三天的走势后基本可以确认短线资金在布局，但是5月17日上午小幅震荡下跌让我们心里很不舒服。按照我们的预期，17日是短线资金进场的第四个交易日，如果再没有拉出利润空间的动作，就说明我们前面判断的很可能是错的，一旦不是短线资金布局，那么股价很有可能会延续震荡甚至是下跌的走势。

股票市场上是有规律的，这种规律就是人性！果不其然，5月17日小幅震荡了一个上午，在下午果然展开了拉升动作。这种短线资金的操作模式是非常娴熟和规矩的，拉升的过程没有任何拖泥带水，以非常强势的波形将股价拉升到涨停板，也如期地在涨停板价格上不断有筹码抛出。

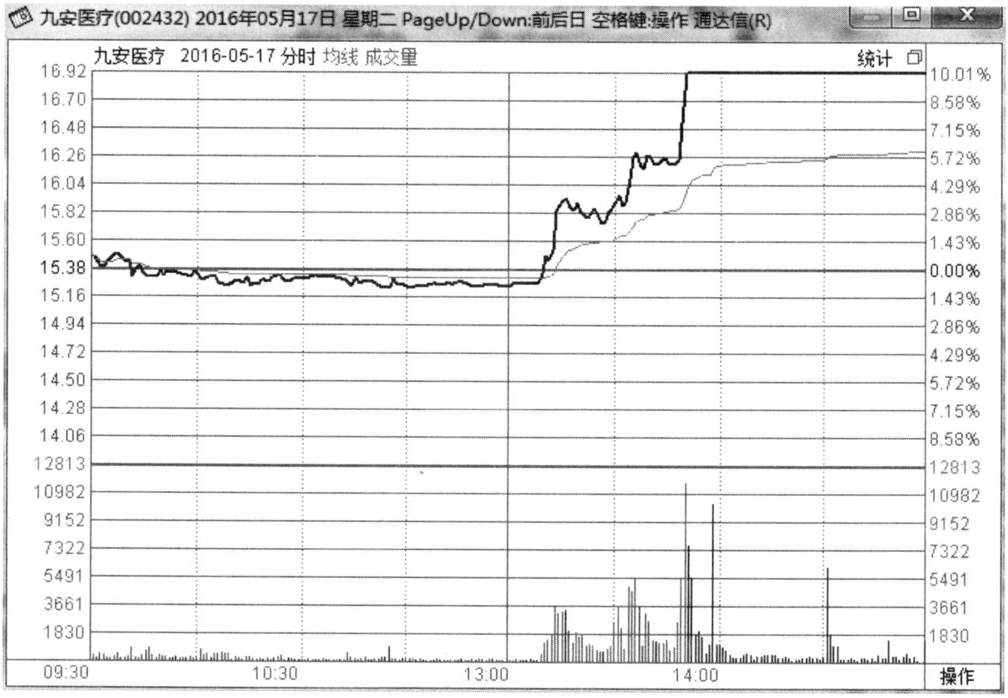

九安医疗（002432）2016年5月17日分时走势图

5月18日早盘低开，说明在集合竞价筹码还在抛出；早盘拉高后横盘，也是一种出货的迹象，早盘拉高回落时就必须将手上的筹码全部扔掉。前一个交易日的涨停板就已经在出货了，如果前期进场了，在前一个交易日的涨停板位置一定要减仓，因为我们没有办法计算主力资金抛了多少筹码，手上还有多少筹码，一定要避免次日的低开。

经过前面两个交易日的出货，短线资金手上的筹码所剩无几，后期的走势和我们的实盘操作关系不大，但是对于我们判断主力资金是否已经出货完毕是需要研究后续走势的。5月19日股价再次小幅低开，之后又被拉高，在下图中可以清晰地看到，在股价拉高的高点有整数大单抛出。

上文演绎了短线资金运作的全过程，但是这只是市场的冰山一角，还有中线资金、长线资金等形形色色的参与者，以及他们的风格和操作方式。让我们一起打开盘口的大门，去探索资金运作股价最核心的秘密吧。

九安医疗（002432）2016年5月18日分时走势图

九安医疗（002432）2016年5月19日分时走势图

第一章 盘口的这些宝贝

K线是主力“做”出来的，有太多的陷阱和欺骗；然而分时盘口却是用真金白银“做”出来的，虽然有时也会真真假假虚实难辨，但是当大资金进出是不会骗人的，即使是个套也是被钱砸出来的！

交易软件上的每个功能都是经过斟酌后确定的，存在必然有它的意义，问题的关键是我们如何去使用这些功能。如何判断一根K线是否健康？大阳线是不是就代表市场强烈的做多意愿？大阴线是不是就代表市场强烈的做空意愿？这样的问题光看K线是很难解决的，这也是K线研究者遇到瓶颈的原因，而盘口分析就会为其打开一扇全新的大门。

第一节 盘口的构成要素

一花一世界，一树一菩提。大千世界，人生百态、变化无常，这些在任何领域都通达的大道为我们股市上的投资提供了强有力的哲学依据。盘口作为导致股价变化的本源，用简单的数据、图形诠释了股市中的变幻莫测。每天4个小时的交易时间里，全国甚至全世界的精英就是通过这个一尺见方的屏幕同无数看不见的对手进行博弈。市场上有无数通过K线的变化赚得丰厚利润的优秀投资者，他们的成果一定是建立在对多空博弈有了洞察的基础之上的，而盘口就是修炼这种博弈思维最好的场所。

市场上的行情软件大同小异，本书以通达信软件的免费通用版为媒介，和投资者一起来探讨主力资金是如何通过盘口同散户进行“交易”的。如果本书中有用到其他软件的时候，会做特别说明。下图是一个江氏交易天机整套体系看盘时需要用到的一个标准盘口界面，作为一个专业的投资者或者说想要在这个市场上稳定盈利的投资者要知道每个要素的由来、在实战中该怎么用、什么时候才可以用。

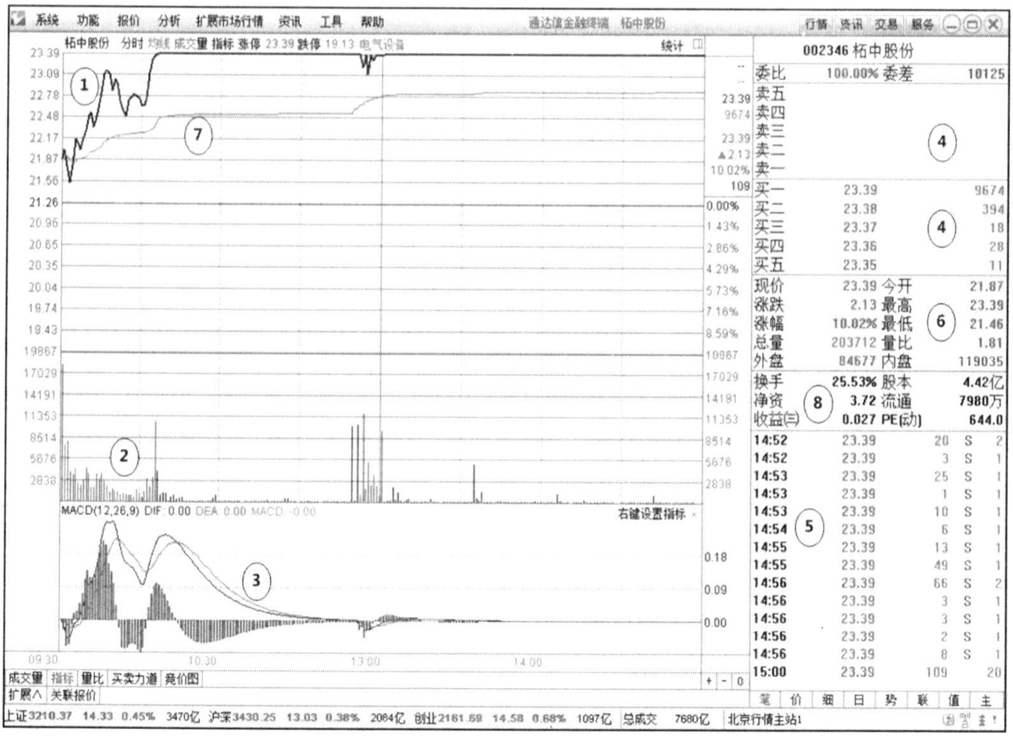

江氏交易天机标准盯盘盘口

第二节　要素1：股价分时走势

这是每天以每分钟为单位时间进行的报价，取每分钟结束那刻的价格作为该时间轴上的价格，如果当前分钟还没有结束就取最新价为当前分钟的价格，所以在当前分钟运行完毕前的价格是变动的。该要素是分时盘口最重要的要素，最直接地展示了当天日K线内部的真实构成。其实股价分时走势也就是1分钟的K线走势图，只是1分钟K线上比分时图上多留下了3个重要数据：1分钟的开盘价、1分钟的最高价和1分钟的最低价。分时走势流畅说明当天K线的内部趋势较强，资金的流向性也比较明显，分时走势不流畅说明当天K线的内部趋势较弱，资金的流向性不明显。

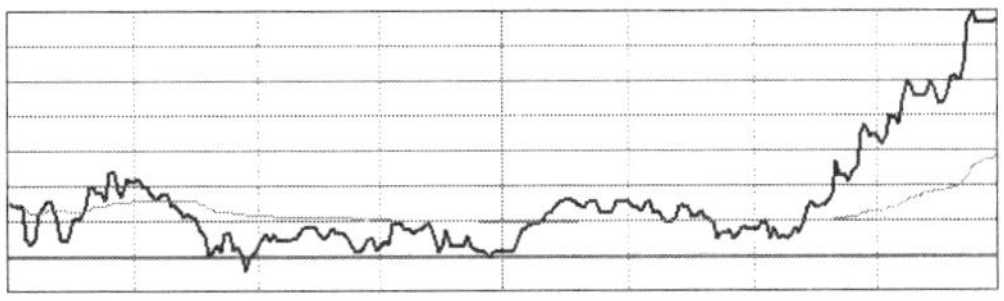

图一

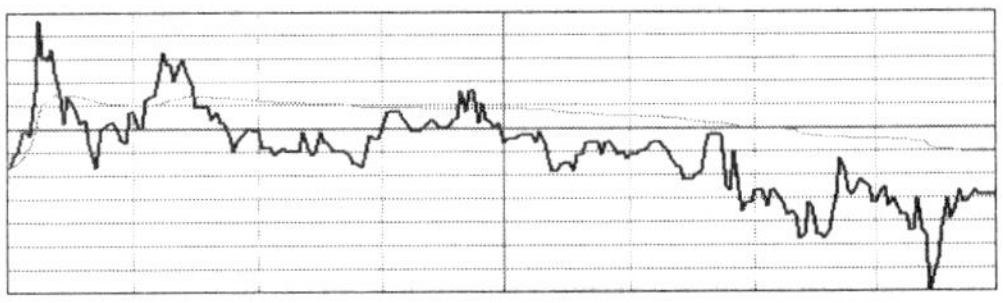

图二

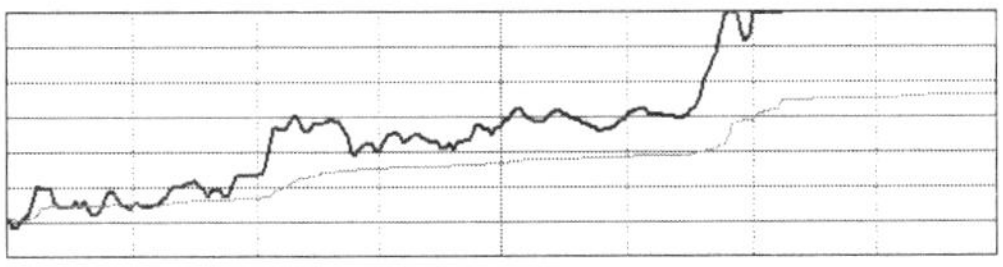

图三

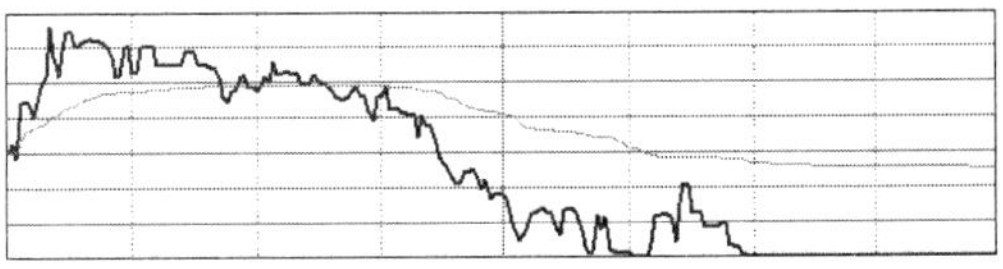

图四

上面的四幅图是3000多只股票历史盘口走势中的冰山一角，但是它们具有一定的代表性。图一是一种吸筹标志性盘口，图二是一种洗盘标志性盘口，图三是一种强势拉升标志性盘口，图四是一种快速下跌的标志性盘口。在不同位置、主力不同的操盘流程中会出现什么样的盘口特征是本书将要进行阐述的核心部分，会在后文一一进行解答。

第三节　要素2：分时成交量

在江氏交易天机的投资决策中，成交量的重要程度占比50%，K线的重要程度占比30%，均线的重要程度占比10%，指标的重要程度占比10%，可见成交量的作用之大。K线图上的成交量固然重要，然而K线图上的成交量一定是由分时成交量累积起来的，所以分时成交量是否健康才是决定当日成交量是否可以成为趋势牵引力的最核心要素。

在分时盘口中，每个成交量量柱是以1分钟为单位时间进行累积的。主力如果要集中投入大量的资金，1分钟是远远不够的，所以在分时图上就会呈现连续性的量堆，这才是主力将要强势拉升的前奏，这种强有力的量堆在江氏交易天机中被称为“攻击型量峰”。如果盘中的量能还是间歇性的，说明主力还没有决心快速推高股价，要么手中筹码不足、要么资金实力不够强大，这种不连续的时而放大时而缩小的成交量形态在江氏交易天机中被称为“冲击型量峰”。

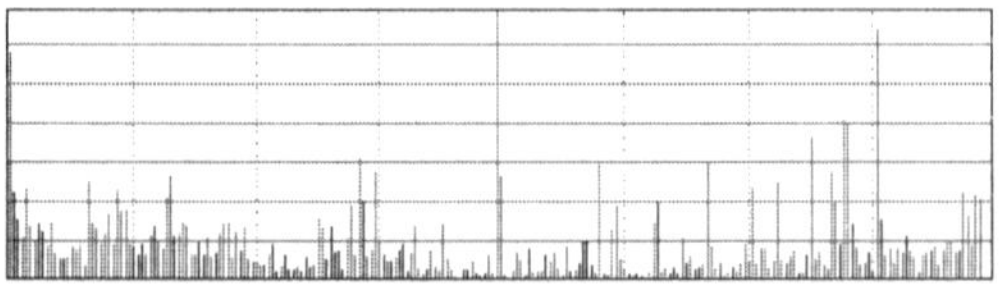

图一

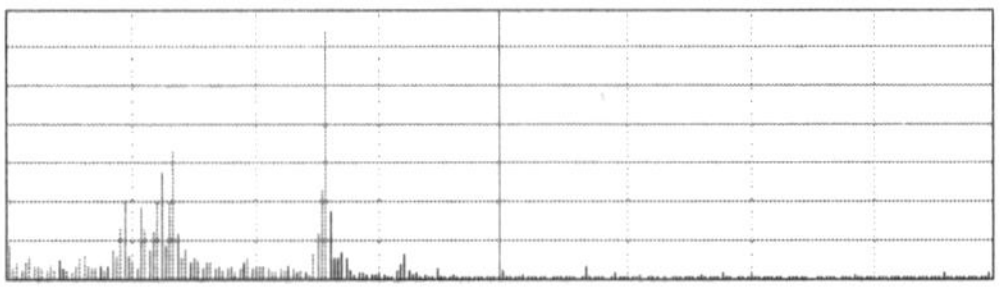

图二

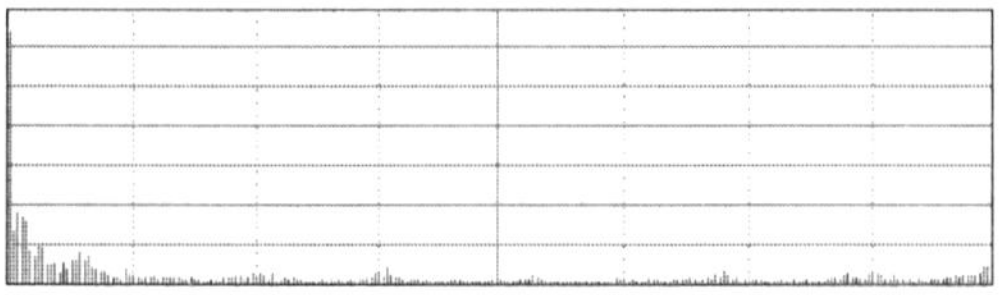

图三

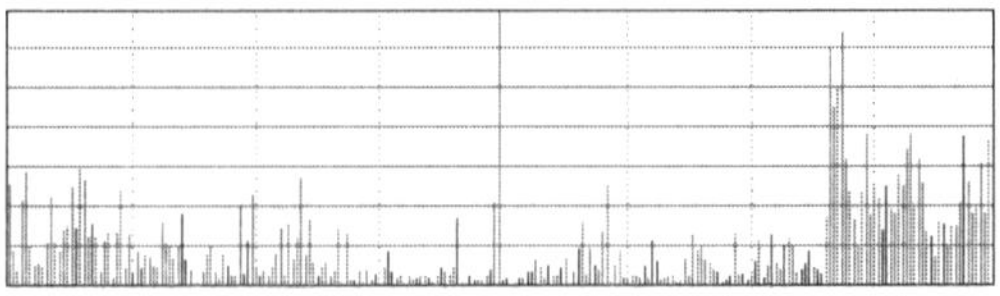

图四

上面四幅图是非常典型的分时量能图谱。第一幅图是冲击型主力建仓的盘口量峰，每次有节奏地快速放量又快速缩回去；第二幅图前期形成了量堆，后期快速放大量代表盘中两波强势拉升，当天封在涨停板的概率特别大；第三幅图集合竞价放大量甚至是巨量，之后全天缩量，基本是高开后股价震荡下跌的走势，主力在出货的概率较大；第四幅图上午量能较大但是比较分散没有构成量堆，尾盘有强劲的量堆，上午在不断拿筹码，尾盘快速拉升获利，很可能是短庄所为。

第四节　要素3：分时指标

因为分时走势和K线走势有着异曲同工之处，所以适用于K线的指标也同样适用在分时走势图上。但是在江氏交易天机中所有指标对决策的贡献程度的占比只有10%，分时盘口的指标的贡献度就会更小。因为所有的指标都是从量价关系的变化中得来的，只有把作为本源的量价关系变化搞清楚才能知道它们衍生的指标是怎么用的，然后当我们能够把量价转换关系搞清楚的时候也就不再需要看指标了。

然而，实盘中有些指标会为我们的交易决策带来便利，让我们的交易模型更加明确，量化的标准可以让我们每一次交易行为有所依据，尽量摆脱情绪化交易，真正做到计划我们的交易、交易我们的计划。在本书中简单地介绍三个指标的用法，但是还是着重提醒投资者研究指标反映的量价关系比追求用指标寻找交易信号更有价值。

MACD指标

MACD在江氏交易天机中被称为“指标之王”，市场上有很多关于MACD的图书，其原理、基本用法在网络上也很容易找到，但是MACD指标的核心是展示波段能量的变化、波浪的位置关系、不同周期级别行情的转换关系，这会涉及MACD一整套的课程，在此只谈及盘口，希望有缘人可以面对面交流。在此大家只需明白DIF在水上代表长期多方，DIF在水下代表长期空头，柱体为红色代表短期做多动能较强，柱体为绿色代表短期做空动能较强。

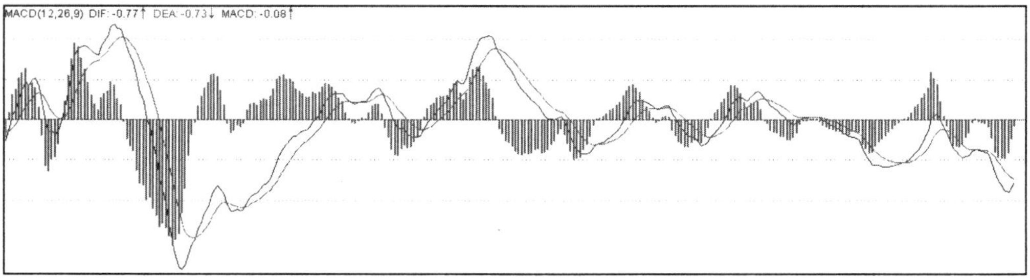

分时盘口MACD指标样图

量比指标

无论是短线交易还是波段交易，量比对于我们寻找买卖点是至关重要的。量比是指股市开市后平均每分钟的成交量与过去5个交易日平均每分钟成交量之比。其计算公式为：量比=（现成交总手数 / 现累计开市时间(分)）/ 过去5日平均每分钟成交量。

从量比的计算公式可以得知，其代表的是当前整体成交水平较最近5个交易日的平均水平的对比，量比越高代表当天的人气越旺，盘中如果出现量比下跌的走势说明盘中成交量萎缩、人气减弱，股价下跌的概率大，量比增加说明人气在提升，股价可以维持一段时间的上升趋势。

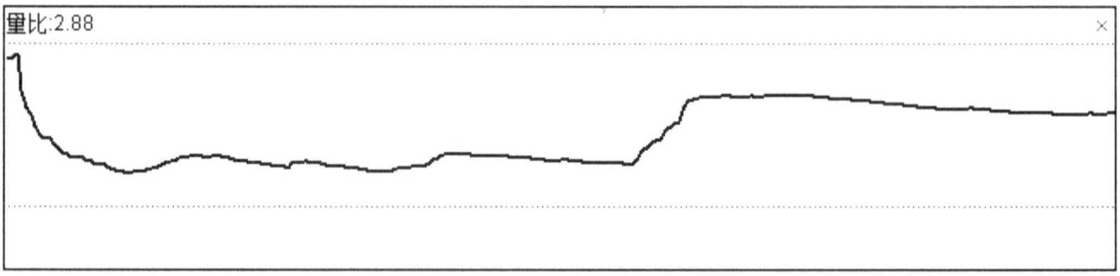

分时盘口量比指标样图

委买委卖指标

在江氏交易天机中有一整套系统是来分析盘口买卖盘博弈思维的，在后文会进行介绍，但是文字有的时候很难将意思表达到位，还请读者多多谅解。待阅读完第二章买卖盘的内容后再来理解这个指标就会如鱼得水，但是切记该指标是最具有欺骗性的一个指标，在没有理解其真正构成内因时就使用会误入歧途。

该指标有两根线，粗线代表当时委买盘的总量，细线代表当时委卖盘的总量，柱体的高度代表的是当时委买盘的总量和委卖盘的总量的差值。柱体在0轴平衡线之上代表委买量多于委卖量，市场上想要买入的人更多，切记只是“想要买入的人”，因为挂单并不代表一定会成交，挂而不交、交而不挂，真正想要积极买入的资金是不会在买盘上挂着给所有人看到的；柱体在0轴平衡线之下代表委卖量多于委买量，市场上想要卖出的人更多，切记也只是“想要卖出的人”。

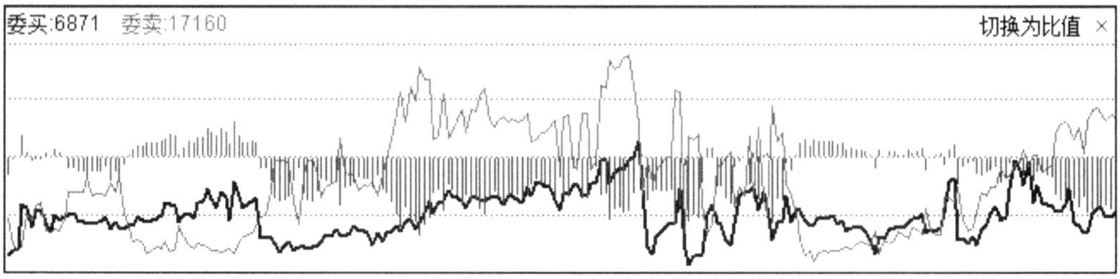

分时委买委卖指标样图

第五节　要素4：买卖盘

笔者喜欢将买卖盘口比作是商品交易的柜台，一方为持有商品的商家，希望给自己的商品卖个好价钱，一方是拿着钱找价格低于其实质价值的商品的买家。

整个证券市场是一个庞大的交易市场，每只股票是个小的交易市场，每天的交易时间，卖方会在自己的“柜台”上“叫卖”，最直接的表现方式就是卖盘的挂单，买方也会在自己的出价表上将自己对商品价位的预期表达出来，以期望成交。

但是最值得研究的是，买卖盘口上的挂单只是双方“想”的一种表现，并不能代表其真正的买卖意愿，资金庞大的交易者更是可以通过商品价格的变化、买卖盘挂单的变化给跟风的交易者制造出许多迷魂阵，最终实现有资金优势的投资者的财富增值。对于盘口，给予投资者最经典的一句话就是：“挂而不交、交而不挂。”

委比	-100.00% 委差	-6130
卖五	27.39	26.8万
卖四	27.38	0.8万
卖三	27.37	7.1万
卖二	27.36	23.8万
卖一	27.35	1618.0万
买一		
买二		
买三		
买四		
买五		

图一

委比	100.00% 委差	61438
卖五		
卖四		
卖三		
卖二		
卖一		
买一	21.75	13112万
买二	21.74	193.1万
买三	21.73	19.1万
买四	21.72	19.1万
买五	21.71	19.1万

图二

委比	0.75% 委差	25
卖五	17.19	40.4万
卖四	17.18	48.6万
卖三	17.17	32.5万
卖二	17.16	90.1万
卖一	17.15	72.9万
买一	17.14	8.7万
买二	17.13	91.0万
买三	17.12	107.0万
买四	17.11	33.5万
买五	17.10	47.7万

图三

委比	-75.66% 委差	-951
卖五	31.44	5.7万
卖四	31.43	25.1万
卖三	31.42	83.6万
卖二	31.41	104.9万
卖一	31.40	127.5万
买一	31.39	26.1万
买二	31.38	10.4万
买三	31.36	0.9万
买四	31.35	4.4万
买五	31.34	6.3万

图四

图一代表的是极限空方市场——跌停板。空方人气较重，场外资金以观望为主，卖方采用的是不断降低自己售价的方式以期望有所成交，避免股价再次下跌带来更大的亏损，可是价格一再下跌并没有改变场外资金对后期走势悲观的预期，就陷入了恶性循环中，股价一跌再跌，最终没有人愿意买进，所有的买盘都无挂单，股价跌停。

图二代表的是极限多方市场——涨停板。场外资金积极买进，但是囤积了商品的卖家也认为价格会继续走高所以选择惜售，场外资金希望用不断抬高报价的方式换取场内筹码的抛售，但是往往事与愿违，股价一涨再涨，最终没有人愿意卖出，所有的卖盘都无挂单，股价涨停。

图三代表的是多方市场。场外资金积极介入，但是还没有到可以将股价快速地推高到涨停板的热度，场内的持仓者对后市的走势也没有非常明确的判断，所以也并没有采取完全惜售的策略，市场中买卖意愿均存在，只是不十分活跃。

图四代表的是空方市场。场内的筹码积极抛售，场外资金缓慢进场接盘，买卖双方并没有达成一致看多或者一致看空的局势，虽然场内抛售偏向积极、股价一路下跌，但是抄底盘的不断涌入让下跌的价格不断遇到支撑，所以股价很难到跌停板。

第六节　要素5：成交明细

大家都有查银行交易明细或者淘宝账单的时候吧，成交明细和这两个的作用是一样的，不只是想知道一个月入账多少、支出多少、结余多少，更想知道哪些大额支出让这个月入不敷出，是不是有意外大额收入。查看成交明细也是为了解决这个问题，全天是分散资金形成的自然交易，还是强势的大资金形成的可以推动趋势的强势交易，两者的不同将对我们的投资决策造成最直接的影响。

图一代表的是涨停板之后，资金都挂在买盘上排队，希望有筹码抛出，今天拿到筹码后，后市会延续当日涨停的强势行情继续上涨，自己就可以从中获取利润。所以在成交明细中看到的都是积极卖出后导致的成交，被软件标记为S单。但是市场中大资金对市场做多的态度明显，不会积极抛出，所以没有资金量较大的成交单出现。

图二代表的是跌停板之后，囤货都挂在卖盘上排队，希望有资金进场拿走自己手上的筹码，当日跌停，次日难免会继续下跌，抛出后可以减少次日的损失。筹码一直在柜台上等待成交，所以只有积极买进才能够促成成交，在成交明细中看到的都是积极买进后导致的成交信号，被软件标记为B单。但是市场中大资金

14:40	16.15	15.3万	S
14:42	16.15	5.7万	S
14:44	16.15	0.8万	S
14:45	16.15	0.3万	S
14:46	16.15	0.2万	S
14:47	16.15	0.2万	S
	16.15	2.6万	S
14:49	16.15	1.6万	S
	16.15	0.2万	S
14:51	16.15	1.1万	S
14:52	16.15	0.6万	S
	16.15	0.8万	S
	16.15	1.0万	S
14:53	16.15	0.3万	S
	16.15	0.6万	S
	16.15	1.6万	S
14:55	16.15	3.2万	S
	16.15	1.0万	S
14:56	16.15	1.6万	S
	16.15	6.5万	S
	16.15	1.6万	S
	16.15	1.6万	S
14:57	16.15	3.2万	S
	16.15	1.6万	S
14:58	16.15	0.5万	S
14:59	16.15	1.0万	S
	16.15	1.6万	S
	16.15	2.4万	S

图一

14:55	23.94	4.8万	B	3
	23.94	2.6万	B	2
	23.94	0.2万	B	1
	23.94	3.6万	B	5
	23.94	2.2万	B	4
	23.94	2.4万	B	1
	23.94	57.0万	B	15
	23.94	1.4万	B	4
	23.94	0.7万	B	2
	23.94	0.2万	B	1
	23.94	0.5万	B	1
14:56	23.94	0.5万	B	1
	23.94	1.4万	B	1
	23.94	0.2万	B	1
	23.94	1.2万	B	1
	23.94	0.5万	B	2
	23.94	0.2万	B	1
	23.94	1.7万	B	4
	23.94	4.1万	B	4
	23.94	7.9万	B	9
	23.94	1.2万	B	2
	23.94	0.2万	B	1
	23.94	1.7万	B	1
	23.94	0.2万	B	1
	23.94	1.2万	B	1
	23.94	16.0万	B	11
14:57	23.94	1.0万	B	3
15:00	23.94	83.3万		106

图二

14:55	14.69	6.9万	S	6
	14.69	5.9万	S	6
	14.69	2.1万	B	5
	14.68	45.5万	S	11
	14.70	18.1万	B	16
	14.67	19.2万	S	11
14:56	14.67	1.6万	B	2
	14.66	11.6万	S	5
	14.66	2.1万	B	2
	14.66	36.5万	B	6
	14.65	17.1万	S	13
	14.65	1.3万	B	2
	14.65	26.7万	B	4
	14.64	11.4万	S	12
	14.65	92.0万	B	37
	14.64	5.9万		7
	14.65	18.3万	B	14
	14.65	11.6万	B	12
	14.64	12.7万		15
	14.63	20.9万	S	19
	14.65	32.5万	B	22
	14.64	12.4万	S	6
	14.64	116.5万	S	31
	14.64	11.1万	B	15
	14.64	159.1万	B	38
	14.64	21.2万	B	14
14:57	14.65	18.5万	B	13
15:00	14.65	767.5万		346

图三

14:57	29.65	52.2万	B
14:58	29.61	13.0万	S
	29.60	17.8万	S
	29.58	67.1万	S
	29.60	158.7万	B
	29.60	97.1万	B
	29.60	72.5万	S
	29.60	174.6万	B
	29.60	56.5万	B
	29.60	199.8万	S
	29.59	155.1万	S
	29.60	30.5万	B
	29.60	94.4万	S
14:59	29.58	42.6万	S
	29.60	42.9万	B
	29.55	39.9万	S
	29.59	72.8万	
	29.60	33.7万	S
	29.60	27.2万	S
	29.60	76.4万	S
	29.60	10.4万	B
	29.60	389.8万	B
	29.59	202.1万	B
	29.59	21.0万	B
	29.59	86.1万	B
15:00	29.59	181.1万	S
	29.52	33.9万	S
	29.59		S

图四

对市场做空的态度明显，不会积极买入，所以没有资金量较大的成交单出现。

图三代表的是一种正常的多头状态，多空双方很难达成高度一致看多，所以在明显的多头行情也会不断出现积极卖出的成交单。

图四代表的是一种正常的空头状态，多空双方很难达成高度一致看空，所以在明显的空头行情也会不断出现积极买进的成交单。

601169 北京银行　分时成交明细　　Up/PageUp:前翻 Down/PageDown:后翻

时间	价格	成交	
14:41	10.23	3.9万	S
	10.23	1.6万	S
	10.24	5.1万	B
	10.24	5.2万	B
	10.24	21.1万	B
	10.24	0.4万	B
	10.24	2.3万	B
	10.24	2.6万	B
14:42	10.24	0.5万	B
	10.24	4.5万	B
	10.23	59.2万	S
	10.24	0.3万	B
	10.23	1.7万	S
	10.23	0.8万	S
	10.23	24.9万	S
	10.24	5.4万	B
	10.23	1.1万	S
14:43	10.24	167.3万	B
	10.24	23.2万	S
	10.24	2.2万	S
	10.24	5.1万	S
	10.24	5.9万	S
	10.25	0.8万	B
	10.24	41.2万	S
	10.25	1.0万	B
14:44	10.24	16.8万	S
	10.24	2.0万	S
	10.24	0.2万	S
	10.24	1.5万	S
	10.24	0.2万	S
	10.24	32.1万	S
	10.24	9.3万	S
	10.24	0.1万	S
	10.24	3.5万	S
	10.24	92.4万	S
	10.24	3.1万	B
14:45	10.24	4.3万	B
	10.24	1.0万	B
	10.23	2.9万	S
	10.24	1.2万	B
	10.23	3.0万	S
	10.23	30.0万	S
	10.24	6.9万	B
	10.24	0.9万	B
	10.24	0.2万	B
	10.23	1.4万	S
14:46	10.23	63.4万	S
	10.23	1.0万	S
	10.23	8.7万	S
	10.24	44.7万	B
	10.23	3.1万	S

时间	价格	成交	
	10.24	9.3万	B
	10.24	10.3万	B
	10.23	0.1万	S
	10.24	39.1万	B
	10.24	11.3万	B
	10.24	0.1万	B
	10.24	16.6万	B
14:47	10.25	240.9万	B
	10.24	5.4万	S
	10.25	410.6万	B
	10.26	4.7万	B
	10.26	4.2万	B
	10.26	60.7万	B
	10.26	7.8万	B
	10.26	32.8万	B
	10.25	5.8万	S
	10.25	38.8万	S
14:48	10.26	6.7万	B
	10.26	1.3万	B
	10.26	42.3万	B
	10.26	0.1万	S
	10.27	59.6万	B
	10.26	0.5万	S
	10.26	2.2万	S
	10.27	1.5万	B
	10.27	1.8万	B
	10.26	6.4万	S
	10.26	7.2万	S
	10.27	2.5万	B
14:49	10.26	1.5万	S
	10.26	5.2万	S
	10.27	5.3万	B
	10.27	4.5万	B
	10.27	29.6万	B
	10.26	3.4万	S
	10.27	24.6万	B
	10.26	4.2万	S
	10.26	2.9万	S
	10.26	17.5万	S
	10.26	0.1万	S
14:50	10.27	12.5万	B
	10.27	6.0万	B
	10.26	4.0万	S
	10.27	182.2万	B
	10.26	23.4万	S
	10.27	16.4万	B
	10.27	54.7万	B
	10.28	13.4万	B
	10.27	0.5万	S
	10.28	5.6万	B
	10.27	6.8万	S

时间	价格	成交	
14:51	10.28	4.7万	B
	10.28	3.2万	B
	10.28	5.9万	B
	10.27	9.1万	S
	10.27	1.3万	S
	10.27	1.0万	S
	10.27	26.1万	S
	10.27	20.8万	S
	10.27	2.3万	B
	10.28	156.6万	B
	10.28	4.7万	B
	10.27	17.6万	
14:52	10.27	2.8万	S
	10.28	39.6万	B
	10.27	17.0万	S
	10.28	103.3万	B
	10.28	5.1万	B
	10.27	70.2万	S
	10.28	14.0万	B
	10.28	16.2万	B
	10.27	16.6万	S
	10.27	0.1万	S
14:53	10.27	5.1万	S
	10.28	3.2万	B
	10.28	3.0万	B
	10.28	19.2万	B
	10.28	39.4万	B
	10.28	35.9万	B
	10.27	17.0万	S
	10.27	123.5万	B
	10.27	0.9万	B
	10.27	10.0万	B
	10.27	4.9万	B
	10.28	1.6万	B
14:54	10.28	650.5万	B
	10.28	8.0万	S
	10.28	4.5万	S
	10.28	0.8万	B
	10.27	25.0万	S
	10.28	14.8万	B
	10.27	5.6万	S
	10.28	119.5万	B
	10.28	3.9万	B
	10.28	9.0万	B
	10.28	1.1万	B
	10.28	12.7万	B
14:55	10.29	230.6万	B
	10.28	29.1万	B
	10.29	8.5万	B
	10.28	33.4万	S
	10.29	14.1万	B

时间	价格	成交	
	10.29	36.2万	B
	10.28	9.0万	S
	10.28	10.6万	S
	10.28	6.3万	S
	10.28	19.4万	B
	10.28	200.3万	B
14:56	10.28	11.3万	B
	10.28	16.6万	S
	10.28	16.6万	B
	10.28	114.3万	B
	10.28	19.0万	S
	10.28	26.6万	S
	10.29	59.4万	B
	10.30	324.4万	B
	10.29	19.0万	S
	10.29	176.0万	S
	10.30	47.7万	B
14:57	10.30	84.0万	B
	10.30	76.5万	B
	10.29	7.0万	S
	10.30	186.8万	B
	10.29	11.1万	S
	10.30	51.9万	B
	10.30	81.0万	B
	10.29	47.2万	S
	10.29	635.3万	S
	10.29	31.0万	S
14:58	10.29	14.1万	S
	10.29	86.0万	S
	10.28	14.6万	S
	10.29	379.2万	B
	10.29	78.2万	S
	10.30	25.4万	B
	10.30	305.4万	B
	10.30	109.1万	B
	10.29	25.5万	S
	10.29	359.1万	S
	10.29	31.6万	S
14:59	10.29	32.5万	S
	10.29	49.7万	S
	10.30	88.3万	B
	10.30	21.1万	B
	10.30	41.5万	B
	10.29	63.1万	S
	10.29	99.3万	S
	10.29	31.5万	S
	10.29	6.8万	S
	10.30	43.3万	B
	10.30	20.2万	B
15:00	10.30	20.7万	B
	10.30	302.3万	B

分时成交明细

上图是分时成交明细。在标准盘口界面上，双击右下角盘口明细区域（也就是江氏交易天机标准盯盘盘口图中的区域5）后会全屏显示当天成交的全部明细。从该成交明细图中可以得到太多的信息：每分钟成交的笔数；每分钟成交的大单笔数；如果我在某个时间挂了一笔委买单，我的单子是怎么成交的；如果我的单子还没有成交，我的单子挂上去之后的成交状况如何，是什么原因导致我的委托单没有成交；当天在哪些时间出现了大资金跳空几个价位向上扫单，跳空几个价位向下砸盘……每个答案都会在后文一一详细解答。

资金是趋势的唯一牵引力，资金投放的强度和决心就是确认趋势是否稳健、是否强势的核心。上图就是一个放大镜，对形成的资金量进行深度解析进而能够断定资金是否能够成为推动后续趋势的动力。

第七节 要素6：盘口重要数据

1. 总量

量价时空，是进行投资所要分析的四个维度，量被放在首要的位置上可见其重要性。在江氏交易天机中有一整套的量能系统分析体系，它可以实现只看成交量做到买卖在大空头的环境中也能受益颇丰，而且能够通过这套系统精确地判断买卖点。实际上在我们出版的每本书中都有提到量能的用法，对于大家的日常操作是足够用的。

总量即全天的成交总量，单纯的总量没有太多的分析价值，其重要性体现在对比分析和动态的变化上。首先是不同位置量能的变化，然后是当天的量能较不同周期均量的变化以及当天成交量对总流通股本的变化等，所有对成交量的应用体现在了下文对换手率和量比的分析上。

2. 换手率

换手率在任何一套交易体系中都有着不可小觑的作用，其直接反映的是当日市场筹码的流动情况。股票是总流通筹码不变的投资品种，当天有多少筹码发生的所有关系的转移是至关重要的。新的持有者和老的持有者的心态和对市场未来的预期是截然不同的，对主力后市如何运作股价将起到决定性作用。换手率和量比在一定程度上都能反应当天的人气强弱，但是对比的维度不同导致它们所反映的含义也截然不同，所以对两个数据一定要分开进行分析。

①不同流通盘的换手率

流通盘大的股票的换手率要比流通盘小的换手率低，原因是大流通盘的大股东都是有大型集团性资金持股，基本属于长期的股权投资，这就会导致在二级市场上实际流通的盘子很小。再扣除基金等机构的长期持仓，每日交易的量较其流通盘相比是非常小的。而小盘股就完全不一样，其大股东往往比较分散，很多大股东直接在二级市场交换筹码，他们的成交量将直接影响当天筹码流通的程度，会导致换手率变大。

在江氏交易天机中，将10个亿以上的流通盘视为大盘股，换手率大于5%的视为交易活跃；5个亿以上10个亿以下的流通盘视为中盘股，换手率大于7%的视为交易活跃；5个亿以下的流通盘视为小盘股，换手率大于10%的视为交易活跃。此处提到的流通盘要求是扣除大股东持股不动的筹码之后计算得来的，所以在实际操作时要自己估算一下当天的换手率，或者和历史的换手率进行对比后才能够将换手率作为自己分析的依据。

图示案例

中国石油的换手率基本都在0.5%以下，按照我们设定的标准它永远都不会有活跃的行情，但是实际的走势却不是这样的。中国石油的最大股东是中国石油集团，持股比例为97.21%，因为第二位是港股的持股股东，不计入A股流通股的持股比例，加上其他8位前十大股东的持股比例，总的持股比例为98.5%。能进入前十大股东的资金量都比较大，基本都是中长期投资，即使交易通常也会选择大宗交易，不一定在二级市场，对换手率几乎没有影响，所以中国石油的真正流通盘为1619亿乘以1.5%等于24.285亿。

十大流通股东　　截止日期：2016-09-30
本期十大流通股中，机构共持27744.66万A股，占流通A股0.17%，占总股本0.15%。
股东户数591681 户均持股309324 流通A股东户数584411 流通A户均持股277069

股东名称	持股数（万股）	占流通股比	股东性质	增减情况（万股）
中国石油集团	15740969.35	97.21% A股	其他	-62400.00
香港中央结算（代理人）有限公司	2085323.74	98.84% H股	其他	212.88
中国证券金融股份有限公司	113191.15	0.70% A股	其他	252.00
宝钢集团有限公司	62400.00	0.39% A股	其他	61756.00
中央汇金资产管理有限责任公司	20610.92	0.13% A股	资产管理公司	维持
香港中央结算有限公司	3786.49	0.02% A股	其他	197.42
中国工商银行－上证50交易型开放式指数证券投资基金	3563.64	0.02% A股	基金	13.52
中国人寿保险股份有限公司－分红－个人分红－005L－FH002沪	2213.30	0.01% A股	保险理财	365.19
中国建设银行－上证180交易型开放式指数证券投资基金	1356.81	0.01% A股	基金	7.80
泉正（上海）投资管理中心（有限合伙）－泉正1号基金	1251.53	0.01% A股	其他理财	维持

中国石油（601857）十大流通股东持股情况

下图是中国石油2016年11月24日对应的盘口数据和日K线走势图。当天的成交量为393492手，所以当天的真正换手率为393492手除以24.285亿等于1.62%，并不是盘口数据中的0.02%。当天是阳线突破后的缩量回踩，1.62%的换手率满足缩量回踩时交易不活跃的标准。但是2016年11月22日阳线突破当天交易软件中的换手率为0.08%，用我们的算法得到的换手率为128.7万手除以24.285亿等于5.30%，达到了交易活跃的标准。

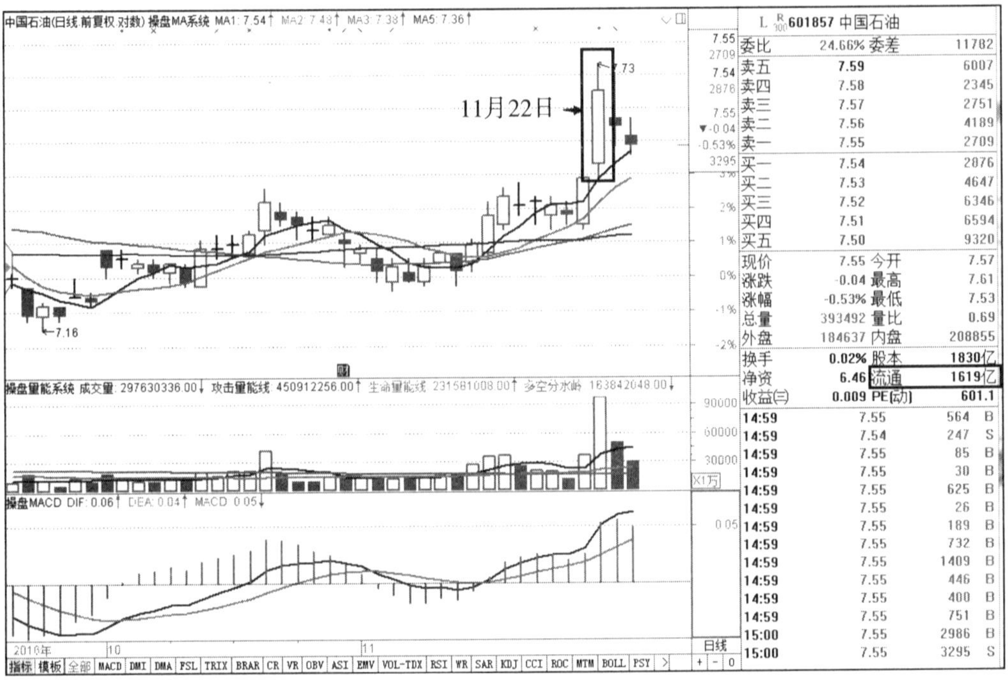

中国石油（601857）2016年11月24日盘口数据和日K线走势图

②不同位置的换手率

相对低位的换手率较低，主力可能在悄悄地拿筹码，会非常隐蔽，一定想尽一切办法不让我们发现任何蛛丝马迹。但是本书的全部内容就是为了帮助投资者寻找到主力进场的足迹，才能保证踏准主力的节奏，做到与庄共舞。待主力拿到了足够多的筹码后，会通过K线实体逐渐加强的方式调动市场人气，此时换手率会逐渐加大；等到主力做好了拉升前的各种准备时，正式宣布开始拉升的大阳线当天的换手率必须达到我们上面提出的标准，否则很难支撑起后市的主升行情。

在主升行情的不同阶段的换手率也会发生变化。对于控盘度很高的股票，在真正的主升阶段，市场人气高涨、跟风盘积极涌进，股价会呈现量平价涨甚至是量跌价涨的走势，因为大部分筹码在主力手中，只要主力不积极卖出，市场就会处于供不应求的状态，股价就会维持上涨的走势，所以此时的换手率会再次下降，甚至会降到底部横盘的水平。

在高位出货时，主力不会惜售，而是积极主动地将手中的筹码交给迎风来接力的投资者们，所以在高位股价的波动会变大，盘口的波动从跌停再到涨停的状况也是到处可见，这也就必然会导致当天成交的筹码量很大，换手率也就很高。

图示案例

燕塘乳业在长期底部横盘吸货的过程中换手率基本在5%以下，围绕3%上下振动，当股价以涨停板大阳线突破底部成本区时，换手率达到了13.45%，两个一字板之后的涨停大阳线的换手率高达42%，达到了充分洗盘的效果。在后一个交易日的涨停大阳线的换手率创了新高达到了45.97%，再后一个交易日振幅达到了13.1%的大阳线的换手率为56.26%，市场人气十分活跃，但是主力趁机阶段性出货的动作也昭然若揭。

燕塘乳业（002732）2016年2月~11月日K线走势图

3. 量比

在股票软件中，只能看到当天的量比数据，历史的量比是看不到的，因为它就是一个暂时性数据，对盘中短线决策有很重要的作用，对于日线的影响不够大；更重要的是，在日线上可以直接用当天的总成交量和最近5个交易日平均量能线进行对比，就可以知道当日的量比。

在分时盘中寻找突破型买点时一定要求突破时的量比大于2，这就说明在突破那一刻的量能是5天以来平均量能的2倍以上，这才算得上是放量，否则很难按照放量看待。如果量比大于2的时间能够持续几分钟，在成交量上会有量堆出现，更是一种健康的表现，操作的胜率也就更大。在《涨停聚金》一书中有对追涨停时的量比有明确要求，尤其是早盘跳空高开时对量比的要求更为重要。

第八节　要素7：重心价

在分时盘口中，与分时价格走势同步的还有一个价格就是盘口重心线，它对当天分时走势起到非常重要的作用，是实盘操作中寻找买卖点的重要因素之一。在后文中会对该价格进行深度介绍，在此不再赘述。

第九节　要素8：重要财务数据

财务分析是对一个上市公司宏观进行把控的最重要的数据资料，与本书同步出版的还有一本解读基本面信息的图书《价值洼地》会对公司的基本面分析、如何进行估值、重大事件的出现带来的交易机会等进行详细解析。价值投资和技术分析是两条腿，只有将两个方面放在同样重要的位置上，充分发挥各自的优势才能实现超额收益。本书只对盘口中可以看到的非常重要的几项财务数据进行介绍。

1．股本

金融市场的投资标的都有各自的属性，股本固定就是股票的一个属性。股本固定的意思就是可以交易的总数量是固定的，这个同期货、现货和期权是完全不同的，每家上市公司根据自身的经营状况、资产的规模等财务要素请专业的机构评估、确定自己公司的股本规模。股本在一段时间内是固定不变的，但是如果公司出现了新的融资计划，要扩大或者缩小股本规模就会导致股本的变化。股本和市价的乘积就是该上市公司在对应时间的市值。

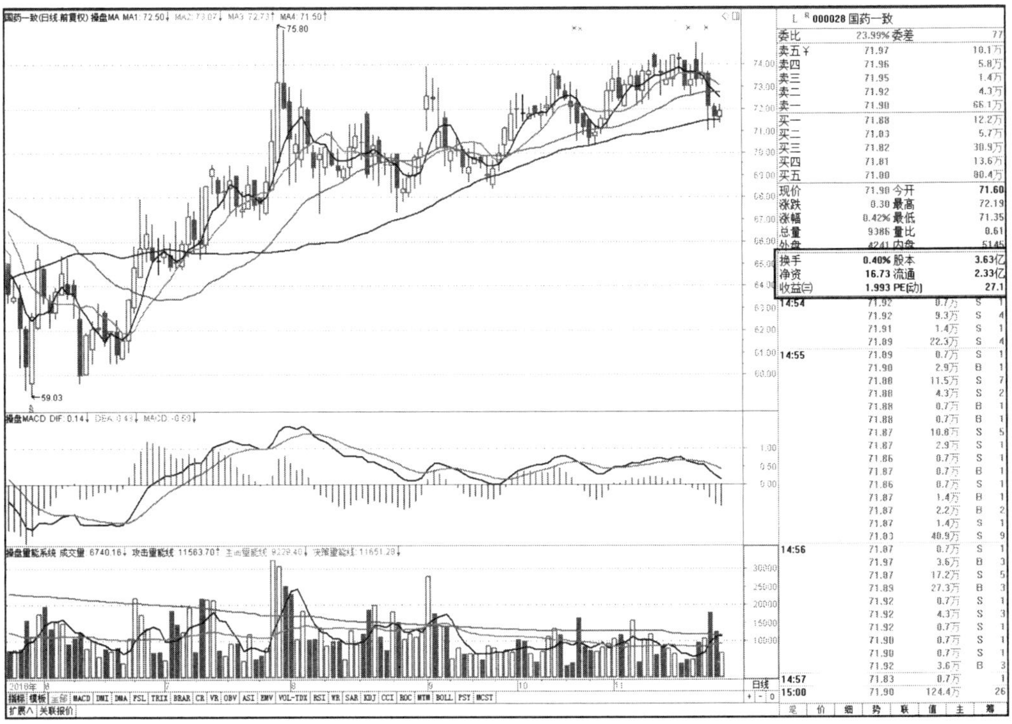

国药一致（000028）2016年6月~11月日K线走势图

2. 流通股本

流通股本和股本的差别在于，部分股本受到监管制度的约束暂时不能流通，导致流通股本小于股本。比如定向增发作为上市公司一种重要的扩大融资规模、增加股本的手段，但是在定增项目实施后，对参与定增的投资者有1年到3年的锁定期，在项目实施后总股本会增大，但是由于处于锁定期的股本不能上市交易，所以定增实施后的1年内是不会增加流通股本的。

在上文介绍换手率时着重强调了流通股本和实际流通股本的区别，在实盘操作时要关注到这一变化，因为资金和人气才是趋势的真正推手，衡量资金变化和人气的标尺没有找准就很难得出正确的结论。

3. 每股净资产

净资产为总资产减去总负债，是指真正归公司所有的资产，可以由公司自由支配，是属于所有者权益的部分。每股净资产是指摊薄在股本上之后每股所拥有的净资产，是支撑起股价的基础，代表的是每股股份所能分配的公司账面净资产的价值。对于同行业的两家上市公司，如果其营运模式、产品结构基本相同，股价相差不多的前提下，每股净资产越高则其未来的发展空间就越大。

4. 每股收益

指税后利润与股本总数的比率，是普通股东每持有一股所能享有的企业净利润或需承担的企业净亏损。每股收益通常被用来反映企业的经营成果，衡量普通股的获利水平及投资风险，是投资者等信息使用者据以评价企业盈利能力、预测企业成长潜力、进而做出相关经济决策的重要财务指标之一。临盘交易过程中，如果只是做短线或者波段交易，只需要保证无重大财务风险即可，即每股收益为正数就可以。

5. PE

市盈率，通常是指股票的价格和每股收益的比值，是市场中最通用的衡量股价是否合理的指标之一。它还可以细分为静态市盈率和动态市盈率，动态市盈率较静态市盈率多考虑了盈利水平的复合增长率，反映上市公司整体发展能力更贴近实际情况。不同上市公司的PE千差万别，有的可以达到上千倍，有的只有个位数，只用市盈率一个指标评价一家上市公司股价后期的潜力是片面的，还是要结合多方面的要素综合分析。

6. 净资产收益率

净资产收益率ROE，通常又被称为股东权益报酬率/净值报酬率/权益报酬率/权益利润率/净资产利润率，是公司税后利润除以净资产得到的百分比率。该指标反映股东权益的收益水平，用以衡量公司运用自有资本的效率，指标值越高，说明投资带来的收益越高，该指标体现了自有资本获得净收益的能力。这是官方的标准解释，在投资中净资产收益率不能直接决定买卖，它和其他财务指标构成的财务体系是对上市公司估值的核心，如果进行短线交易或者波段投资，其对我们的交易决策的影响程度就更小了。

特别提示

有人说做投资是一份冷暖自知的工作，同行人听到都是会心一笑，因为说到心坎里去了。外面的人看到的是管理了多大规模资产时的光鲜，却不知道为了这份光鲜付出了多少。只想对一些不想学习、不想付出，却想在这个市场中有所斩获的投资者说四个字：痴心妄想！

思考题

1. 在你的历史投资过程中，投资决策都考虑到了哪些盘口要素？

2. 简述盘口的要素对投资决策的作用和重要程度？

3. 盯盘时盘口是变化最快的地方，你的盘口知识是否足够解释盘口中每一个波动？

4. 财务数据对我们的投资决策影响大吗？选股时的基本财务指标的标准是什么？

5. 盘口是如何演绎多空双方的对抗的？

第二章

摇旗呐喊的多空战场——买卖盘

挂而不交，交而不挂。虚虚实实、真真假假。两兵交战，比的不一定是谁的战士多、谁的兵器多，重要的是策略：兵临城下也可能绝处逢生，空城计却可以以寡敌众，攻其不备出其不意，知己知彼才可以百战不殆。

第一节　挂而不交、交而不挂

在本书中已经多次提到这八个字，相信细心的读者已经在开始品味这八个字中的奥妙了。证券交易不是一个单纯的数字游戏，而是一门有艺术特质的科学，所有脱离了交易本质的决策是很难在市场中取得成果的。证券市场中的交易行为是多空双方力量共同作用的结果，是持股多方、持股空方、持币多方和持币空方之间的变化。虽然变化是有规律的，但是这种规律绝对不是简单的数学公式可以诠释的，价格是一个数字，但是导致价格变化的因素更多的是人性，被大家最为公认的一种模式就是具有资金优势的投资方完全可以通过自己的方式引导资金劣势一方按照他们的意愿去交易。

第二节　大单的定义

大单只是一个相对的概念，是对资金量较大的委托单和成交单的一种称谓，在江氏交易天机中，对买卖盘和成交明细中的大单有不同的定义，以便于我们做出准确率更高的决策。

1. 买卖盘大单的定义

买卖盘大单定义［按照流通盘大小］：

流通盘大于10个亿：买卖盘一档要有10000手以上的挂单才算大单；

流通盘5~10个亿：买卖盘一档要有5000手以上的挂单才算大单；

流通盘小于5个亿：买卖盘一档要有1000手以上的挂单才算大单。

买卖盘大单定义［按照股价高低］：

基本原则：保证买卖盘一档的挂单总额不少于1000万元的才算是有大的挂单。

股价大于60元：买卖盘一档要有500手以上的挂单才算大单；

股价在30~50元：买卖盘一档要有1000手以上的挂单才算大单；

股价在30元以下：该种主要参照流通盘大小决定。

大单的定义没有绝对的标准，此处是给投资者一个参考指标，实盘时需要从这两个方面综合考虑然后确定是否有大单挂单的情况，而且还要根据不同位置、最近走势等情况综合判断。

图一是296亿的流通盘，要求买卖盘有10000手以上的挂单时才视为有大的挂单，图中在卖二、卖三、卖四都有超过10000手的委托单，可以确认是卖盘有大卖单压盘。图二的流通盘是9.74亿，对大单的要求是5000手以上，在图中从卖一到卖五的五档价位中均没有超过5000手的挂单，但是都超过了1000手，综合来看卖盘的压力较重，股价很难快速上行。

图三中卖三到卖五的委托卖单均在10000手以上，是十足的大单压盘，同时在买一到买五的价位上也全部排满了大于10000手的大单，也就是说既有资金托盘又有资金压盘，所以股价基本处于小幅震荡状态，在这些大单消失之前股价是不会有大幅波动的。图四中的股价超过了300元，无论是按照价格还是按照流通盘大小

委比	-74.85%	委差	-36776
卖五	9.51		2445
卖四	9.50		15316
卖三	9.49		13152
卖二	9.48		11549
卖一	9.47		493
买一	9.46		937
买二	9.45		1742
买三	9.44		1279
买四	9.43		1457
买五	9.42		764
现价	9.47	今开	9.40
涨跌	0.07	最高	9.48
涨幅	0.74%	最低	9.37
总量	175.3万	量比	1.85
外盘	684680	内盘	106.8万
换手	0.59%	股本	365亿
净资	8.95	流通	296亿
收益(三)	1.073	PE(动)	6.6

图一

委比	-69.72%	委差	-6526
卖五	12.44		1521
卖四	12.43		1693
卖三	12.42		1774
卖二	12.41		1833
卖一	12.40		1122
买一	12.39		1
买二	12.38		104
买三	12.36		140
买四	12.35		495
买五	12.34		677
现价	12.40	今开	12.30
涨跌	0.07	最高	12.46
涨幅	0.57%	最低	12.21
总量	371934	量比	0.63
外盘	173247	内盘	198687
换手	3.82%	股本	21.5亿
净资	7.10	流通	9.74亿
收益(三)	0.410	PE(动)	28.0

图二

委比	24.34%	委差	39292
卖五	3.54		22709
卖四	3.53		13362
卖三	3.52		13665
卖二	3.51		9497
卖一	3.50		1851
买一	3.49		23284
买二	3.48		27843
买三	3.47		12290
买四	3.46		14971
买五	3.45		21988
现价	3.50	今开	3.52
涨跌	-0.07	最高	3.56
涨幅	-1.96%	最低	3.49
总量	174.8万	量比	0.92
外盘	894585	内盘	853546
换手	2.47%	股本	70.9亿
净资	3.38	流通	70.9亿
收益(三)	0.160	PE(动)	40.3

图三

委比	-24.66%	委差	-36
卖五	324.21		1
卖四	324.15		1
卖三	324.11		1
卖二	324.01		76
卖一	324.00		12
买一	323.99		9
买二	323.98		8
买三	323.97		16
买四	323.86		12
买五	323.85		10
现价	323.96	今开	320.70
涨跌	4.46	最高	330.45
涨幅	1.40%	最低	319.41
总量	58830	量比	1.73
外盘	32888	内盘	25942
换手	0.47%	股本	12.6亿
净资	54.64	流通	12.6亿
收益(三)	9.923	PE(动)	24.5

图四

来划分，买卖盘的挂单上都没有大单。对于股价极高的个股的操作策略一定要结合更多的要素来判断。

2. 成交明细大单的定义

成交明细中的大单更具有研究价值，尤其是连续成交的大单，在下一章会对成交明细中的大单详细分析。通常情况下成交明细中出现4位数的成交单就可以视为大单，除非是盘子极大的大盘股会要求5位数以上的成交单才被视为大单，更多的是要根据个股的近期走势进行综合研判。上文中介绍到实际流通盘的估算法则，用名义上的流通盘来衡量成交明细中的大单会更加失真。

第三节　买盘有大单

买盘出现大挂单之后只有两种结局，一种是撤单，一种是以主动卖出的方式被动成交。

结局一：买盘大买单撤单

情况一：真实想买入的委托单看价格上涨后现价离自己的买入价相差较远，成交的概率越来越小，是没办法才撤单的，但是这种通常是经验不足的散户的交易行为，大多是经验不足的操纵大资金的散户，因为有经验的投资者在看准行情时一定是现价买入的。

情况二：诱多型大买单撤单。该类挂单是大资金别有用心的做法，希望普通投资者看到该挂单后以为市场看多氛围较重，主力资金在积极买进，诱导散户主动买入，实际上则是主力在悄悄出货。主力出货不是一朝一夕能够完成的，在出货区域，会频繁出现各种各样的出货手法，通常会几种出货手法交替进行，不会让普通投资者发现其规律，而诱多型大买单不断撤单的出货方法是主力经常会使用的出货方法之一。如果大买单全天都在委托的档位上，说明主力资金并不希望股价快速下跌；如果大买单在盘中撤销了就说明主力不再诱多，将要赤裸裸地暴露自己打压或者出货的目的，股价很可能会快速杀跌。

情况三：控制股价下跌型大买单撤单。在主力建仓期，或者是大盘环境不好的情况下，主力都会采取该措施防止股价出现大幅下跌。建仓期主力在辛辛苦苦拿筹码，尤其到了建仓的末期，主力需要股价稳健，不能出现其他大资金以向下砸盘的方式让自己前期维持得比较好的图形被破坏掉，更不想让自己手上的筹码出现浮亏，在买盘挂出大单一方面可以承接市场上的普通投资者的抛盘，另一方面也是在向同行发出一个信号：我已经到了建仓末期，且资金充足，请不要来捣乱。

卖五	10.4	100
卖四	10.3	100
卖三	10.2	100
卖二	10.1	100
卖一	10.0	900
买一	9.9	890
买二	9.8	5100
买三	9.7	100
买四	9.6	100
买五	9.5	100

图一

卖五	10.4	100
卖四	10.3	100
卖三	10.2	100
卖二	10.1	100
卖一	10.0	900
买一	9.9	890
买二	9.8	30
买三	9.7	100
买四	9.6	100
买五	9.5	100

图二

图一到图二的变化是由买二档9.8元上的大挂单撤单形成的。买二档位上原来的委托单是5100手，撤销了5070手后剩下30手，在该变化的过程中盘口上没有发生过其他的交易委托、撤单和成交行为。

结局二：买盘大买单被成交

情况一：真实想买入的大委托买单被市场上自然交易形成的散户的单子成交掉，达到了其买入的目的，但是在全天的成交明细中体现的是很多笔小单，资金对当天股价趋势性推动不明显，所以不作为我们研究的要点。

卖五	10.4	100
卖四	10.3	100
卖三	10.2	100
卖二	10.1	100
卖一	10.0	900
买一	9.9	890
买二	9.8	5100
买三	9.7	100
买四	9.6	100
买五	9.5	100

图一

卖五	10.4	100
卖四	10.3	100
卖三	10.2	100
卖二	10.1	100
卖一	10.0	900
买一	9.8	90
买二	9.7	100
买三	9.6	100
买四	9.5	100
买五	9.4	100

图二

图一到图二的变化是市场上的筹码积极抛出，但是都是比较小的委托单，盯盘时会发现买一的委托单越来越少最后消失，然后后面的委托档位集体上移一个档位。市场上继续有小资金筹码不断抛出，直到买一档位5100的大买单也逐渐被成交掉，最后只剩下90手。

情况二：诱多型大买单被成交。从前一句话中可以看出，既然是主力诱多型的大买单其实是不想被成交的，但是竟然成交了，这是一种出乎主力意外的突发状况。在需要挂出大买单进行诱多时，主力一定也在盯盘，如果是散户的筹码在一点一点啃资金，主力一定会发现，进而撤单重新调整挂单策略，所以诱多型大买单不会被全部成交。只有一种情况就是该大买单被瞬间吃掉，也就是说市场上有大量筹码快速抛出让主力也措手不及。这种情况一旦发生，主力基本上是需要调整操作计划的，重新测试市场筹码的稳定性，并且会将自己预计的拉升计划延后。

卖五	10.4	100
卖四	10.3	100
卖三	10.2	100
卖二	10.1	100
卖一	10.0	900
买一	9.9	890
买二	9.8	5100
买三	9.7	100
买四	9.6	100
买五	9.5	100

图一

卖五	10.4	100
卖四	10.3	100
卖三	10.2	100
卖二	10.1	100
卖一	10.0	900
买一	9.6	80
买二	9.5	100
买三	9.4	100
买四	9.3	100
买五	9.2	100

图二

图一到图二的变化是市场上出现了6110手以委托价9.6元主动性卖出的抛单，该笔大委卖单吃掉了买一、买二、买三档位上全部的资金，然后又将买四档位上的100手的资金成交了20手，直接导致股价从10.0降低到9.6，委买盘的挂单整体上移即各买盘档位的价格全部降低，价格下降。

情况三：控制股价下跌型大买单被成交。该情况也是一种主力操盘计划外的情形，最明显的特征和情况二是一样的，不会是很多小单将大买盘吃掉，而是快速抛出的大单在砸盘，如果之前的大买单被成交后再次挂出了大买单甚至是更大的买单，则能说明主力当天护盘的决心较强。但是如果该大单被吃掉后买盘的挂单不再出现明显的大买单，则说明主力需要观察一下市场的动态才能制定后期的操盘计划。

卖五	10.4	100
卖四	10.3	100
卖三	10.2	100
卖二	10.1	100
卖一	10.0	900
买一	9.9	890
买二	9.8	5100
买三	9.7	100
买四	9.6	100
买五	9.5	100

图一

卖五	10.4	100
卖四	10.3	100
卖三	10.2	100
卖二	10.1	100
卖一	10.0	900
买一	9.6	80
买二	9.5	6700
买三	9.4	100
买四	9.3	100
买五	9.2	100

图二

图一到图二的变化同上一种情况的变化非常相似，前期的市场行为同上一种情况一样，在出现了上一种情况的挂单盘后，在买二9.5的价格上瞬间多了6600手的委买单，说明场外资金在积极护盘。

第四节　卖盘有大单

卖盘出现大挂单之后只有两种结局，一种是撤单，一种是以主动买入的方式被动成交。

结局一：卖盘大卖单撤单

情况一：真实想卖出的大卖单因为股价不断下跌，已经远远低于自己委托卖出的价格，当天成交无望，不得不采取撤销大卖单的方式。该种大卖单一般是资金量较大的普通投资者，不会是主力资金的卖单，因为主力的筹码想要卖出是不会让普通投资者看到的。

情况二：诱空型大卖单撤单。该类挂单是大资金别有用心的做法，希望普通投资者看到该挂单后以为市场做空氛围较重，主力在积极卖出，诱导散户主动卖出，实际上则是主力在悄悄吸筹。主力吸筹不是一朝一夕能够完成的，在建仓区域，会频繁出现多种建仓手法，通常会交替进行，该种吸筹盘口是主力经常使用的吸筹方法之一。如果委托大卖单全天都在，说明主力资金当天并不想让股价快速上涨，如果委托大卖单在盘中撤销，就说明主力不再诱空，很可能快速拉高股价，让自己当天进场的筹码可以获利。

情况三：控制股价上涨型大卖单撤单。在主力建仓期，主力为了避免股价快速上涨提高自己的成本，都会采取该措施防止股价快速上涨。同买盘控制股价下跌型大买单情况刚相反，一个为了控制股价上涨、一个为了控制股价下跌。所以在阶段性低位，如果同时看到买盘和卖盘都有大单挂出时，说明主力想把股价控制在窄幅震荡区间，结合当时股价所在的位置可以更好地判断主力的操盘意图。但是在建仓期卖盘挂大单的情形不是太多，除非是在建仓末期，股价已经有了一个波段上涨，主力手中有了充足的筹码保证即使挂在卖盘上的筹码被全部吃掉也不会影响自己吸筹进度时，才敢这么做，否则一旦被其他的主力发现很容易将自己辛辛苦苦积攒的筹码瞬间变现。

卖五	10.4	100
卖四	10.3	100
卖三	10.2	100
卖二	10.1	6340
卖一	10.0	900
买一	9.9	890
买二	9.8	100
买三	9.7	100
买四	9.6	100
买五	9.5	100

图一

卖五	10.4	100
卖四	10.3	100
卖三	10.2	100
卖二	10.1	20
卖一	10.0	900
买一	9.9	890
买二	9.8	100
买三	9.7	100
买四	9.6	100
买五	9.5	100

图二

图一到图二的变化是由卖二档10.1元上的大挂单撤单形成的。卖二档位上原来的委托单是6340手，撤销了6320手后剩下20手，在该变化的过程中盘口上没有发生过其他的交易委托、撤单和成交行为。

结局二：卖盘大卖单被成交

情况一：真实想卖出的大单被市场上自然交易形成的小的委托买单吃掉，达到了其卖出的目的，但是在全天的成交明细中看到的结果是很多笔小单，主动买入的资金对当天股价趋势性推动不明显，所以不作为我们研究的要点。

卖五	10.4	100
卖四	10.3	100
卖三	10.2	100
卖二	10.1	6340
卖一	10.0	900
买一	9.9	890
买二	9.8	100
买三	9.7	100
买四	9.6	100
买五	9.5	100

图一

卖五	10.5	100
卖四	10.4	100
卖三	10.3	100
卖二	10.2	100
卖一	10.1	30
买一	9.9	890
买二	9.8	100
买三	9.7	100
买四	9.6	100
买五	9.5	100

图二

图一到图二的变化是市场上的资金积极买入，但是都是比较小的委托单，盯盘时会发现卖一的委托单越来越少最后消失，然后上面的委托档位集体下移一个档位。市场上继续有小量资金不断买入，直到卖二档位6340的大卖单也逐渐被成交掉，最后只剩下30手。

情况二：诱空型大卖单被成交。从前一句话中可以看出，既然是主力诱空型的大卖单其实是不想被成交的，但是竟然成交了，这是一种出乎主力意外的突发状况。在需要挂出大卖单进行诱空时，主力一定也在盯盘，如果是散户的资金一点一点啃单子，主力一定会发现，进而撤单重新调整挂单策略，所以诱空型大卖单不会被全部成交。只有一种情况就是该大卖单是被瞬间吃掉的，也就是说市场上有大资金快速买入让主力也措手不及。这种情况一旦发生，主力基本上是需要调整操作计划的。

卖五	10.4	100
卖四	10.3	100
卖三	10.2	100
卖二	10.1	6340
卖一	10.0	900
买一	9.9	890
买二	9.8	100
买三	9.7	100
买四	9.6	100
买五	9.5	100

图一

卖五	10.7	100
卖四	10.6	100
卖三	10.5	100
卖二	10.4	100
卖一	10.3	90
买一	9.9	890
买二	9.8	100
买三	9.7	100
买四	9.6	100
买五	9.5	100

图二

图一到图二的变化是市场上出现了7350手以委托价10.3元主动性买入的资金进场，该比大委买单吃掉了卖一、卖二、卖三档位上全部的筹码，然后又将卖四档位上的100手的筹码成交了10手，直接导致股价从10.0上升到10.3，委卖盘的挂单整体下移即各卖盘档位的价格全部升高，价格上涨。

情况三：控制股价上涨型大卖单被成交。该情况也是一种主力操盘计划外的情形，最明显的特征和情况二是一样的，不会是很多小资金将大卖单吃掉，而是有大资金快速抢筹，如果之前的大卖单被成交后再次挂出了大卖单甚至是更大的卖单，更能说明主力当天控制股价上涨的决心较强，但是由于位置的原因，这种情况只是主力想要控制股价上涨而不是要出货。但是如果该大单被吃掉后卖盘不再出现明显的大卖单，说明主力需要观察一下市场的动态才能制定后期的操盘计划，作为普通投资者的我们更要静观其变。

卖五	10.4	100
卖四	10.3	100
卖三	10.2	100
卖二	10.1	6340
卖一	10.0	900
买一	9.9	890
买二	9.8	100
买三	9.7	100
买四	9.6	100
买五	9.5	100

图一

卖五	10.7	100
卖四	10.6	100
卖三	10.5	100
卖二	10.4	5400
卖一	10.3	90
买一	9.9	890
买二	9.8	100
买三	9.7	100
买四	9.6	100
买五	9.5	100

图二

图一到图二的变化同上一种情况的变化非常相似，前期的市场行为同上一种情况一样，在出现了上一种情况结束时的委托盘后，在卖二档10.4的价格上瞬间多了5300手的委卖单，而10.4也从卖五变为卖二档，说明主力资金并不想股价快速上涨。

实战案例

操作标的	买入时间	买入均价	卖出时间	卖出均价	盈利比率
赣能股份（000899）	2016年11月10日	10.28	2016年11月14日	11.46	11.48%

涨停板是大部分投资者的最爱，然而很多涨停板是可望而不可即的。对于当天没有进场的涨停板不能伤感一下就忘到脑后了，过几天回头一看涨停板之后已经上涨了一大截了。一旦强而有力的涨停板确认了上升趋势的形成，该上升趋势的利润空间一定不止一个涨停板，后面还会有更好的获利机会。

2016年11月3日赣能股份涨停，但是该涨停板是明显的拉尾结构，投机性较强，操作时要谨慎，而且在突破前期高点时的涨停板出现拉尾说明主力的实力一般，这样的涨停板之后一定会洗盘或者调整，所以后期一定还有机会。

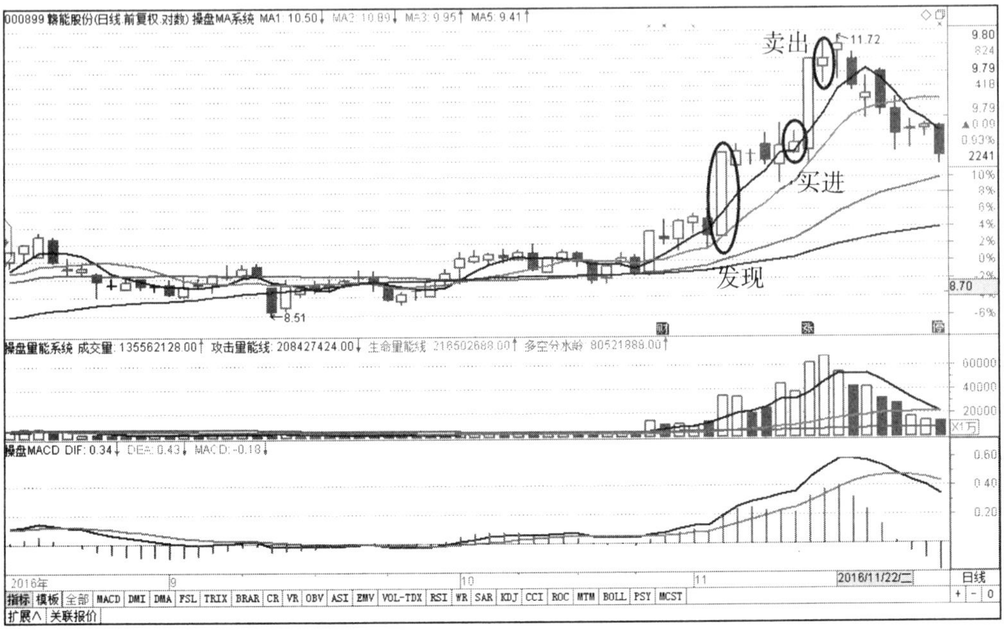

赣能股份（000899）2016年8月~11月日K线走势图

下图是在11月3日收盘前15分钟选股时发现的涨停板，当天很难有机会进场，可是结合位置一看就知道这绝对是一只潜力股，所以关注后期走势比当下捶胸顿足更管用，乖乖放进股票池。在笔者的学员里流行这样一种说法：一旦谁发现了目标股票就要负责跟踪，这个行为叫“认领孩子”，一旦出现了下单点位会通知大家“孩子长大了”！

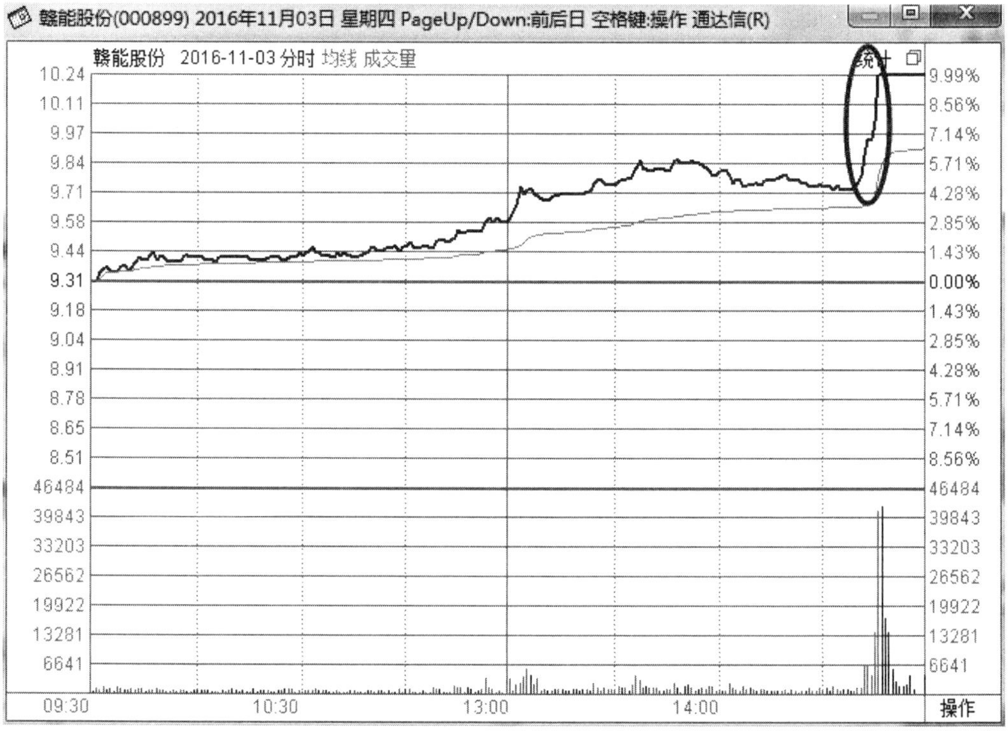

赣能股份（000899）2016年11月3日分时走势图

在涨停板之后的几天横盘中，可以看出主力一直在不断地吸筹，无论是哪种资金操作的，游资也好、短庄也罢，只要你敢吃进就一定会拉高股价出货。但是在这个位置还在吃进可以基本确定不是中长线的强势主力所为，一定是短庄所为，所以要谨慎关注市场动向，有机会一定要进场去博一个短线。在横盘的第五天早上再次低开，近期早盘低开然后震荡上升已经司空见惯，所以11月10日早盘的低开就是好的买点。

赣能股份（000899）2016年11月10日分时走势图

买进次日11月11日，全天在绿盘区横盘震荡，走出了非常疲弱的走势，盘中的交易计划是当日尾盘不收在红盘之上就得跑了，这是在第五天买进的主要原因，如果第六天没有给出利润空间说明趋势已经开始转弱就必须离场。14:00之后，股价开始上攻，当时还是比较满意的，毕竟股价是按照自己的预期走的，但是此股在拉升到3%之后没有停，而是继续上涨。之前是已经确定为是短庄所为，并开始拉出利润空间，一旦当日涨停必然趁机出货，当日或者次日很可能就是波段的高点。

一般情况下，如果是短庄所为的拉尾，基本是拉涨停后会不断出货，其间可能会打开，但是只要没出完当日的尾盘一定会封停的。我们作为手上有筹码的卖方是不用担心涨停板卖不出去的，只要好好看戏就好了。当天涨停板的价格是11.4元，下图中标记的位置的成交明细见右侧，在分时图上看不到涨停过，但是从成交明细中可以清楚地看到在14:38股价到过涨停价，但是因为有大单快速抛出涨停价维持的时间不超过3秒钟，所以在走势图上根本看不出来。看到这样的成交明细后笔者在涨停板的价位上挂出了三分之一仓位的卖单，毕竟大资金在逃命，所以必须尽量规避次日早盘直接低开的风险。

赣能股份（000899）2016年11月11日分时走势图

尾盘成交明细如下图右侧，只看分时图感觉尾盘是封死涨停的，但是从成交明细中可以看出有2笔在11.35元的价位上成交的大单，整个涨停板一直都有大单在逃，大资金出货痕迹非常明显。下一个交易日早盘低开，股价拉回到红盘区就清仓了。

赣能股份（000899）2016年11月11日分时走势图

思考题

1. 你是怎么理解“挂而不交、交而不挂”的？

2. 盘口挂单的变化对我们的投资决策重要吗？

3. 看盘时如何界定大单的标准？

4. 买盘出现大的挂单和主力的操盘计划有什么关系？

5. 卖盘出现大的挂单和主力的操盘计划有什么关系？

6. 大单在买卖盘中出现的档位不同反映的主力操盘计划一样吗？

第三章

暂时性战果——成交明细

成交量重要，但是解析成交量的构成更重要。当天只有连续性成交的大单对趋势才有牵引作用，而这一细节只有通过成交明细才能看清楚。因此，投资者要有见微知著、见端知末的睿智。

第一节　主动性买进

在第一章中有提过主动性买入，可能还不能够引起读者的足够重视。实盘操作过程中，有效的上升趋势均是需要大资金连续型主动性大买单推动构成的。连续型主动性大买单传递给市场的信息是主力资金雄厚，做多意愿坚决，无论市场有多少筹码它都愿意通吃。该模式带来的盘口变化如下：

1. 卖盘几个档位的筹码全部被吃掉，买一和卖一之间瞬间出现明显的价差；
2. 成交明细快速出现多笔成交；
3. 股价快速上涨，上涨的角度大于60度；
4. 盘口量能瞬间快速放大，柱体冲击式变长。

特别说明

本书中所讨论的都是大资金的行为，对于普通投资者的小量资金在市场上的交易行为在江氏交易天机中被称为“自然交易”，对整个趋势的延续或反转起到的作用不大，所以研究的价值和意义也不大。本书中所提到的买卖行为都是指能够对趋势起到一定作用、刻意而为的非自然交易行为。

1. 主力吸筹主动性买单

什么样的大买单才是主力真正的吸筹买单呢？如果只看盘中一张成交单是根本没有办法判断的。实盘研究时必须与其他技术分析方法结合才可判断。一般而言，主力吸筹的个股，股价都是处于相对低位或者上升的幅度不大的位置，这是主力建仓前选择位置的一般常识，实盘中不要把一些最近波段涨幅已经超过80%，甚至已经翻了两三倍的股票还错误地认为有主力吸筹。

如果单笔大买单是真正吸筹的买单，在主力吸筹时的盘口中，扫货大买单一般不会就只做一次这样的动作。在一天的盘中或者数天的盘口中，往往会断续出现数次大买单往上扫高数个价位收集筹码的痕迹。这是部分主力经常用到的收集筹码的方法。

图示案例

如图所示，中国宝安（000009）股价全天震荡上升，盘中冲击型量峰缓慢推高股价，呈现一种非常明显的等待卖盘沉淀部分筹码后就有主动性买单出来向上扫货的迹象，因为还不是拉升阶段，所以主力只是会向上缓慢推高几个价位，然后再等股价回落，待卖盘上的筹码再沉淀一些后才出手，虽然有明显的主动性买入的资金在进场，但是资金投入量不是很大。

成交明细：建仓期的成交明细很难吸引投资者，很少出现连续性大单，偶尔出现几笔断续的中单就已经算是活跃的了，虽然股价整体有所上升，量能也还在增加，但是切记这只是上升趋势的第一浪，主力不能有效控盘，股价不会大涨。

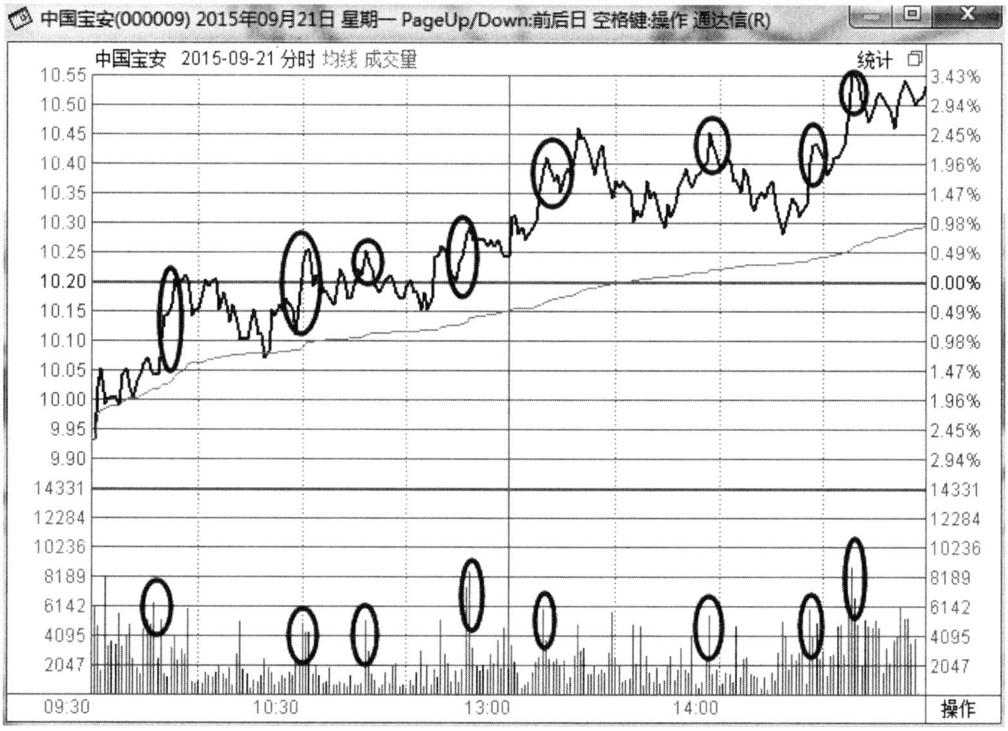

中国宝安（000009）2015年9月21日分时走势图

2. 主力拉升主动性买单

看到“拉升”这个词，读者的眼前一定一亮，如果您的眼前没有一亮，说明您对股价的运行逻辑还了解太少，我们普通投资者交易股票其实就是为了能够从中获得快速、稳健、丰厚的收益，而这样的机会一定是在主力快速拉升股价时才会出现的。同波浪理论相对应，主力拉升就是第三浪，属于上升趋势的真正推动浪，是最具有爆发力、风险最小的一浪。关于波浪与主力操盘步骤的关系请参照本系列丛书《趋势为王》。

在主力操盘的八大步骤中，拉升可谓是真正的主角，悄悄地吸筹、谨小慎微地出货，只有在拉升时才是主力真正不怕散户知道自己的操作动机，希望散户看到自己不断投入资金积极做多的。主力拉升时的主动性买单要比建仓期的强悍得多，建仓期主力是不希望被普通投资者察觉的，怕跟风盘太重，可是在拉升阶段却是希望所有投资者都明白自己是积极做多的，快速聚集市场人气，然后帮自己抬高股价。

图示案例

为了达到更好的对比效果，此处和上一段采用了同一只股票在同一段行情中两个不同交易日的分时盘口。前一段主力还在吸筹，股价仍然处于低位，而此时股价已经在主升浪之中，无论是分时盘口还是K线形态，都呈现出了强烈的多头趋势。从下图的拉升盘口中可以发现，单波的拉升幅度有所加大，拉升后回调的幅度有所减少，每一波拉升对应的量能也比建仓期更大。在后文中，会详细讲解分时盘口的构成。

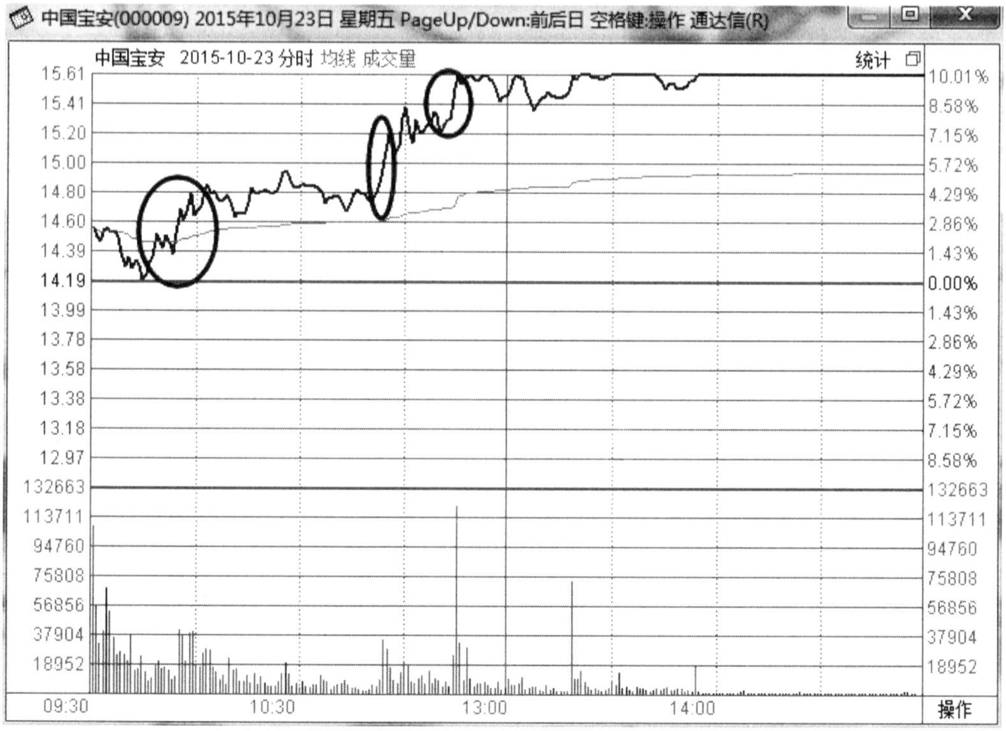

中国宝安（000009）2015年10月23日分时走势图

第二节　主动性卖出

主动性卖出无疑是一种做空的信号，在江氏交易天机中，只有大资金持续性做空才会对趋势有影响，普通投资者的卖出行为对市场的影响可以忽略不计。

这是一个扑朔迷离的市场，买入不一定是真的做多，而卖出也并不一定是真的看空。但是只要有主动性卖单出来盘口一定会呈现以下状态：

1. 买盘几个档位被吃掉，买一和卖一之间瞬间出现明显的价差；

2. 成交明细快速出现多笔成交；

3. 股价快速下跌，下跌的角度大于60度；

4. 盘口量能瞬间快速放大，柱体冲击式变长。

1. 主力洗盘主动性卖单

在笔者的现场课上经常对学员讲的一句话是："如果你想检验一位老师的水平如何，就问他出货和洗盘的区别在哪，只要能够把这两点区别开来，这个老师就是值得你学习的。"确实如此，普通投资者都是在涨的时候买股票、跌的时候卖股票，因为"觉得"一旦下跌就会让自己亏得更多，所以快速卖出，最戏剧的事情是在你卖出后的最短时间里股价快速拉起一个漂漂亮亮的上升波段。问题就出在"误把洗盘当出货"，所以只要能够确定主力还没有出货就坚定持仓，主力拿你一点办法都没有。

主力想要拉升股价，但是为了自己能够顺利地拉升不得不将跟风的普通投资者洗掉，才能够保证自己在后期的拉升过程中不会遇到抛盘的阻力。在操盘手的课程中有一整套的关于如何研判洗盘的方式和方法，这里不再详细展开，普通投资者只需要掌握最简单的、具有实战价值的判断方法就足够了。

图示案例

在2016年10月份的弟子班培训时特别强调牛股即将有动作，凤凰起飞的日子不远了。2016年11月11日实盘课上对在场的所有学员讲，凤凰已经起飞，可以随时进场，11月15日内部会议的时候又再次提醒大家凤凰起飞了。这个波段结束后统计，只有两位学员在启动初期进场，见顶时离开，还有几位进场的位置很好，但是在下图大阴线洗盘的时候被洗了出来。在江氏交易天机体系中，如何应对主升浪的洗盘，如何保证自己不被洗出来都是有方法的，上海凤凰这根大阴线还没有打到5日均价线，还在非常强势的多头趋势中，为什么要急着离场呢？

学员操作的结果完全在笔者的预料之中，他们的技术都非常了得，但是心魔这一关还没有过去，一根高开低走的大阴线看起来确实非常恐怖:早盘集合竞价是涨停板开盘，收盘的时候跌了2%，当天实现了12%的利润回撤或者亏损。理智的普通投资者的止损基本在10%以内，所以当天洗盘洗得非常漂亮，也提醒大家：大牛股都是这样洗盘的！

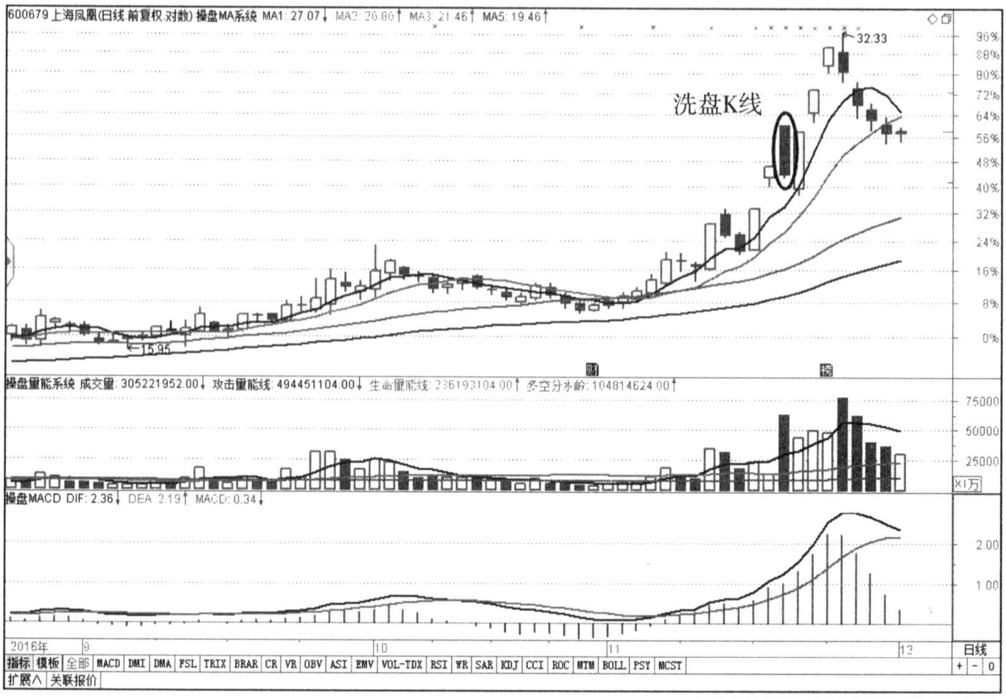

上海凤凰（600679）2016年8月~11月日K线走势图

下图是上海凤凰洗盘当天的分时走势图，因为早盘向下打压的速度太快，开盘的价格已经看不到涨停板的价格了，早盘快速打压10%，然后全天低位震荡，尾盘再来一次探底，呈现一种确实走弱、后市无望的态势。然而最有爆发性的行情就在所有人对市场已经绝望的时候出现。

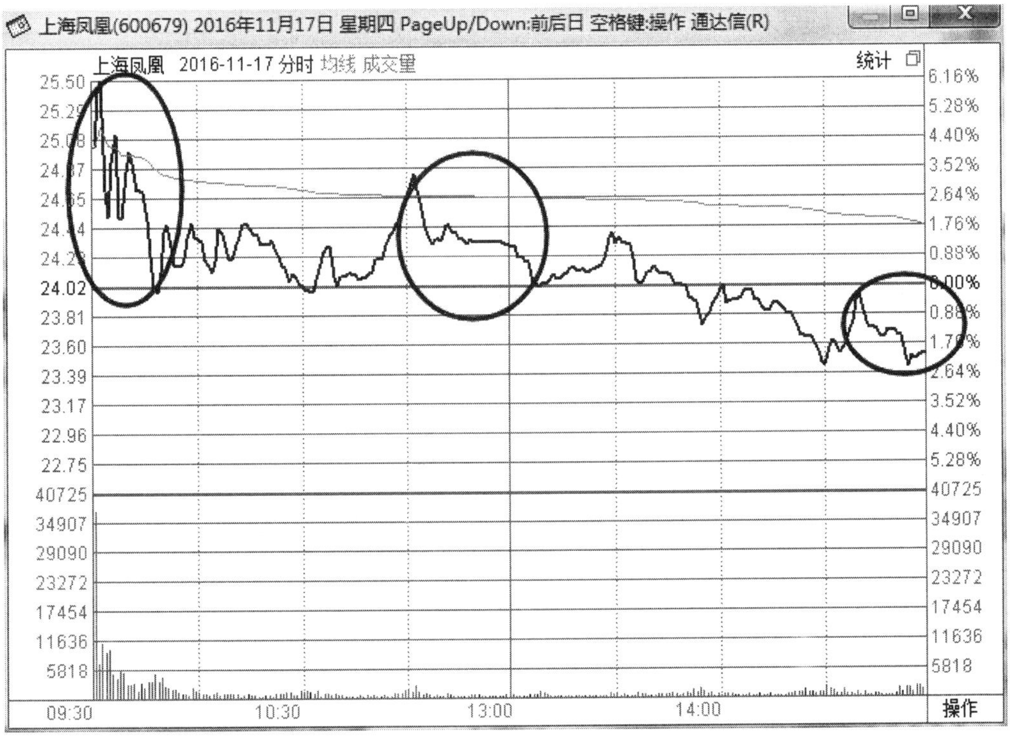

上海凤凰（600679）2016年11月17日分时走势图

2. 主力出货主动性卖单

主力出货绝对不是一朝一夕能够完成的，尤其是随着证券市场的发展，想要对一只股票做到绝对控盘是非常难的，所以对主力来说采取高抛低吸滚动操盘更是一种明智的选择。然而无论市场的参与者怎么变，市场本质性的规律是不会改变的，即使主力采用高抛低吸的手法也只是对操盘的周期进行了调整，本来可以操作的周期是周线，但是现在却只能操作日线上的行情，这方面读者对《趋势为王》一书有深度的了解和领悟后才能运用自如。

出货和洗盘的区别：

①位置不同：出货一定是相对高位，洗盘还在趋势中。

②行情级别不同：出货对应一个大级别波段完整，洗盘只是该大级别波段中的一个小的日常运动。

③下跌快慢不同：洗盘跌得比较快，而出货则是慢慢跌。

④形态不同：洗盘的形态比较简单，出货的形态比较复杂。

⑤时间不同：洗盘的时间短，出货的时间长，如果判断的是洗盘却没有快速回归上涨趋势则很可能是判断错误。

⑥K线特征：洗盘一定是阴线，出货更多是阳线。

图示案例

中电电机（603988）是笔者喜欢关注的一类股票，盘子小、价格高、股性活跃。中电电机的股本8000万，流通股本2240万，在2016年8月份这波上涨之前股价50元左右，流通市值10个亿左右，扣除持股不动的大股东持股、市场上的套牢筹码，盘子实在是太轻了，只要几个亿的资金就完全可以控盘。

从下图股价被快速拉升之前两个月的走势上不难看出，该股走出了非常清晰的建仓、打压、冰冻的形态，所以后期的爆发也是理所应当的。7个交易日63.46%的利润空间着实说明了主力资金的强势。很多投资者都以为主力在2016年9月6日的大阴线跌停板才开始出货，其实不是这样的，从大阴线前两天的阳线就已经开始出货了。

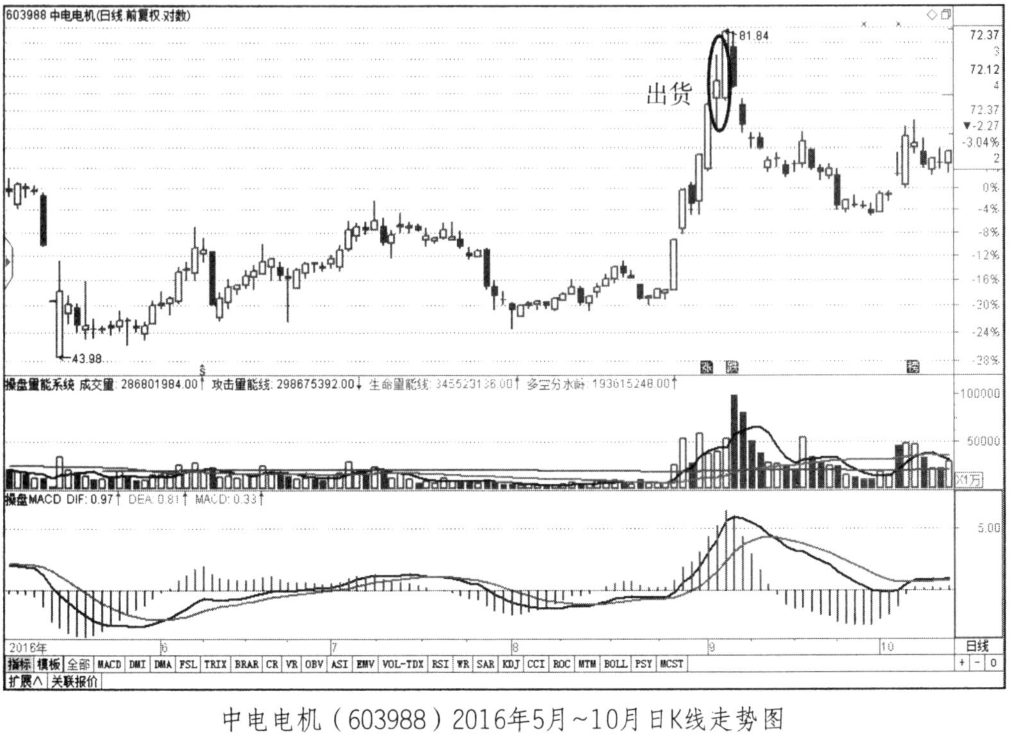

中电电机（603988）2016年5月~10月日K线走势图

如图所示，9月2日当天收了一根振幅较大的中阳线，仔细看该阳线的内部构成，就不难发现上涨已经不再连贯，主力出货痕迹非常明显。早盘的4%的低开就说明了大资金有出逃的迹象，即使不是疯狂出货也是在阶段性卖出。看全天的走势图就像醉汉走路一样歪歪倒倒的，大资金从当天开始就有计划性地跑路了。

中电电机（603988）2016年9月2日分时走势图

如下图，波段最高位是一根涨停大阳线，诱惑性非常强，普通投资者只看K线走势时一定认为上升趋势完好，出现涨停板，后期还会涨，可是盘口上给出的信息就完全不一样了。全天扭捏地震荡上涨，回调波形陡峭，最具有诱骗性的是收市前的拉尾动作，全天的量能变化无疑是小单向上推，大单向下打，已经是强弩之末。

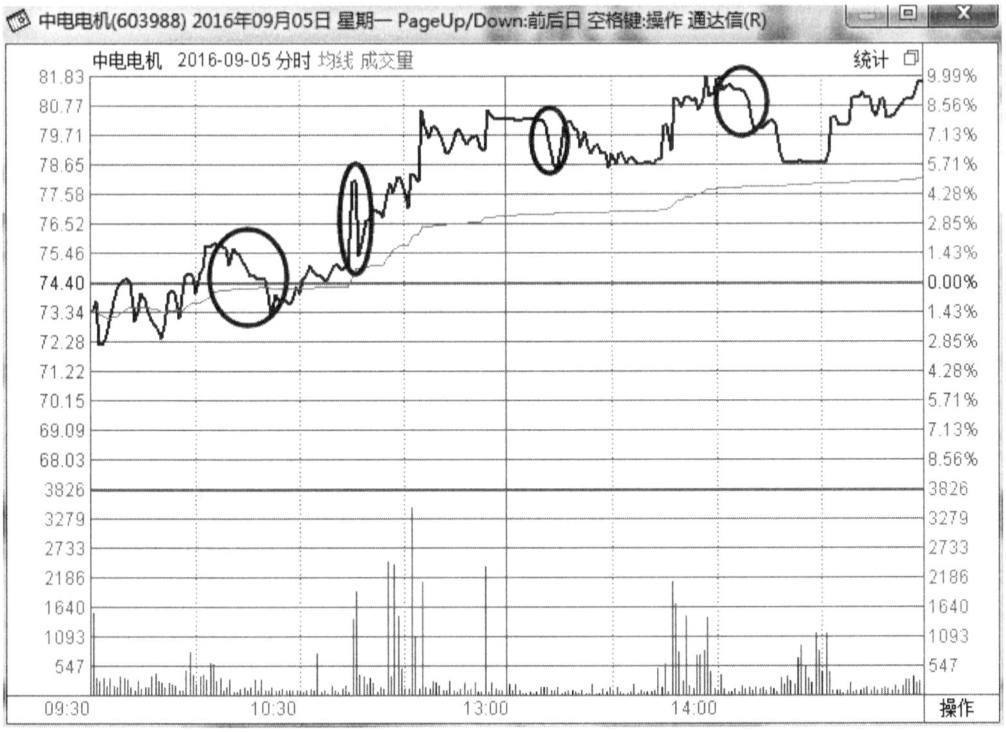

中电电机（603988）2016年9月5日分时走势图

特别提示

其实本书已经超越了盘口知识的范畴，更多的是主力和散户进行博弈层次的内容，2015年8月份出版的三本书是基础性的内容，让读者对江氏交易天机有所了解，让大家在思维上脱离“散户思维”，而本次出版的三本书的高度有所提升，一方面对实战的指导意义更强，另一方面对读者思维面的拓展也更宽。

第三节　让主力无所遁形的统计工具

通达信软件的功能非常强大，对于一名职业的操盘人员来说已能满足其需求，但普通投资者对软件很多非常棒的功能了解太少。散户聊天的谈资都会围绕“主力”两个字，但是都是处在“想”和“猜”的层面上，没有去寻找真实的证据来证明主力的意图。为了能够更好地支持投资决策，市场是否有明显的大资金异动是必须关注的。

如下图所示，在分时走势图的右上角有“统计”两个字，点击后就会出现对当天交易情况进行统计分析的弹窗。在该工具中只有一个数据需要设置，就是大单的门限值，可以根据上文介绍的大单的定义来确定门限值的大小，最重要的是根据流通盘的大小、股价的高低以及当前股价所在的位置综合进行设置，才能保证门限值的有效性。

图示案例

下图五洋科技（300420）的门限值设置在2000手，得到的数据是全天大于2000手的单子只有1笔，为主动性买单，如果要想知道该单发生的时间可以点击弹窗中的“大单成交”标签，会显示该大单的成交时间，进而到分时走势图上找到对应时间的量价变化。

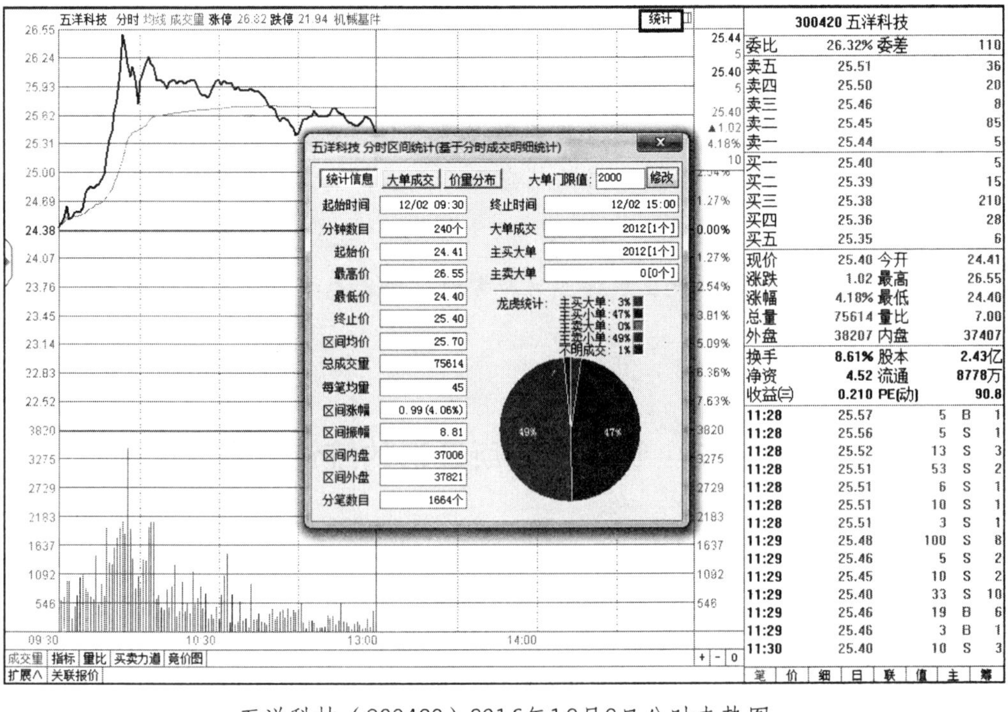

五洋科技（300420）2016年12月2日分时走势图

当前大于2000手的大单出现在9:55，就是早盘快速拉高股价的最高点，如果当天股价再次上涨到9:55高点的位置，不出现连续性放量，且明显超过2000手的大量就很难创新高。

统计工具的大单成交功能

将大单门限值调整到500手后的统计结果是，全天共有8个大于500手的大单，其中有6个是主动性买入的，有2个是主动性卖出的，主动性买入总量是主动性卖出总量的4倍以上，所以主动性买入的特征较明显。再查看当天8笔大单的发生时间，早盘拉升波段中出现较多，随后反向波构成时出现了两笔大卖单。虽然五洋科技的流通盘只有8778万股，但是拉升时连续性大单的攻击性较差，也就注定了当天冲高后的回落。

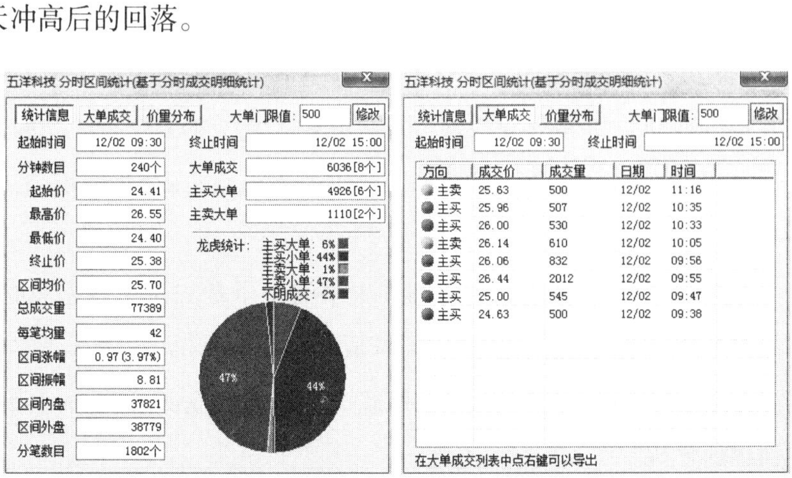

大单门限值调整到500手后的统计结果及大单发生的时间

第四节　成交明细和买卖盘的关系

成交明细和买卖盘相辅相成，缺一不可，对于职业操盘手来说更是要关注到这两个区域的变化，重点分析在两个区域出现异常情况时大资金的真实意图，站在多空博弈的角度才能够更精准地判断后期走势，而不是像看热闹一样看两个区域价格和量能的跳动。

盘口是技术分析的最小单位，也是趋势中的最小级别，变化最多、诱惑最大，看得懂的人一切了然在胸，看不懂的人时刻觉得忐忑，而盘口的陷阱就是给那些实际看不懂但是觉得自己看得懂的人准备的。

1. 买卖盘消失的委托单在成交明细中出现

这是市场中正常的交易状态，买盘消失的委托单在成交明细中以主动性卖单的形式出现，卖盘消失的委托单在成交明细中以主动性买单的形式出现，消失的委托单的数量和成交明细中出现的成交单的数量基本相同，即使不同相差也不会太大，一旦相差太大就属于后面两种异常情况了。

图示案例

如图所示，该股买一的价格为27.90元，当前时刻买一的挂单总数从151手变为122手，消失29手，下图中买一档位的最后一个数据表示的就是当前时刻该档位委托单数量的变化。再看成交明细 ，此时13:54在27.90的价位成交的最近一笔单子总量为33手，全部为主动卖出的单子，该33手是来自8个委托指令，这8个委托指令中是否有同一个人的就不得而知了。

买一消失的单子是29手，成交明细多出来的单子是33手，相差只有4手，也是属于市场自然交易的结果，因为4手折算成资金是11160元，资金量实在太小，对于我们研究异常情况的意义不大。在盯盘时可以发现全天成交大部分都是这种自然交易构成的常规单子。

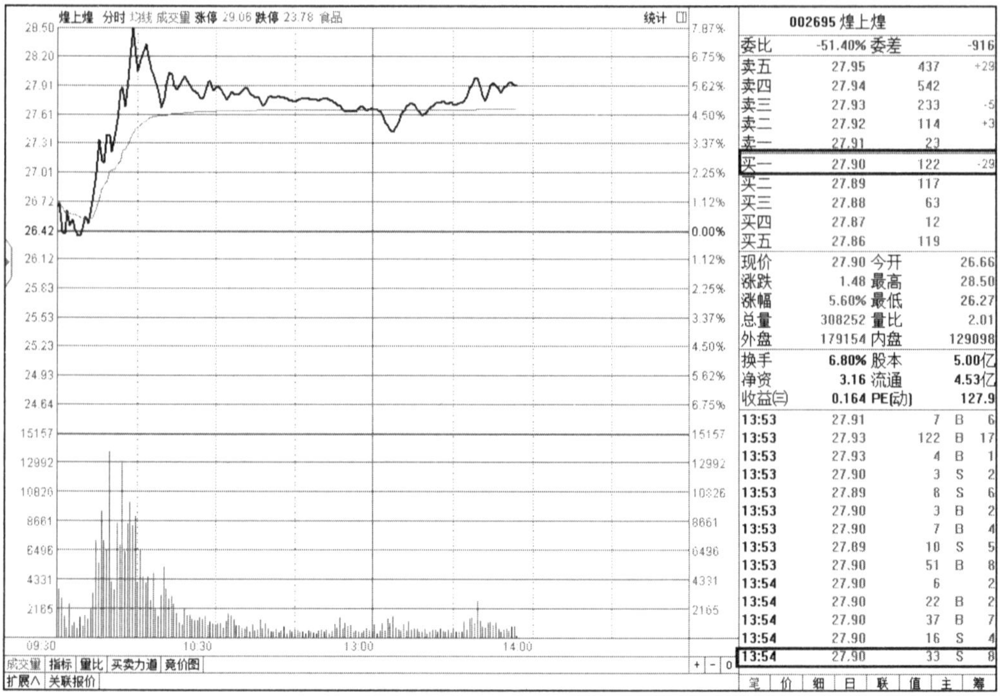

煌上煌（002695）2016年12月2日分时走势图

2. 买卖盘没有的委托单在成交明细中出现

该情况完全是因为买卖双方都有强烈地促成该交易行为的欲望，都没有在委托盘上预先展示自己对价格的预期就快速以市价委托的方式促成交易了。这是在市场对多空方向的看法不一致、分歧较大时常有发生的，当然主力资金也会用这种方式达到“造量”的目的。

图示案例

如图所示，天润曲轴（002283）在14:12的成交明细中突然出现了4000手的主动性买单，从成交明细上看该4000手的单子是来自8个委托指令，但是这个市场的奇妙之处就在于会出现如此巧合的事情，8个同时成交的委托执行的总和是一个4位数的整数关。更蹊跷的事情是委托盘上所有的挂单没有任何变化，就是市场上突然来了4000手没有提前展示买入意愿，也没有提前展示卖出意愿的交易，可谓是不速之客！

该笔交易之前的成交价格是10.96元，4000手的成交价格较前一笔成交的价格上涨了3分钱。回想我们盯盘时这种情况是否也遇到过，是否很常见，这笔交易的总价值400多万，它给市场传递的信息又是什么呢？

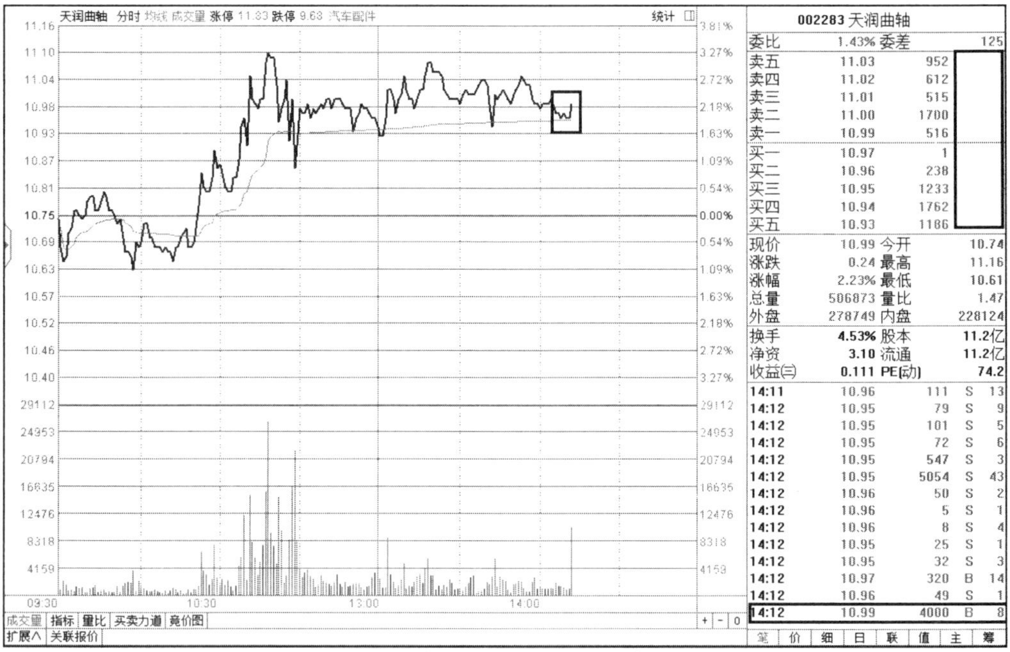

天润曲轴（002283）2016年12月2日分时走势图

3. 买卖盘消失的委托单在成交明细中没出现

从该情况的标题中就可以得知这是一种撤单的表现，但是问题的根源在于为什么撤单！在上文中有简述过，撤单一方面是因为交易不能达成而撤单，属于正常交易行为，还有一种可能是主力刻意地诱多或者诱空的行为。

图示案例

如图所示，中国中车当时的股价为11.40，卖三的价位是11.42，相差只有两分钱，卖一和买二的总资金量在840万左右，这对于中国中车这么大的盘子来说简直是九牛一毛。前5分钟股价上涨了1%左右，进场的资金虽然不是非常强悍，但是对于短期上涨的延续还是可以的，原来希望在11.42将手上筹码卖掉的持股方改变了对股价的预期，认为股价会继续上涨所以暂时撤单。

中国中车（601766）2016年12月2日分时走势图

第五节　从成交明细看主力的参与度

当天的成交量是从成交明细中一点一滴地累积起来的，当天成交量是否健康，多空一天的对抗是如何演绎的在这个区域都能得到答案。查看成交明细就像是用放大镜去查看树叶的结构，用肉眼只能看到完好的、绿得醉人的表层，但是用放大镜看的时候可以看到它细胞的结构，可以看到它是否有小的害虫开始滋生。

1. 连续性大单

连续性大单的定义

①成交明细中连续出现3笔以上的大单，或者1分钟出现10笔以上大单；

②连续性大单出现时，5分钟、15分钟、30分钟中有一个周期对应K线的换手率明显放大，最好达到0.8%以上；

③大单出现时在分时盘口中出现量堆，并且伴随价格快速上涨或下跌，均价线拐头向上或向下；

④如果盘口的量价没有出现上述现象的连续性大单一般为主力在对倒。

图示案例

如图所示，红旗连锁（002697）在14:30之前全天窄幅震荡，股价从绿盘区缓慢爬到了红盘区，虽然涨幅不是很大，但是在大盘全天震荡下跌的背景下红旗连锁还是走出这样的走势可见其强势。下午14:30以后股价开始缓慢上扬，在14:38分就明显出现了连续性买入的大单，分时盘口上的量堆形态开始呈现，股价上升的角度逐渐变大，已经超过了60度。

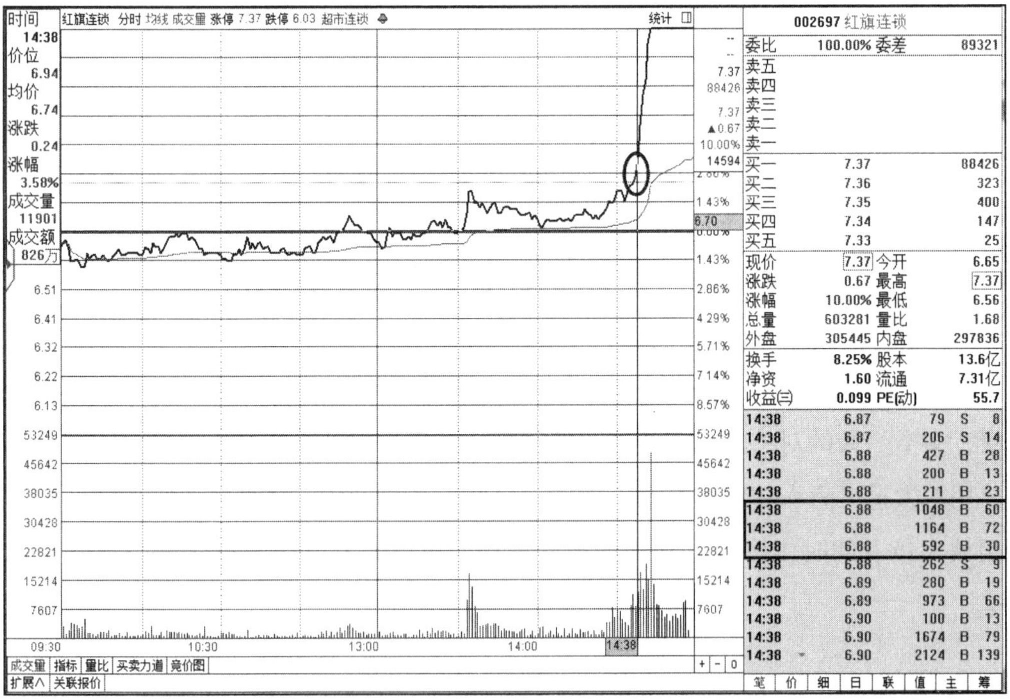

红旗连锁（002697）2016年12月2日分时走势图

在接下来的走势中，连续性攻击大单不断涌现，每分钟成交的笔数也快速增加，在市场大环境低迷的情况下，个股却敢逆势而动，可见其决心和实力均不一般，最后股价以长波的形式直接拉到涨停板，且封得死死的。

×002697 红旗连锁　分时成交明细　　Up/PageUp:前翻 Down/PageDown:后翻

时间	价格	成交			时间	价格	成交			时间	价格	成交		
14:36	6.84	558	S	26	14:38	6.88	262	S	9	14:40	7.05	411	S	24
14:36	6.84	1871	S	112	14:38	6.89	280	B	19	14:40	7.07	844	B	53
14:36	6.85	1453	B	64	14:38	6.89	973	B	66	14:40	7.08	272	S	18
14:36	6.85	192	B	17	14:38	6.90	100	B	13	14:40	7.07	227	S	27
14:36	6.85	335	B	20	14:38	6.90	1674	B	79	14:40	7.10	725	B	65
14:36	6.85	575	B	29	14:38	6.90	2124	B	139	14:40	7.08	638	S	57
14:37	6.85	314	B	26	14:38	6.90	65	S	9	14:40	7.09	921	B	60
14:37	6.85	376	B	23	14:38	6.91	277	B	21	14:40	7.08	470	B	42
14:37	6.85	699	B	27	14:38	6.91	565	B	22	14:40	7.10	615	B	44
14:37	6.85	91	S	6	14:38	6.91	1160	S	55	14:40	7.08	780	S	41
14:37	6.86	385	B	22	14:38	6.94	59	B	5	14:40	7.10	625	B	40
14:37	6.85	52	S	4	14:38	6.94	435	B	19	14:40	7.10	1421	S	21
14:37	6.86	354	B	22	14:39	6.94	229	B	20	14:40	7.10	353	S	21
14:37	6.85	64	S	3	14:39	6.95	781	B	49	14:40	7.12	394	B	39
14:37	6.86	612	B	15	14:39	6.95	446	B	20	14:40	7.13	1363	B	64
14:37	6.85	206	S	5	14:39	6.95	704	B	62	14:40	7.14	967	B	40
14:37	6.86	279	B	14	14:39	6.96	272	B	24	14:40	7.15	414	B	35
14:37	6.86	229	B	9	14:39	6.97	373	B	22	14:40	7.15	373	B	26
14:37	6.86	430	B	38	14:39	6.96	423	S	30	14:41	7.15	831	B	47
14:37	6.86	1361	B	65	14:39	6.97	565	B	40	14:41	7.16	758	S	46
14:37	6.86	152	S	4	14:39	6.98	457	B	39	14:41	7.16	460	B	35
14:37	6.86	4	S	2	14:39	7.00	3168	B	129	14:41	7.18	480	B	49
14:37	6.87	71	B	6	14:39	6.99	311	S	16	14:41	7.18	1087	B	66
14:37	6.87	582	B	22	14:39	7.00	868	B	22	14:41	7.16	1039	S	49
14:37	6.87	1316	B	45	14:39	7.00	1227	B	40	14:41	7.20	1339	B	47
14:37	6.88	586	B	22	14:39	6.99	1745	S	84	14:41	7.20	464	B	32
14:38	6.87	79	S	8	14:39	7.00	1039	B	40	14:41	7.19	1630	S	79
14:38	6.87	206	S	14	14:39	6.99	1741	S	79	14:41	7.20	1572	B	70
14:38	6.88	427	B	28	14:39	7.01	1155	B	99	14:41	7.20	1323	B	67
14:38	6.88	200	B	13	14:39	7.00	829	S	45	14:41	7.19	506	B	31
14:38	6.88	211	B	23	14:39	7.03	372	B	17	14:41	7.19	1160	B	55
14:38	6.88	1048	B	60	14:39	7.05	330	B	29	14:41	7.16	236	S	22
14:38	6.88	1164	B	72	14:40	7.04	387	S	25	14:41	7.19	682	B	51
14:38	6.88	592	B	30	14:40	7.06	302	B	24	14:41	7.20	844	B	46

红旗连锁（002697）2016年12月2日分时成交明细

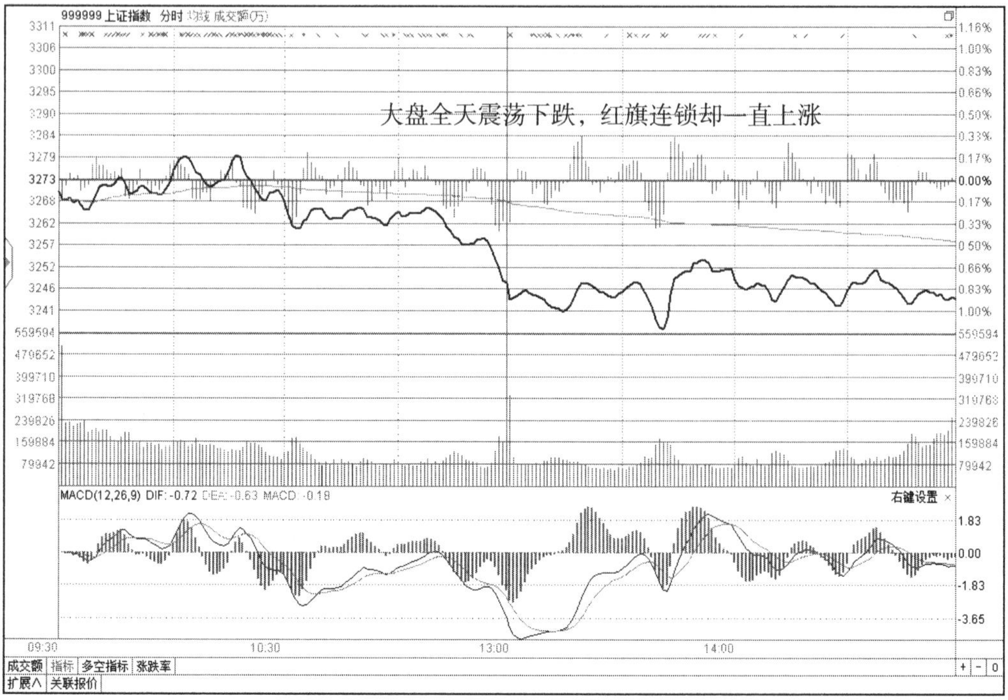

上证指数（999999）2016年12月2日分时走势图

连续性大单对应的主力操盘意图

①快速建仓阶段：主力为了快速拿到筹码，加大资金投放，不介意普通投资者的跟风，所以这一定是非常强势的主力所为，而且离快速拉升的时间不会太久。

图示案例

江氏交易天机的核心交易原则之一就是由整体到局部，所以在分析一只股票的时候一定是先看K线的整体走势，当前股价所在的位置，然后再去研究分时，切莫本末倒置。所以该案例先从K线的整体走势来看，股价经过充分的下跌后，止跌回踩再次向下，股价不创新低，进入做底阶段，构建了非常漂亮的底部形态。读者可以对照日期在自己的软件上逐一查看每一天K线的分时走势，结合上文提到和建仓相关的盘口特征，就会对底部建仓的位置和形态有很深的感触。

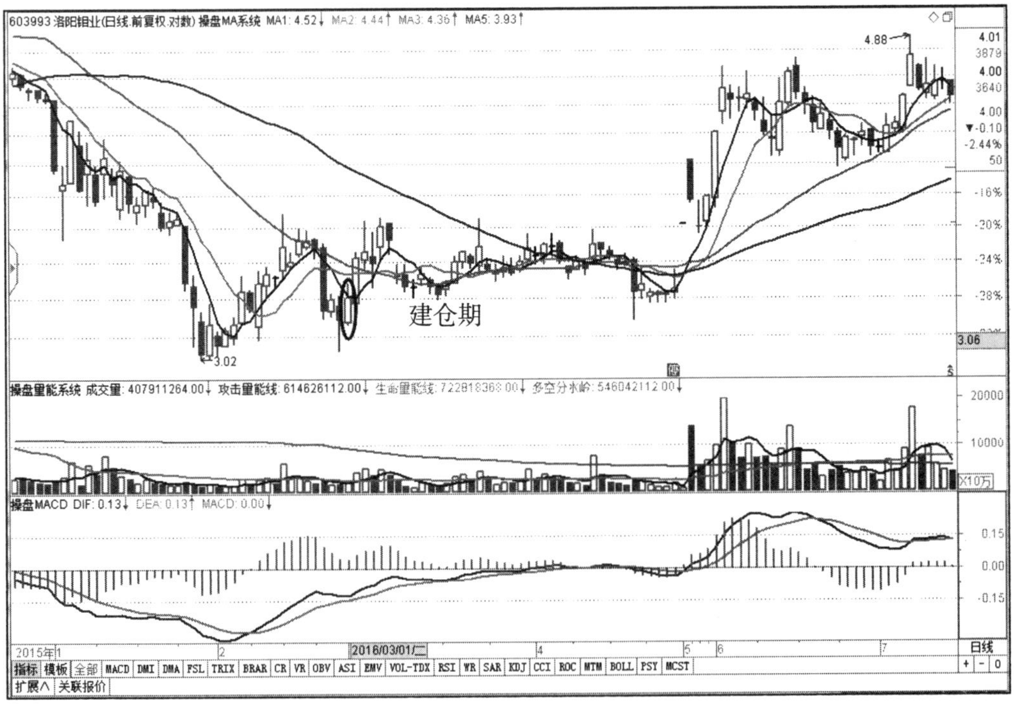

洛阳钼业（603993）2016年1月~7月日K线走势图

打开2016年3月1日分时走势图发现，全天以震荡为主，明显的异常情况是在11:00~11:30股价出现了一波快速拉升，成交量也有明显地快速放大，但是缺陷是没有构成漂亮的量堆，只是冲击型的量峰，只有高度没有宽度。再看该拉升波段对应的成交明细，出现非常明显的连续性大单，当天拉升的痕迹不明显，但是如此投入资金的方式只有一种可能：低位吸筹。

11:20	3.32	7107	B
11:20	3.32	758	B
11:20	3.32	633	B
11:20	3.32	298	B
11:20	3.33	10061	B
11:20	3.32	2371	B
11:20	3.32	12500	B
11:20	3.32	157	S
11:20	3.33	178	S
11:20	3.34	164	B
11:20	3.35	309	B
11:20	3.34	1054	B
11:21	3.37	13274	B
11:21	3.37	856	B
11:21	3.37	1457	B
11:21	3.37	3696	S
11:21	3.37	1265	S
11:21	3.38	2140	B
11:21	3.38	1098	S
11:21	3.38	401	S
11:21	3.38	986	S
11:21	3.38	1091	S
11:21	3.38	872	B

洛阳钼业（603993）2016年3月1日分时走势图

特别提示

如果您认真地阅读本书，一定有关注到在很多案例的解释中，都有提到一句话“股价经过充分下跌后”。其实这句话已经明确给出了我们重点关注的股票所处的位置一定是底部，至少是阶段性底部，原因很简单，主力是不会跑到高位建仓的。

②拉升利润空间：在真正的主升浪，主力需要快速投放资金带动市场人气，诱使散户前来抬轿子，此时真正为了拉升股价的连续性大单是我们最应该研究的。

图示案例

上文中红旗连锁的案例明显是主力为了拉升利润空间，可以通过分析当日股价所在的位置综合判断。前期经过充分下跌后在底部竖起了一个旗杆，在江氏交易天机中非常重视对旗杆的研究，它是指在底部出现的一根大阳线，标志着有资金开始强势进场，当然也是底部区域的重要信号，在清晰的底部形态中，不断有大资金在吸筹的迹象。2016年11月1日出现的第一个的涨停大阳线就是主力为了脱离成本区开始加速上涨的信号。2016年12月2日的涨停板则是标准的上升趋势中的涨停板。

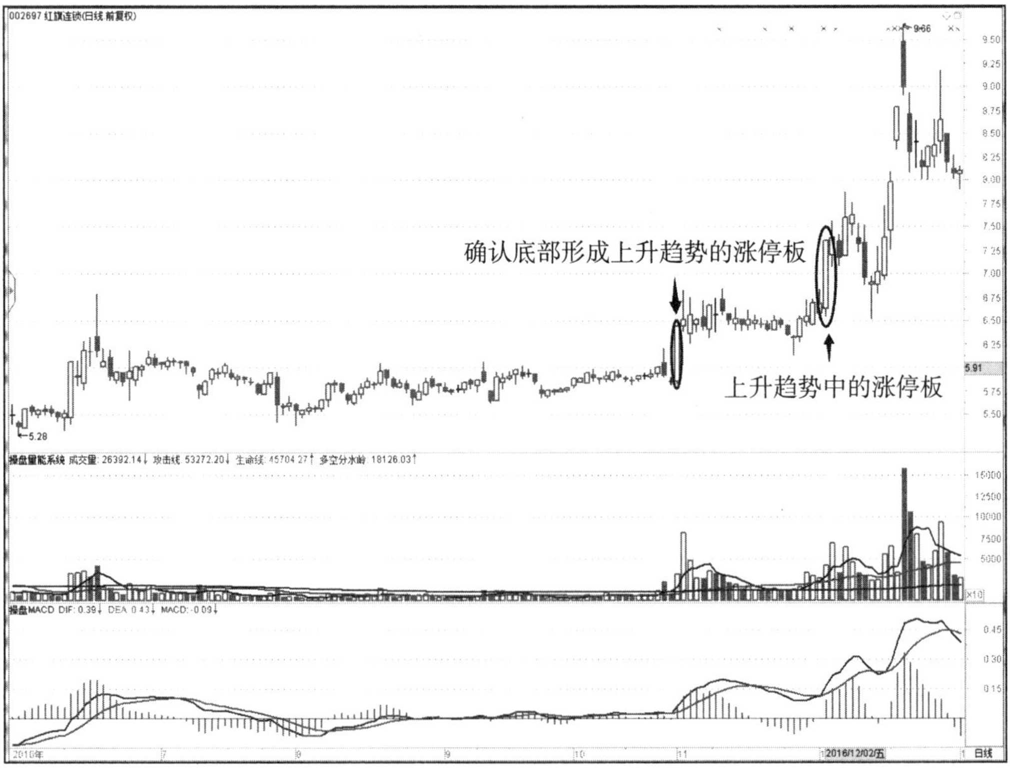

红旗连锁（002697）2016年6月~12月日K线走势图

③出货变现筹码：前两种情况是连续性大买单，主力在向上拉升股价，该情况是指连续性大卖单，主力在向下打压股价。

图示案例

如图所示，只看友阿股份（002277）的整体走势，在涨停板出现的当天还处于完好的上升趋势中，尤其是在牛市的末期，市场上的普通投资者胆子越来越大，已经习惯了追涨停大牛股的赚钱模式，所以此时只要是涨停板都会引起普通投资者非常强的跟风热情，当然这也是理智的机构投资者出货的最好时机。

笔者在截取下图时，刻意地没有保留之后的下跌趋势，也是想给认真阅读的投资者一个深刻的回忆，在2015年有多少只股票在这个位置出现了涨停板，甚至比友阿股份的走势漂亮多了，你又是什么心态追进去的？这个教训值不值得你痛定思痛？

友阿股份（002277）2015年2月~6月日K线走势图

上文对涨停板当天的位置已经分析过了，涨停前的走势也算标准，问题就出在涨停之后的抛单上。涨停之后不足5分钟，涨停板就打开了一次。再看14:40左右，涨停板没有打开，封得死死的，传递出来的信号还是大资金坚决做多。但是看下面的成交量和成交明细就知道大资金在凶狠地扔筹码。光在下图的截图范围内就有6个超过1000手的大单，资金总量在2400万以上。涨停板不打开，你会卖出股票吗？这2400万的资金是谁在接货就可想而知了。

友阿股份（002277）2015年6月10日分时走势图

2. 单分钟成交的大单个数

在连续性大单中有提到1分钟内成交大单的数量，这是一个评价个股当天交易情况非常重要的数据，如果全天的成交中每分钟的成交个数屈指可数，则当天的人气必然低迷，全天的成交中每分钟的成交个数明显变大，则说明该个股的人气在不断增强。

但是对于我们使用的常规软件来说，每3秒钟传输一次成交明细数据，也就是说1分钟最多的成交个数是20个。对于1分钟内成交个数对反映成交活跃度的标准如下：

极其清淡：单分钟成交个数少于5个。

交易清淡：单分钟成交个数6~10个。

正常交易：单分钟成交个数11~15个。

交易活跃：单分钟成交个数16~19个。

非常活跃：单分钟成交个数20个。

以上的标准是用于衡量1分钟内的成交个数，实盘时我们通常会拓展到一段时间，可能是拉升时间的几分钟，也可能是全天平均每分钟的成交个数。

图示案例

如图所示，中葡股份（600084）当天全天总成交笔数为2662，全天共240分钟，所以平均每分钟的成交笔数为11笔，刚刚超过10笔的门限值，但是作为全天的平均水平来讲，能够达到这个标准说明股价已经处于活跃状态了。从当天的整体走势中不难看出，早盘拉高时股价是十分活跃的，但是之后股价以震荡下跌为主，且下跌的过程逐渐缩量，明显将全天的活跃程度降低了。

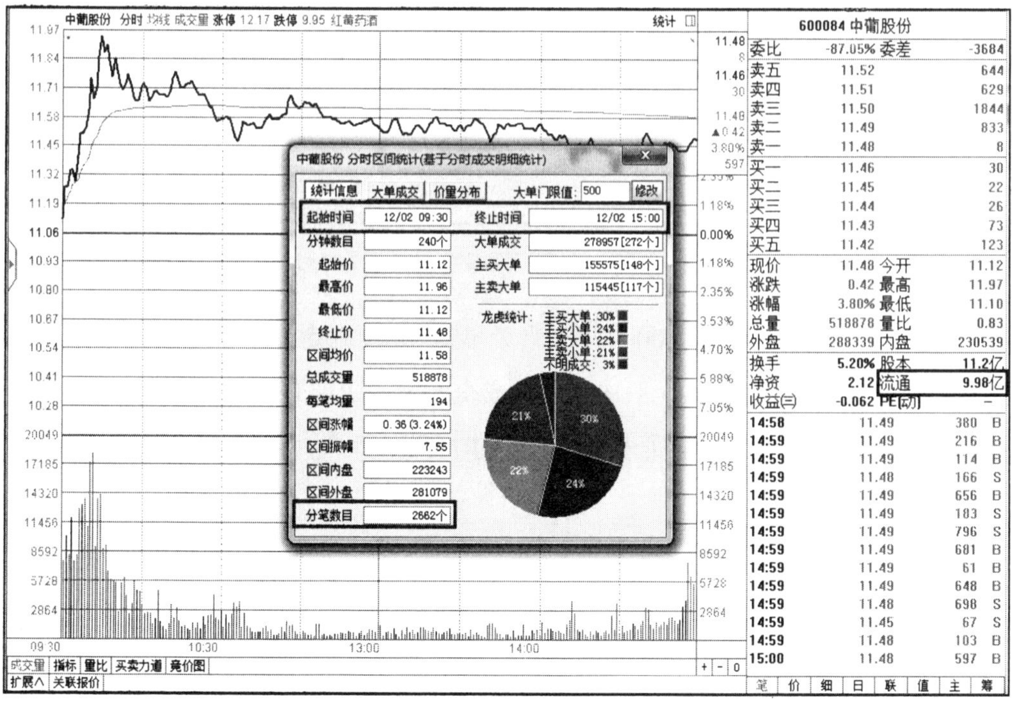

中葡股份（600084）2016年12月2日分时走势图

图示案例

中葡股份当天早盘走出了一波较为强势的拉升行情，该波段的持续时间为15分钟，其间总成交笔数为192，平均每分钟的成交笔数为12.8。很明显早盘15分钟的单分钟成交个数比全天的有所增加，对于一段时间内的单分钟成交个数来说，其标准一定是比单分钟的要求要低，所以12.8笔可以算作交易活跃状态。

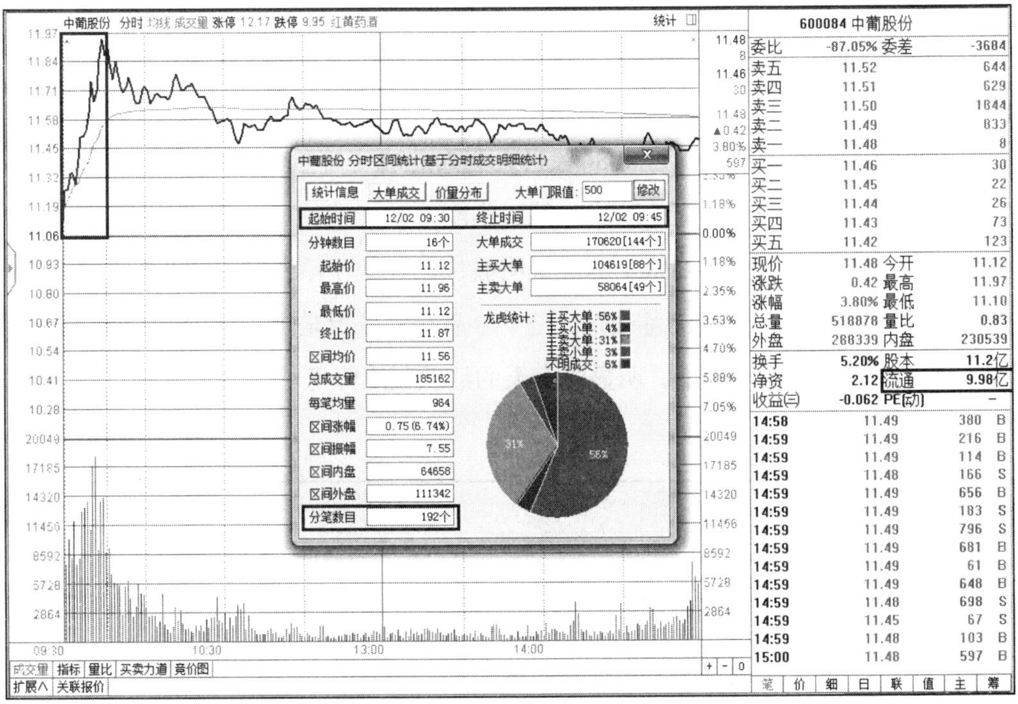

中葡股份（600084）2016年12月2日分时走势和分时区间统计图

如图所示，佳电股份（000922）当天早盘7分钟内走出了强势地拉涨停的走势，其间总成交笔数为141，平均每分钟成交20笔，也就是说7分钟内每分钟的成交个数都达到了20笔，一定属于极度活跃的个股。

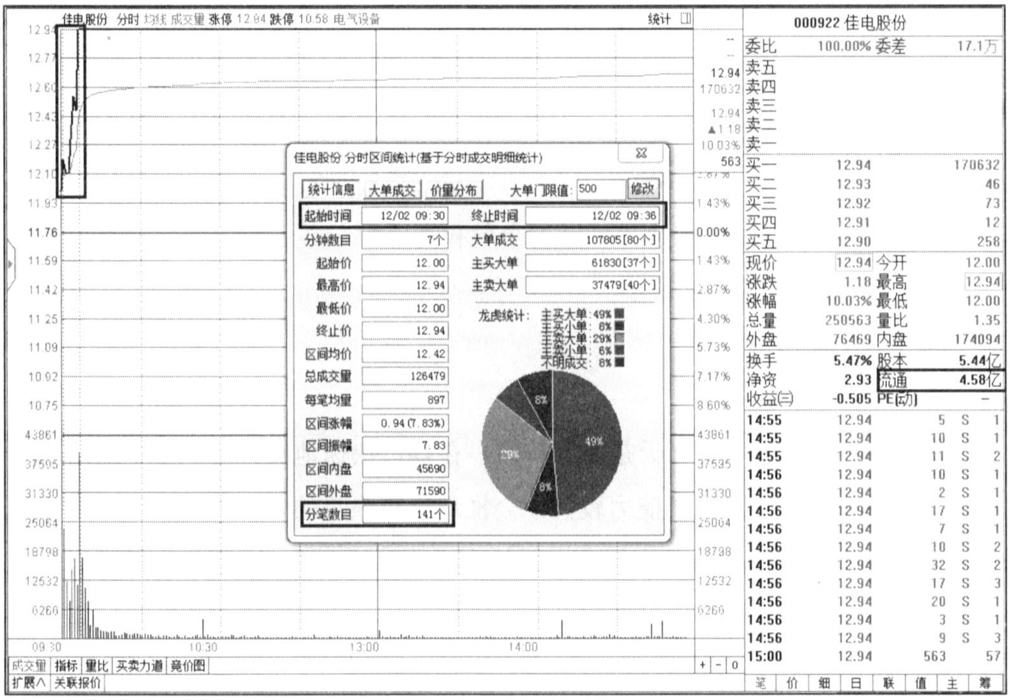

佳电股份（000922）2016年12月2日分时走势图

分析股价的涨跌考虑的要素不是单一的，需要从多方面进行综合考虑，每分钟成交笔数是从市场人气的角度进行衡量的，是投资决策的一种佐证，不能只考虑其一而忘记其二，股票投资切忌一叶障目。

3. 价位隔空跳

在成交明细中如果发现两笔相邻的成交之间的价差较大，说明要么当天交易极度不活跃，要么有明显大资金进行市价交易。隔空跳出现的7种情况：

①做多动能强：如果两笔相邻成交单的成交价格变高了，说明大资金在积极买入。

②做空动能强：如果两笔相邻成交单的成交价格降低了，说明大量筹码在积极抛出。

③如果出现持续性向上跳空的隔空跳更能说明当天的做多动能之强。

④做空的要求要比做多低，出现单次向下跳空的隔空跳时就说明市场空头氛围开始凝重。

⑤大部分股价的下跌只需要一次向下隔空跳的大单就会带动股价跳水，所以连续向下隔空跳不常见。

⑥盘中一旦出现一次向下隔空跳，需要3次甚至更多次的强有力的向上隔空跳才可以修复好。

⑦该原则不适用交易极度不活跃的个股和高价股。

图示案例

凤竹纺织（600493）当天是上涨行情，在盘口快速地拉升过程中不断出现隔空跳，说明大资金持续续航能力较强，会推动出较强势的多头走势。值得注意的是在推动上升趋势的过程中，向上的隔空跳是必不可少的，在拉升初期可能会有小单构成的向下隔空跳，但是在拉升到涨停板的最后一波行情是不会给空方向下隔空跳的机会的。

600493 凤竹纺织 分时成交明细 Up/PageUp:前翻 Down/PageDown:后翻

时间	价格	成交		时间	价格	成交		时间	价格	成交	
13:52	17.07	11	B	13:55	17.40	545	B	13:58	17.57	180	S
13:52	17.06	81	S	13:55	17.39	331		13:58	17.57	41	S
13:52	17.06	84	S	13:55	17.39	64	S	13:58	17.57	523	S
13:52	17.05	10	S	13:55	17.42	247	B	13:58	17.57	113	S
13:52	17.04	5	S	13:55	17.42	289	S	13:58	17.57	48	S
13:52	17.05	27	B	13:55	17.47	348	B	13:58	17.57	55	S
13:52	17.07	423	B	13:55	17.47	489	S	13:58	17.57	88	S
13:52	17.07	60	S	13:55	17.52	1946	B	13:58	17.57	131	S
13:52	17.07	3	S	13:56	17.56	1380	B	13:58	17.57	41	S
13:52	17.07	39	S	13:56	17.57	7132	B	13:58	17.57	289	S
13:52	17.07	1	B	13:56	17.57	239	S	13:59	17.57	75	S
13:53	17.05	2	S	13:56	17.57	151	S	13:59	17.57	52	S
13:53	17.08	500	B	13:56	17.57	480	S	13:59	17.57	31	S
13:53	17.05	25	S	13:56	17.57	8656	S	13:59	17.57	34	S
13:53	17.06	10		13:56	17.57	123	S	13:59	17.57	41	S
13:53	17.05	107	S	13:56	17.57	672	S	13:59	17.57	10	S
13:53	17.06	280	B	13:56	17.57	623	S	13:59	17.57	54	S
13:53	17.06	308	B	13:56	17.57	832	S	13:59	17.57	60	S
13:53	17.06	22	S	13:56	17.57	1061	S	13:59	17.57	81	S
13:53	17.06	157	S	13:56	17.57	1862	S	13:59	17.57	182	S
13:54	17.06	18	S	13:57	17.57	710	S	13:59	17.57	2	S
13:54	17.06	210	B	13:57	17.52	938	S	13:59	17.57	32	S
13:54	17.06	16	S	13:57	17.57	349	B	14:00	17.57	30	S
13:54	17.08	532	B	13:57	17.57	204	B	14:00	17.57	37	S
13:54	17.09	278	B	13:57	17.52	509	S	14:00	17.57	10	S
13:54	17.10	146	B	13:57	17.57	332	B	14:00	17.57	422	S
13:54	17.11	1884	B	13:57	17.57	191	B	14:00	17.57	10	S
13:54	17.13	558	B	13:57	17.57	1143	B	14:00	17.57	21	S
13:54	17.13	51	S	13:57	17.57	898	B	14:00	17.57	14	S
13:54	17.24	1125	B	13:57	17.57	482	B	14:00	17.57	19	S
13:54	17.29	501	B	13:57	17.57	817	B	14:00	17.57	60	S
13:55	17.30	286	B	13:57	17.57	415	S	14:00	17.57	1	S
13:55	17.31	2031	B	13:58	17.57	211	S	14:00	17.57	6	S
13:55	17.33	48	B	13:58	17.57	83	S	14:01	17.57	106	S

凤竹纺织（600493）2016年12月2日成交明细

达华智能（002512）全天以空头趋势为主，在下图的成交明细中有多次非常明显的大单构成的向下隔空跳。细心的投资者会问，这里也有向上的隔空跳啊！

上文中阐述隔空跳的7种情况时也说到，在任何行情中向上隔空跳和向下隔空跳都可能同时发生，我们要研究的是同时发生时的相对能量的变化。在出现大单向下隔空跳之后，扭转该空方的力量所需要的多方力量非常强，下图中的向上隔空跳太弱了。

× 002512 达华智能　分时成交明细　　Up/PageUp:前翻 Down/PageDown:后翻

时间	价格	成交		
09:37	17.98	657	B	35
09:37	17.90	475	S	70
09:37	17.90	352	B	46
09:37	17.89	613	S	60
09:37	17.88	185		18
09:37	17.87	504	S	33
09:37	17.87	712	B	62
09:37	17.87	108	B	28
09:37	17.85	1600	S	91
09:37	17.83	945	S	81
09:37	17.85	348	B	50
09:37	17.80	579	S	58
09:37	17.80	261	B	22
09:37	17.77	525	S	37
09:37	17.77	360	S	46
09:37	17.77	372	S	62
09:38	17.77	810	S	60
09:38	17.77	483	B	40
09:38	17.79	559	B	59
09:38	17.80	176	B	39
09:38	17.80	208	B	22
09:38	17.81	459	B	31
09:38	17.81	142	B	22
09:38	17.81	143	S	28
09:38	17.83	950	B	66
09:38	17.85	123	B	30
09:38	17.85	406	B	36
09:38	17.87	279	B	31
09:38	17.87	144	S	15
09:38	17.89	130	S	22
09:38	17.90	126	B	19
09:38	17.92	485	B	47
09:38	17.93	469	B	39
09:38	17.93	140	B	12

时间	价格	成交		
09:38	17.95	162	B	20
09:38	17.98	293	B	37
09:39	17.96	132	S	22
09:39	17.96	165	S	37
09:39	17.98	347	B	26
09:39	17.96	1138	S	124
09:39	17.92	109	S	15
09:39	17.92	373	B	20
09:39	17.92	286	S	26
09:39	17.96	958	B	30
09:39	17.89	998	S	50
09:39	17.95	151	B	24
09:39	17.92	118		33
09:39	17.95	120	B	18
09:39	17.94	193	B	26
09:39	17.92	259	S	39
09:39	17.92	1217	S	63
09:39	17.90	934	S	55
09:39	17.90	131	B	22
09:39	17.88	114	S	18
09:39	17.88	387	S	34
09:39	17.88	95	B	13
09:40	17.86	282	S	33
09:40	17.88	146	B	25
09:40	17.88	261	S	22
09:40	17.88	222	B	22
09:40	17.86	200	S	40
09:40	17.86	322	S	33
09:40	17.89	111	B	14
09:40	17.87	247	S	20
09:40	17.87	69	S	12
09:40	17.86	536	S	54
09:40	17.88	154	S	27
09:40	17.86	628	S	52

时间	价格	成交		
09:40	17.87	161	S	25
09:40	17.88	327	B	32
09:40	17.86	405	S	46
09:40	17.88	164	B	22
09:40	17.90	458	B	30
09:40	17.90	137	S	21
09:40	17.91	364	B	13
09:40	17.95	1178	B	45
09:41	17.91	134	S	24
09:41	17.90	544	S	37
09:41	17.91	22	S	8
09:41	17.92	186	S	20
09:41	17.94	45	B	13
09:41	17.96	48	B	10
09:41	17.95	305		27
09:41	17.96	360	B	30
09:41	17.96	40	B	11
09:41	17.96	921	B	61
09:41	17.94	141	S	22
09:41	17.97	457	B	37
09:41	17.93	474	S	36
09:41	17.93	93	B	11
09:41	17.93	224	B	16
09:41	17.93	579	S	8
09:41	17.97	122	B	12
09:41	17.97	286	B	9
09:41	17.97	410	B	21
09:41	17.93	272	S	11
09:42	17.96	72	B	12
09:42	17.97	436	B	31
09:42	17.93	179	S	20
09:42	17.94	62	S	15
09:42	17.95	273	B	10
09:42	17.96	274	B	55

达华智能（002512）2016年12月2日成交明细

实战案例

操作标的	买入时间	买入均价	卖出时间	卖出均价	盈利比率
建新矿业（000688）	2016年10月25日	8.78	2016年10月26日	9.97	10.48%

这是波段交易的一种芙蓉出水模式，无论是进行短线涨停板还是波段交易都是非常标准的，该学员的定位是短线涨停板。相对低位，股价前期必须经历过充分的下跌后进行了筹码的高度沉淀，也就是通过充分的下跌后“套死”一部分筹码，减小了实际流通盘，达到了帮助主力锁仓的作用。操作前期股价经过了近一个月的横盘整理，振幅较小，成交量萎缩，说明市场的多空能量逐渐一致，达到了平衡状态。10月25日早盘的跳空高开就是一个打破平衡的信号。

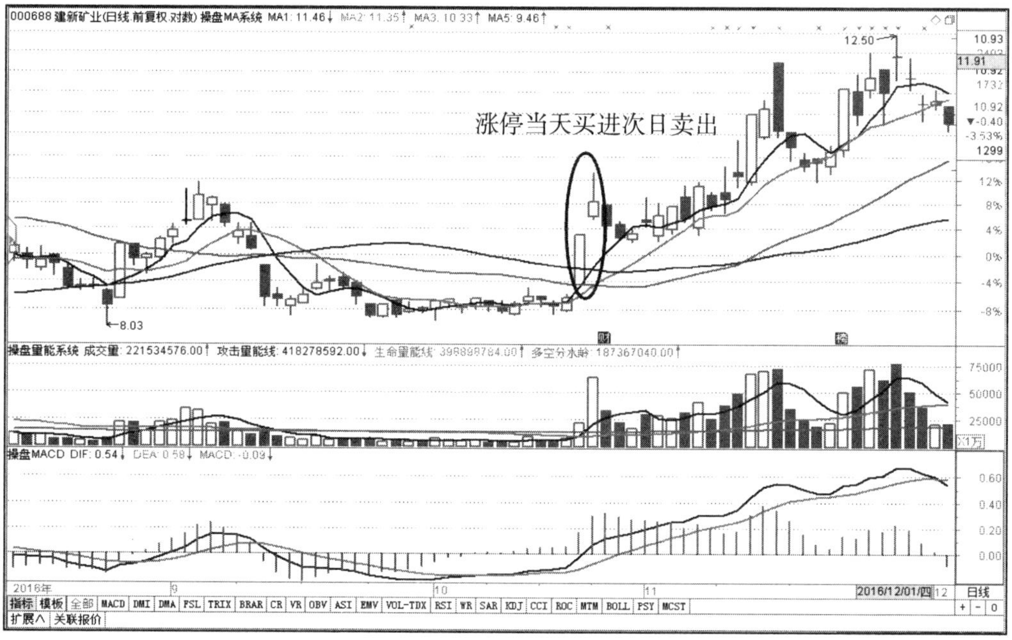

建新矿业（000688）2016年8月~12月日K线走势图

早盘开盘后股价围绕均线窄幅震荡，10:10开始向上打破了当天的平台高点，成交量开始放大，最明显的是成交量走出明显的量堆模式，在封涨停的瞬间放出了全天的最大量。为什么进场点是在突破当天前期平台的位置请参见《涨停聚金》。

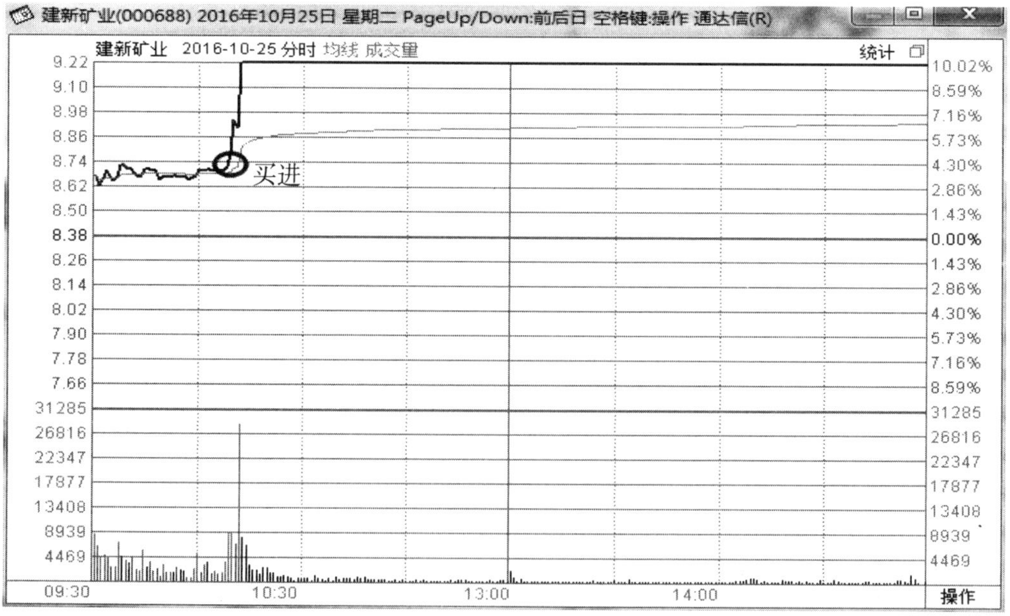

建新矿业（000688）2016年10月25日分时走势图

下图是对快速拉升涨停的6分钟内的成交明细统计结果，总成交笔数为117，每分钟成交笔数接近20笔，是非常活跃的。但是值得一提的是从封停单波的成交量上看，股价的控盘度较高，所以即使在人气很热的时候对每分钟成交笔数的要求可以降低。在该6分钟内，大于500手的大买单个数为22个，大卖单个数为8个，个数比不到3倍，但是大买单总量是大卖单总量的6倍以上，所以说做多的大买单的力量更强。

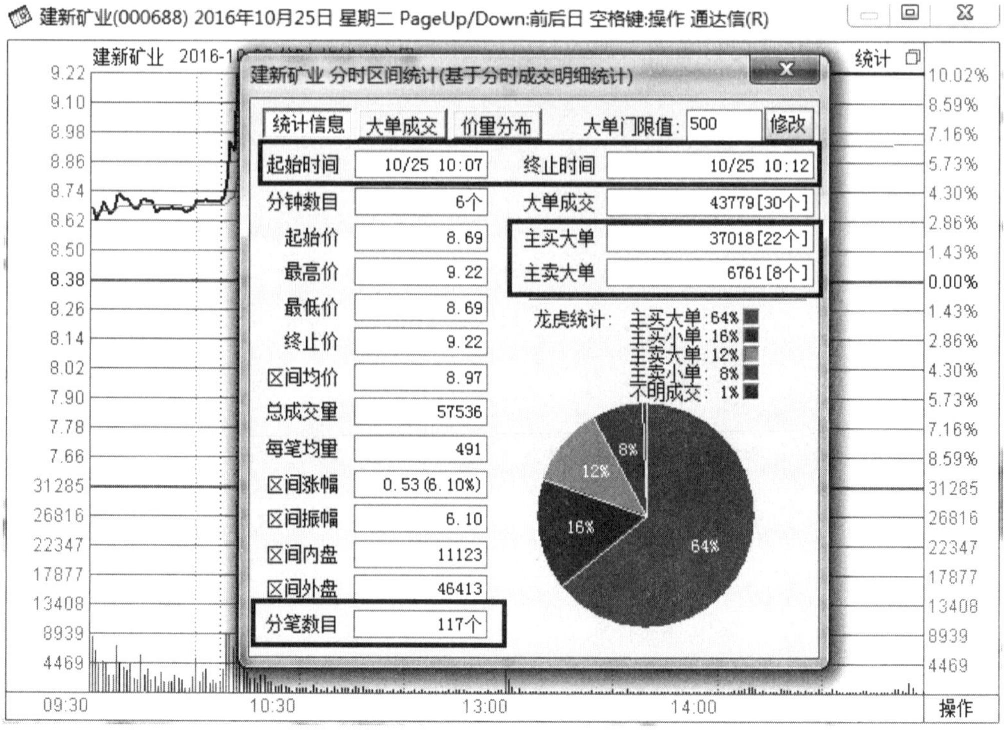

建新矿业（000688）2016年10月25日拉升波段成交细节统计

特别提示

从上文讲解的几个案例中可以发现，涨停板当天最后封停的一个波段基本都是非常活跃的，每分钟的成交个数基本可以达到20个，所以在交易不活跃的状态下，缓慢推升到涨停的涨停板是需要我们警惕的。

思考题

1. 主动性大买单和主动性大卖单对股价的影响大吗？它们对股价的影响是如何体现的？

2. 怎么用盘口统计工具判断一波拉升行情的有效性？标准是什么？

3. 买卖盘和成交明细的关系是如何体现的？

4. 怎么从成交明细中看主力的参与度？

5. 怎么将分析成交明细纳入你的分析计划和交易计划？

第四章

焉知非福的盘口反向波

有人说投资是一门自然科学，也有人说投资是一门人文科学。我们的交易体系中更赋予了它艺术的特质，证券投资最能够给交易者带来利益的就是还原反转这种艺术的本真。

盘口的艺术特征既显现也隐藏在每天的涨涨跌跌之中，K线图掩盖了盘中多空双方交战的细节和痕迹，只留下了当天的高、开、低、收四个价格。通过分时图上每个小波段能量的变化可以深度研究一天走势的高点和低点形成的真实原因。量价时空不仅适用在K线上，也适用在分时走势上。

第一节　反向波构建的区间

同K线走势一样，价格的运行一定是在维持原来的趋势、选择新的趋势和形成新的趋势的循环中往复，分时图中对区间的划分是确定变盘点的第一道窗口。

1．原势区间

股价在上升或下降趋势中形成的价格区间为原势区间，在道氏理论中有明确介绍，当股价处于上升趋势中要积极做多，当股价处于下降趋势中要积极做空。

在分时盘口上的原势区间不建议操作，因为盘口的走势变化快，很可能造成上升趋势中追高、下降趋势中抄底后还有更低的风险。

2. 蓄势区间

股价走势突破了原势区间，说明已经改变了上涨或下跌的角度或者股价短期内已经开始反向运行。此时股价既没有走出两新低一新高的上升趋势，也没有走出两高点一新低的下降趋势，所以后期的方向还很迷茫，股价处于无趋势状态。未来股价既有按原势运行的可能，也有形成真正反转的可能，但是在方向选择之前股价所有的运动都是在为未来蓄势，我们称之为蓄势区间。

3. 突破区间

股价在蓄势区间对上轨或者下轨进行突破，就完成了方向的选择，选择后的初期我们称之为突破区间。如果向上突破就确认新的上升趋势形成，就会发出买进的信号，如果向下突破就确定维持原来的下跌趋势，只能继续空仓观望，所以突破区间为最重要的操作区间。

图示案例

虽然铁龙物流（600125）2016年8月30日当天的走势没有大涨大跌，但是在盘口中走出了清晰的下跌、做底、再次上涨的过程，在这个过程中先是处于下跌趋势的原势区间，随后进入底部的蓄势区间，一旦股价突破了转势区间的上轨就构成了双突破，新的趋势形成。形成的初期就是突破区间，是买入的最好时机。

铁龙物流（600125）2016年8月30日分时走势图

第二节　反向波的时间

时间，没有人能操控它，但它却操控着我们。因为它一只手造就了历史，另一只手创造了未来。在证券交易中也是一样，它作为事物发展的必然轨迹既定格了历史又延伸出了未来。在江恩的投资理论中，对时间最为看重，其原因也不外乎要回归事物发展的必然轨迹。对于趋势的转折一定是由反向波开始的，而对反向波研究的第一要素就是时间。

1. 短时回调

回调时间远小于上涨时间，回调时间越短，再次上涨的力度越大，利润空间就越大。前上涨波段的时间为T1，之后回调波段的时间为T2，如果T2远远小于T1，则再次上升的概率较大，上升的空间也较大。

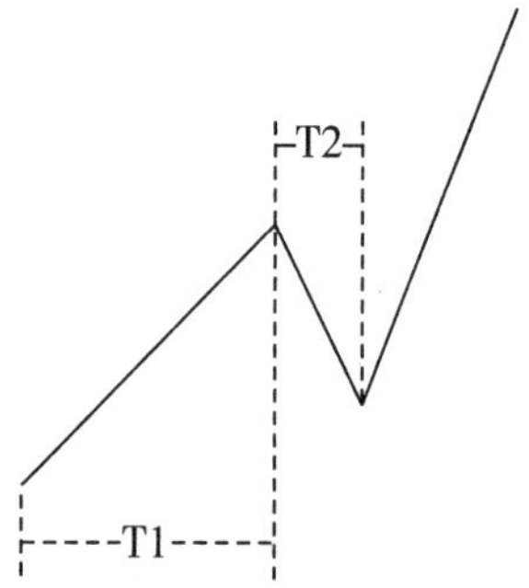

短时回调

图示案例

中国铁建（601186）2016年12月2日全天走的是震荡爬升的行情，最明显的是早盘的第一波上涨持续的时间在40分钟左右，随后展开了20分钟左右的调整，回调时间是上涨时间的一半，且回调期间缩量、没有跌破重心价。反向波的调整一定要找准对应的上升波段，否则是没有可比性的，也就是说前一个上升波段和当前的调整波段要在同一个级别上。

中国铁建（601186）2016年12月2日分时走势图

中国铁建同一天的走势，在完成了上文所述的调整波段后走出了第二个上升波段，两个上升波段和中间的调整波段构成了一个大的上升波段，该大的上升波段的整个时间为1小时40分钟，后面针对该大波段的调整时间为50分钟，调整的时间上没有超过前上涨波段，后期还是以看多为主。

在两个上升波段的构成过程中，有很多小级别的上升波段和调整波段，是实盘过程中不建议投资者关注小于30分钟的波段行情，因为时间短变化快，在基础不扎实的前提下判断很容易出现错误。

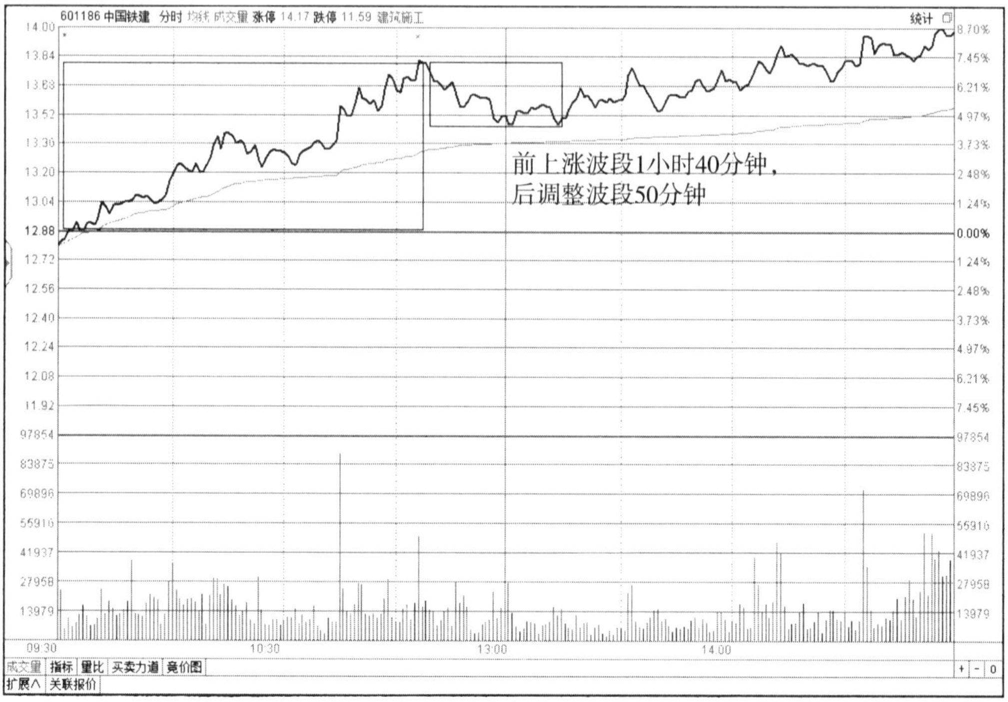

中国铁建（601186）2016年12月2日分时走势图

2. 中时回调

回调时间接近上涨时间，这时就要看量能，要保证回调缩量，再次拉升时放量，回调波段的时间T2和前上升波段的时间T1相差不多，后期还是以看多为主，但是上涨可能不会太强势。

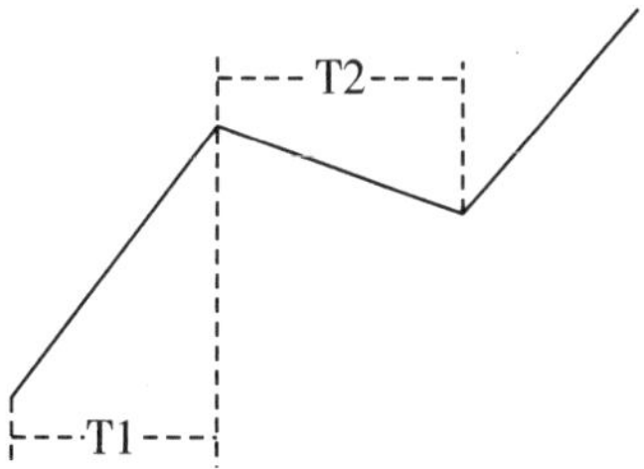

中时回调

图示案例

如图所示，城投控股（600649）在早盘比较弱，但是在午盘拉起了一波涨幅达到8.56%的上升波段，上涨时间持续1个小时左右，后期的调整时间也接近1个小时，所以这种情况出现后的趋势强度要比短时回调偏弱，实盘时如果有两只票可以选择一定要选择短时回调的股票进行操作。

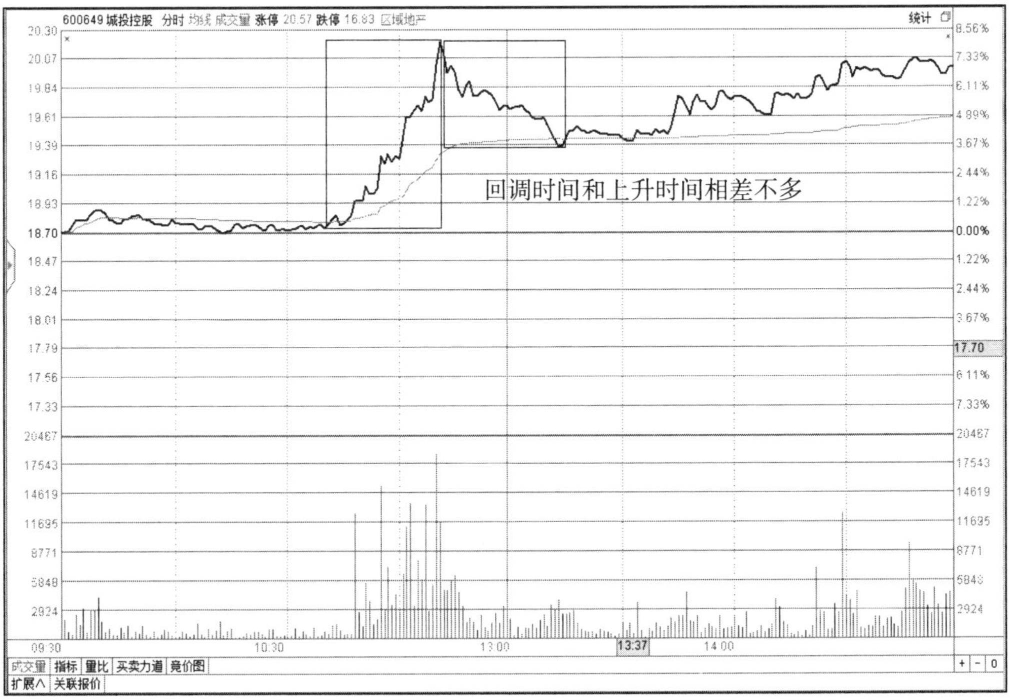

城投控股（600649）2016年12月2日分时走势图

3. 长时回调

回调时间远大于上涨时间，再上涨的可能性比较小，主力或者在顺势出货，或者是感到抛压沉重，难以继续做高股价，通过震荡化解前期抛压。在下图中体现的是调整波段的时间T2比前上升波段的时间T1要长，T2的时间越长说明后期上涨的概率越小。

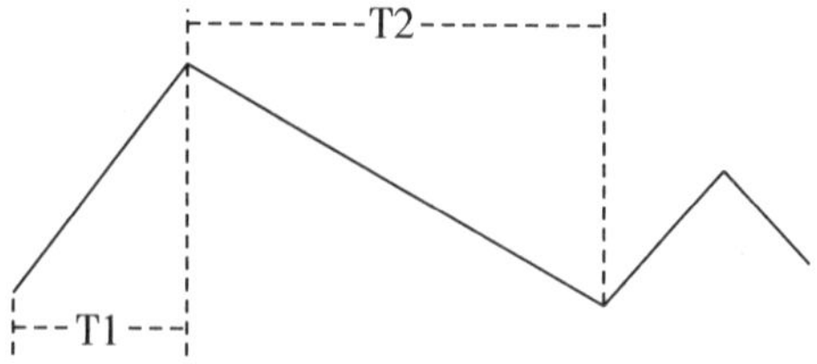

长时回调

图示案例

如图所示，惠博普（002554）早盘半个小时强势拉升，但是涨到涨停板之后并没有封住，而是开始调整，调整的时间达到了前上涨波段的时间后也没有再次拉涨停，所以是一种非常明显走弱的表现。之后股价围绕重心价全天横盘震荡，最后收了一根涨幅7%的大阳线。从盘口上来看本该涨停却没有涨停，全天高位横盘，处于无趋势状态。当然，在任何情况下分析个股的走势时都不能离开大盘。大盘在经过了中字头持续拉指数的行情后开始调整，当天大盘环境整体震荡下行，惠博普和大盘相比十分强势，所以并不是所有的横盘都是走弱的表现。

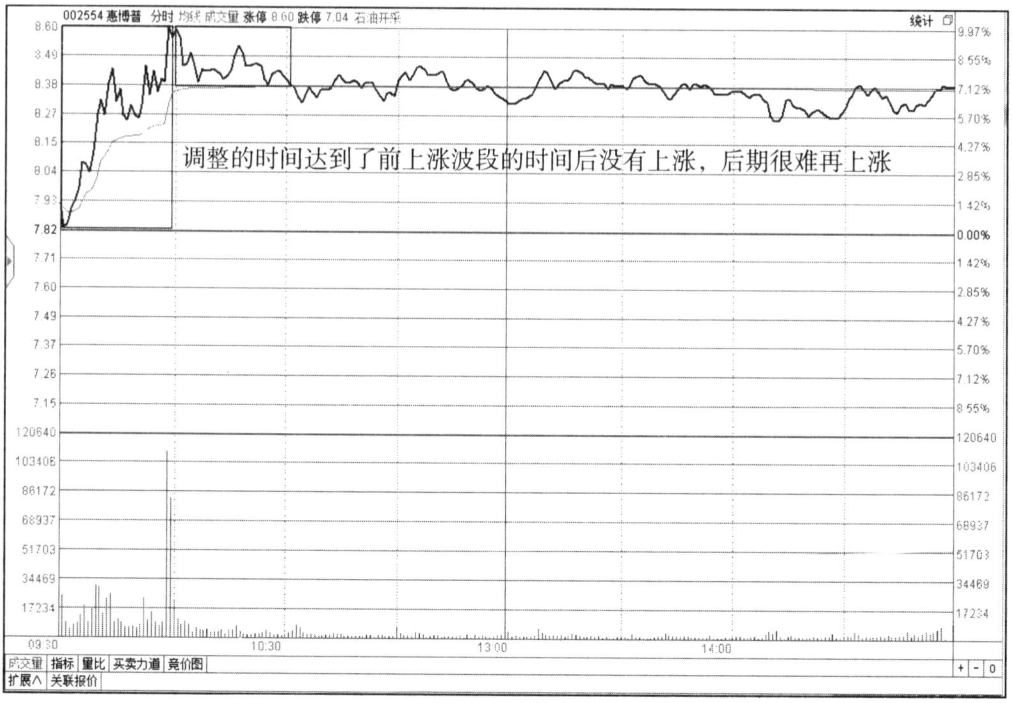

惠博普（002554）2016年12月2日分时走势图

第三节　反向波的空间

时空永远都是同步出现的，只关注其中之一是片面的。其实投资者对空间更敏感，因为它直接影响账户的收益。在经济学理论中，从事任何一项劳动、投资、生产，时间成本是必须要计算在内的，然而在证券市场中，多少投资者都是赚了股龄亏了本金。因此，在分析过程中，更值得关注的还有加上了时间限制的涨幅，就像1个交易日跌5%和20个交易日跌5%的含义是截然不同的。

1. 弱势回调

回调深度不到上涨波段的三分之一，在下图中前上涨波段的涨幅为H1，随后的调整波段的幅度为H2，只要H2在H1的上三分之一以上就说明市场空方动能较弱，后期股价以看涨为主。该情况出现后一旦股价再次突破前高点就可以介入，更值得注意的是，如果回调的空间不超过三分之一，横盘的时间越长反而说明股价越强势。

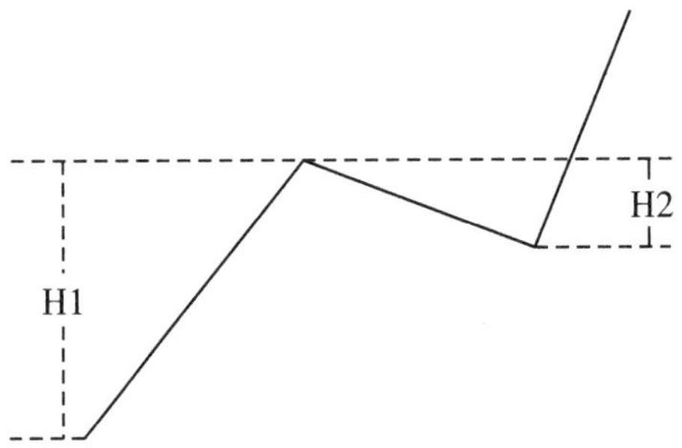

弱势回调

图示案例

如图所示，五洲新春（603667）当日回调的深度没有超过三分之一，虽然调整的时间有所延长，该跌不跌理应看涨，股价一直在重心价之上震荡，且横盘期间没有放量，没有主力抛盘的迹象，所以当天还是很有可能走出冲高的行情。无论是K线还是分时上，波浪理论、趋势理论等几个经典分析理论同样适用，其实下图中的横盘期间就是4浪的调整，后期还有5浪的冲顶。

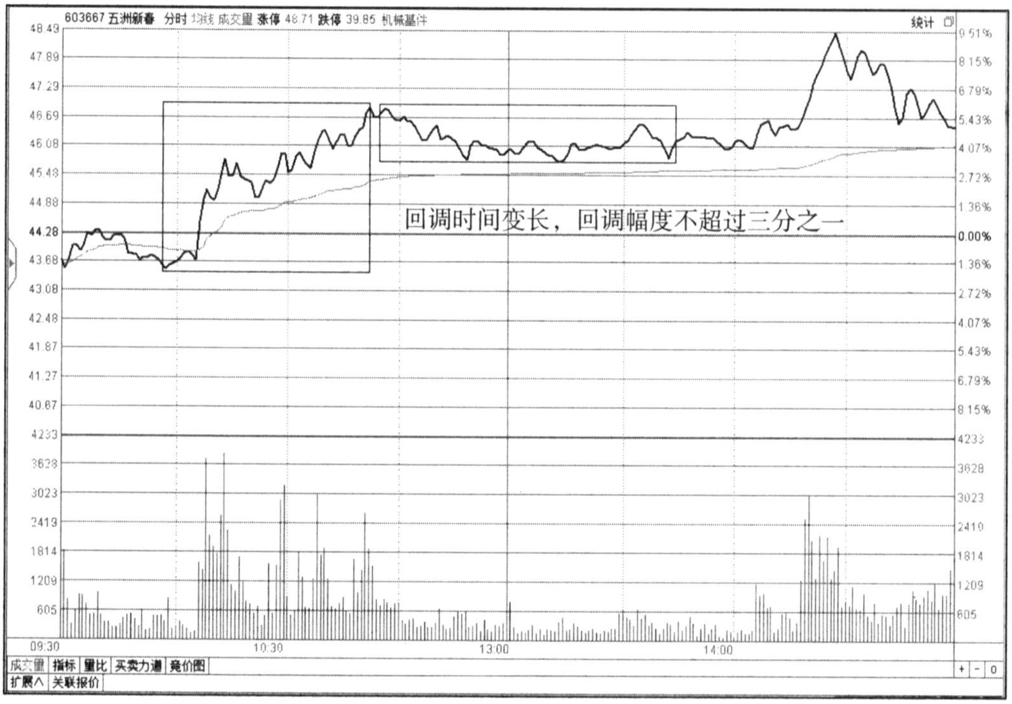

五洲新春（603667）2016年12月2日分时走势图

2. 中度回调

回调深度超过上涨波段的三分之一，但是不到上涨波段的二分之一，这时就要看量能，要求回调缩量，再次拉升时放量才会出现有效的进场点。这种情况经常见到，尤其在大盘环境处于横盘整理期间，个股上的做多人气不是太聚集，遇到调整通常会回到二分之一的位置。

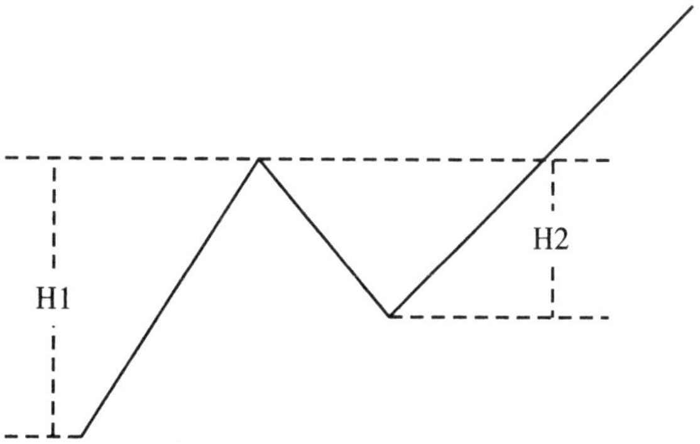

中度回调

图示案例

如图所示，宏磊股份（002647）当日早盘快速拉起一波小行情后股价正常回踩到重心价，回调的深度刚好在前一波的二分之一处左右，之后又展开了一波股价的拉升，在回调过程中量能迅速缩小，再次拉升时有成交量放出，早盘呈现这样健康的盘面预示全天的走势可能都会比较强势。尤其是在当日大盘指数大幅跳空低开，整个市场环境低迷的情况下，如此走势实属不易。

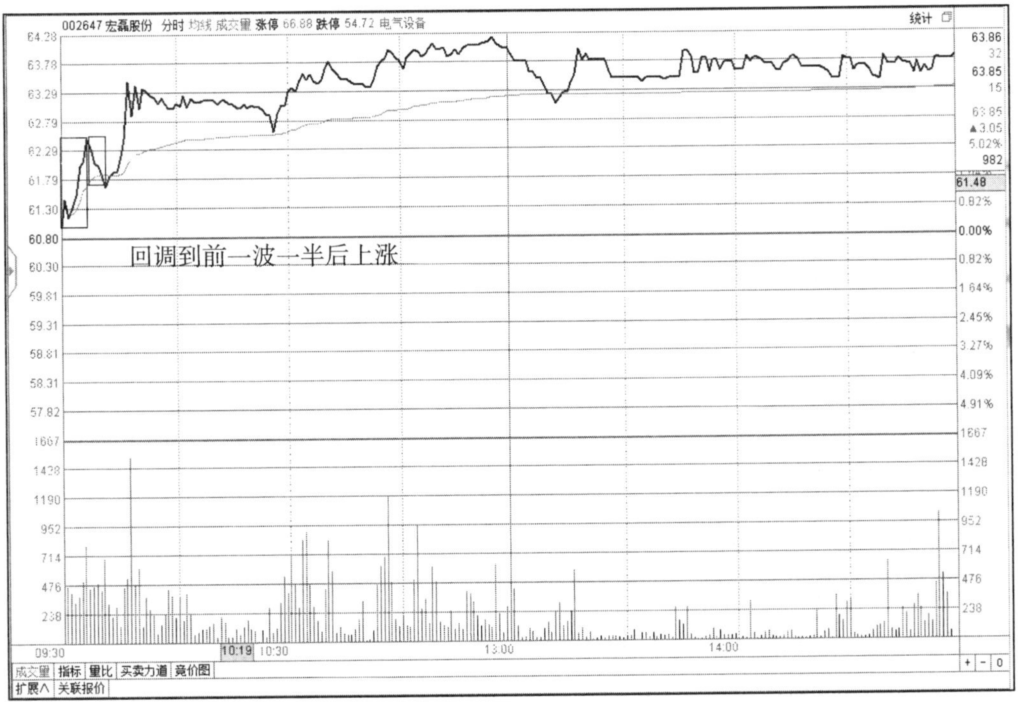

宏磊股份（002647）2016年12月5日分时走势图

3. 强势回调

回调深度超过上涨波段的二分之一或彻底回落，很难再创新高，要坚决回避。前期上涨的动能在深度回落的过程中全部消耗殆尽，如果需要再次上涨必然需要能量的重新积累，尤其是在前一波H1的涨幅比较大的前提下，H2出现深度回落必然需要更长时间的调整和蓄势，才会走出后期的上升行情。

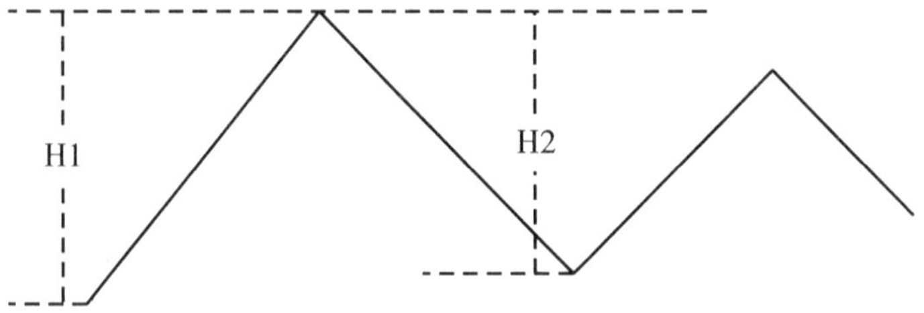

强度回调

图示案例

如图所示，柳钢股份（601003）当天早盘低开后快速拉升到横盘以上，最高涨幅达到了5%，但是之后并没有维持较为强势的多头走势而是选择了震荡下跌，早盘的上涨用了半个小时左右，但是持续的震荡下跌达到了2个小时，下跌的幅度几乎全部覆盖了前期上涨的幅度，股价已经走弱。关注到当时柳钢股份K线所处的位置就会发现，其刚刚完成了一个涨幅超过60%的上涨波段，此时的每一次拉高无外乎是主力在拉高出货。

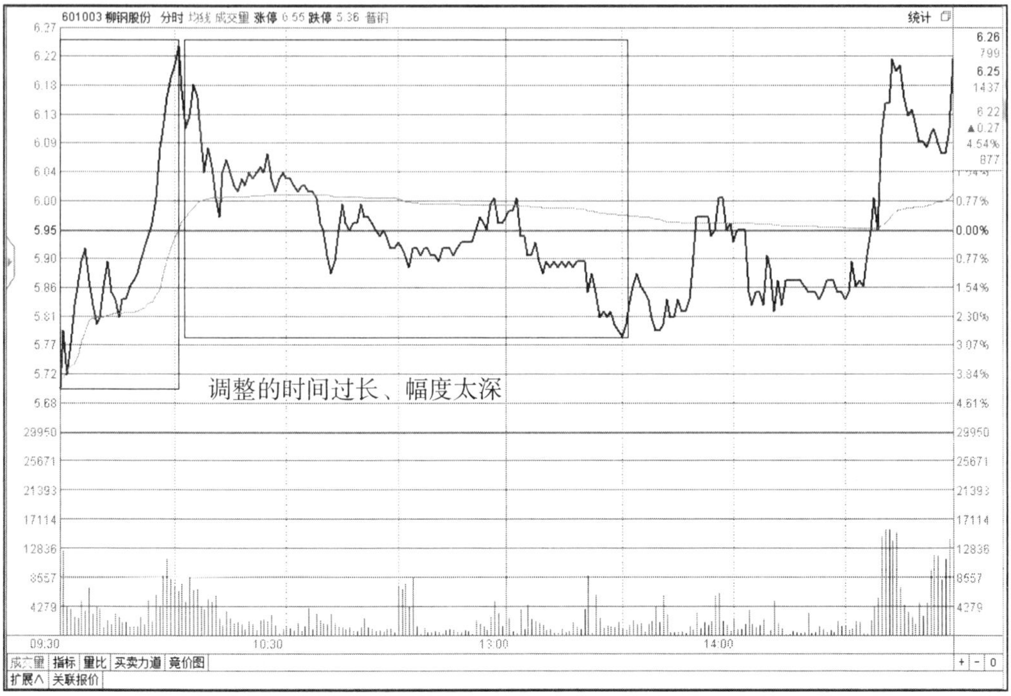

柳钢股份（601003）2016年12月5日分时走势图

第四节　反向波的角度

上文对回调的时间和空间进行了分析，从中发现如果回调的幅度大，回调的时间长，那么回调就变成了反转，很难再维系上升趋势。为了更精确地判断回调是否会转化成反转，在江氏交易天机中引入了另外一个元素——角度。

1. 反向波角度的分类

①强势角度：反向波的角度大于原上升波段的角度视为反向波强势角度，右图中的角度2大于角度1，此时前波段的高点很有可能是全天的高点，股价之后均会处于较弱的状态。

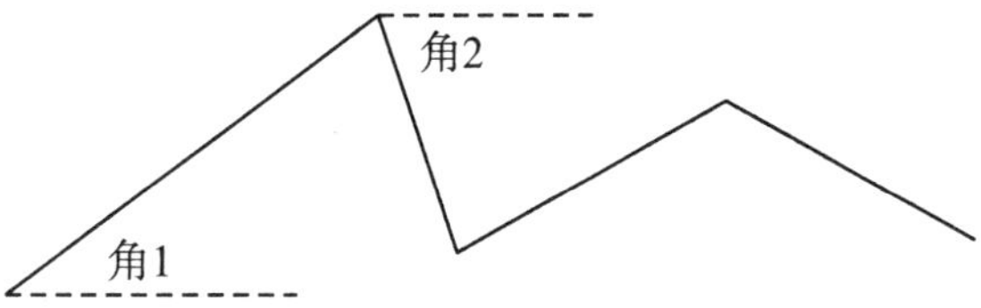

强势角度

②平行角度：反向波的角度和原上升波段的角度相差不大，右图中的角度1和角度2几乎相等，说明反向波的速度和原上升波段的速度相差不大，多空能量进入了一种平衡状态，当日后市以震荡为主。

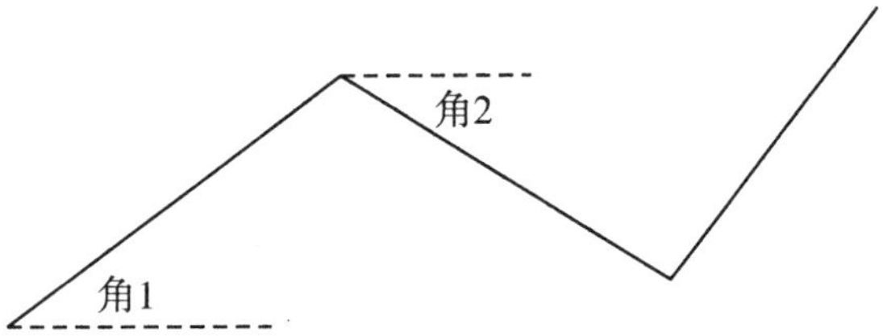

平行角度

③弱势角度：反向波的角度小于原上升波段的角度视为反向波强势角度，右图中的角度1大于角度2，说明空方的能量不强，股价没有形成立刻反转的情形，多方对自己的阵地守护得非常好，后市继续看涨。

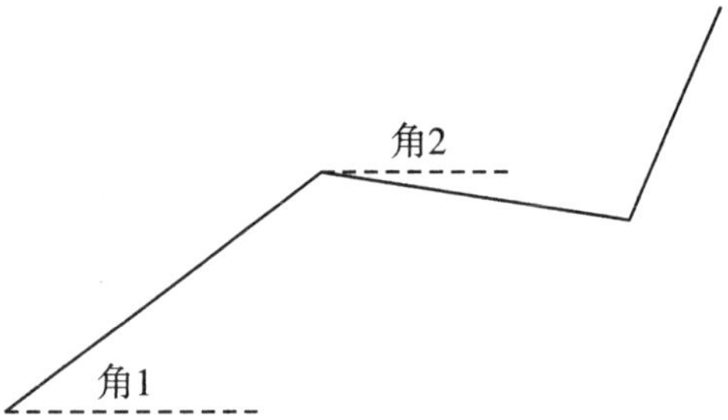

弱势角度

2. 反向波角度的用法

①如果回调角度过于陡峭、跌幅超过前上涨波段的二分之一、回调的时间超过上涨波段的时间、量能不配合，说明反向能力很强，基本上可以判断是反转了。尤其在牛市的末期，股灾都是从这种形态开始的。

②最好的反向波，要求角度不陡峭、幅度浅、时间短，如果回调的角度陡峭就要求幅度不能超过二分之一且能够快速拉回，而且要有量能的有效配合，要求盘中出现连续的主动性大买单构成攻击性量峰。

图示案例

如图所示，三江购物（601116）早盘超过80度角快速拉升到涨停板，但是之后开始震荡下跌，早盘最高点伴随放巨量，全天量能的纵坐标被放大，所以后期量能的真正走势会完全失真。股价见高点后开始震荡下跌，下跌的角度小于早盘拉高的角度，虽然整个下跌的时间较前上涨波段有所延长，但是整体的多头趋势并没有破坏。当天股价后来震荡上升，尾盘封住了涨停板，但是结合当时K线的位置来看无疑是在出货。

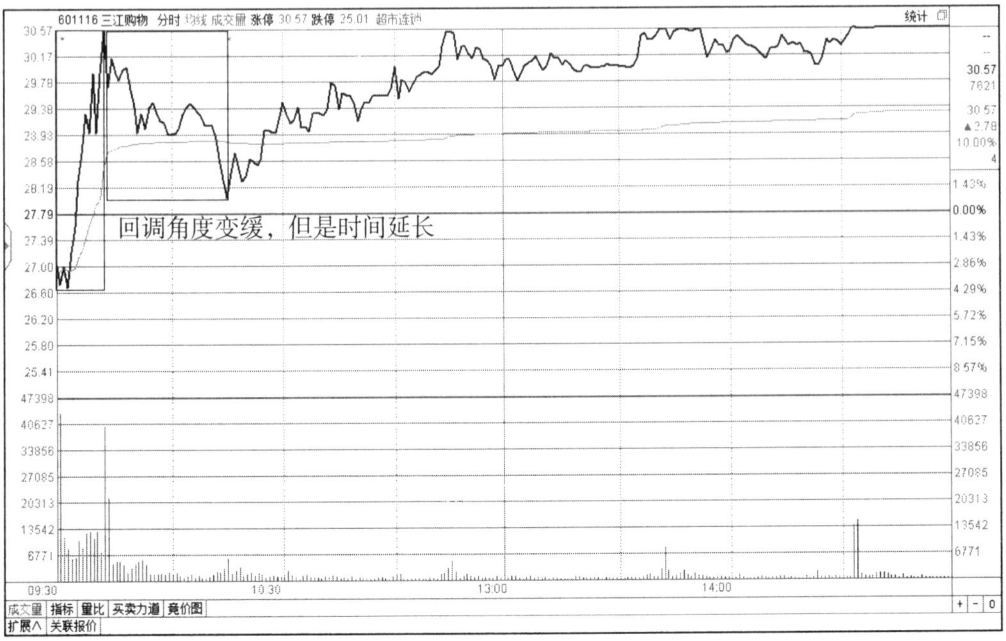

三江购物（601116）2016年12月6日分时走势图

图示案例

如图所示，国栋建设（600321）经过了早盘的第一波拉升后展开横盘调整，股价缓慢震荡下跌，跌破重心价后出现加速下跌的迹象，整体调整的幅度达到了前期上升波段的二分之一，但是在加速下跌后股价快速拉回，且在不断上扬的过程中有攻击型量能放出，说明多头的走势比较强。

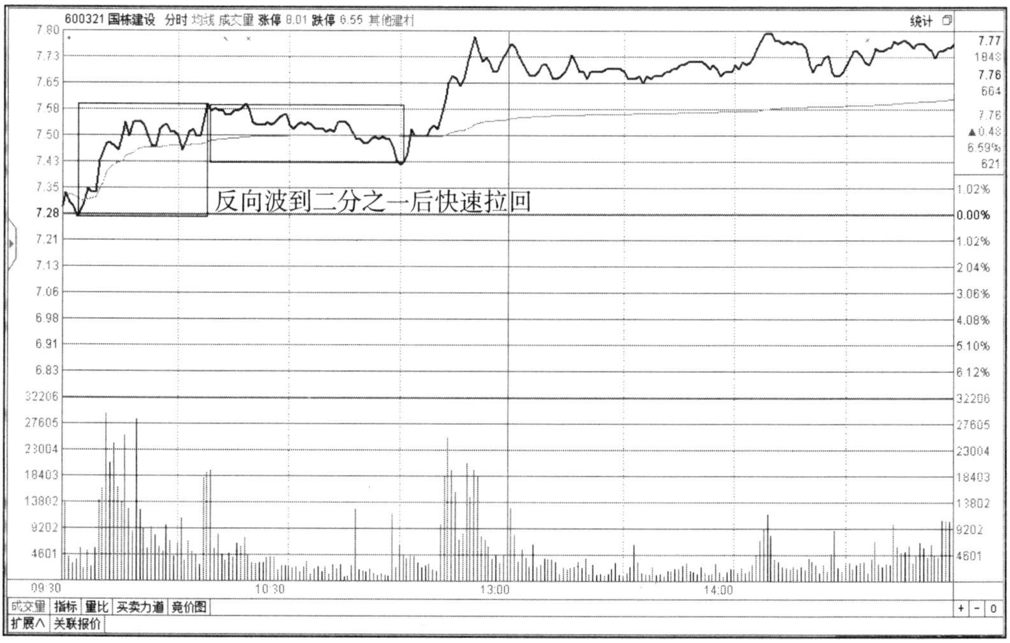

国栋建设（600321）2016年12月6日分时走势图

3．再次上涨角度的分类

在分析完反向波三个要素后，如果回调有效，没有构成反转，接下来就要看再次上涨的角度，角度越陡峭说明拉升意愿越强烈。

①强势角度：经过回调之后，再次上涨的角度远大于前次上涨的角度，这种形态比较容易创新高甚至涨停；

②平行角度：经过回调之后，再次上涨的角度与前次平行，会有较大的涨幅；

③弱势角度：经过回调之后，再次上涨的角度小于前次，上涨的空间有限。

分析再次上涨的角度时，要结合量能、再次上涨的时间、再次上涨的空间一起分析才更有效。反向波的幅度在三分之一以内，都是安全的，反向波的幅度超过了二分之一，一定要短时间内迅速拉回，至少要比上涨的时间短，当然对于反向波的时间要求也是越短越好。

图示案例

如图所示，浙江东日（600113）早盘拉升一个小波段后展开强势横盘，回调的深度没有超过前波段的三分之一，调整的时间较前上涨波段相差无几，且整个横盘期间量能在萎缩，再次上涨角度较前一波上涨更为陡峭，量能上升到一个平台，较前一个波段有明显放大，上涨动能变强，当天走势比较乐观。

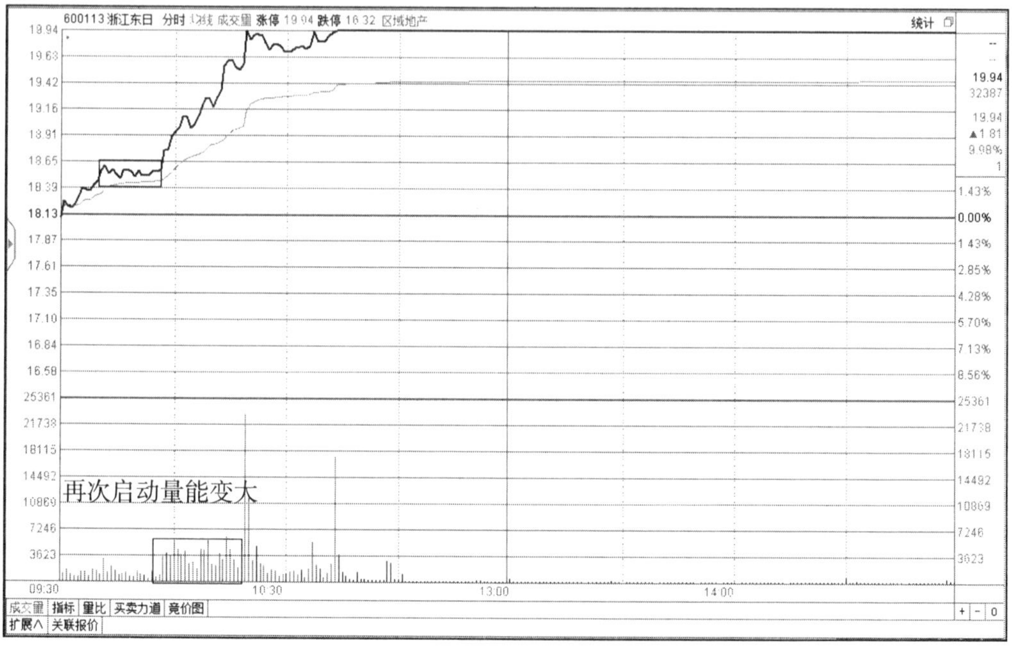

浙江东日（600113）2016年12月6日分时走势图

4. 再次上涨角度的用法

①上涨角度极为陡峭，近90度，极限角度是分时中的最后一波上涨，不涨停就见当日的高点，极限角度是非常耗费资金的，该概率可以达到90%，出现极限角度的同时往往会出现当日的最大量。

图示案例

如图所示，四川金顶（600678）全天以震荡为主，但是在震荡的过程中也在缓慢爬升，低点不再创新低，每次小幅上涨都伴随温和放量，14:00开始以量堆的方式向上推高股价，在14:30以攻击型量峰近90度角拉升，但是最高涨幅是8.99%，并没有涨停，随后股价震荡下跌。近90度角的拉升说明多方动能瞬间释放，释放的动能不能让多方完全占领阵地，后期走势就会变弱。

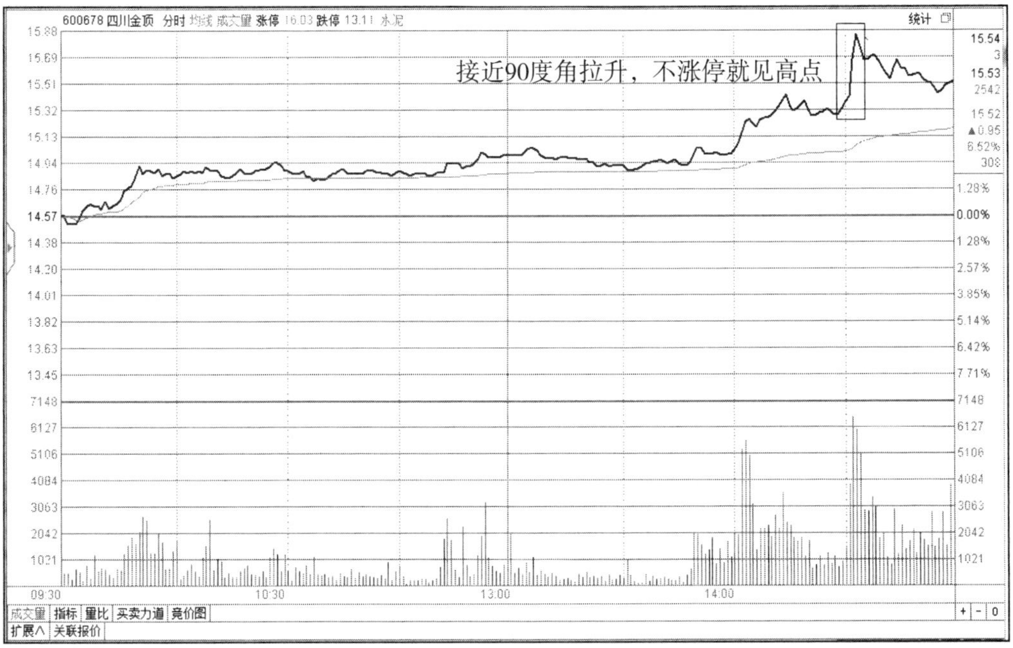

接近90度角拉升，不涨停就见高点

四川金顶（600678）2016年12月6日分时走势图

②股价涨幅在7%以上时，一旦出现极限角度，成交量放到当日最大，极有可能形成涨停板。

图示案例

如图所示，红旗连锁（002697）当天大部分时间呈现的是很弱的横盘震荡走势，直到尾盘展开了快速的拉升，整个拉升过程分为3个阶段，第一阶段成交量温和放大，股价刚开始翘头，缓慢地突破当日的高点后缩量回踩，回踩没有回到横盘整理区就再次展开了第二波的拉升，第二波的拉升角度已经达到了90度，但是因为当时股价还处于低位，所以经过了短时间的缩量喘息后再次以90度角的波形直接封涨停。

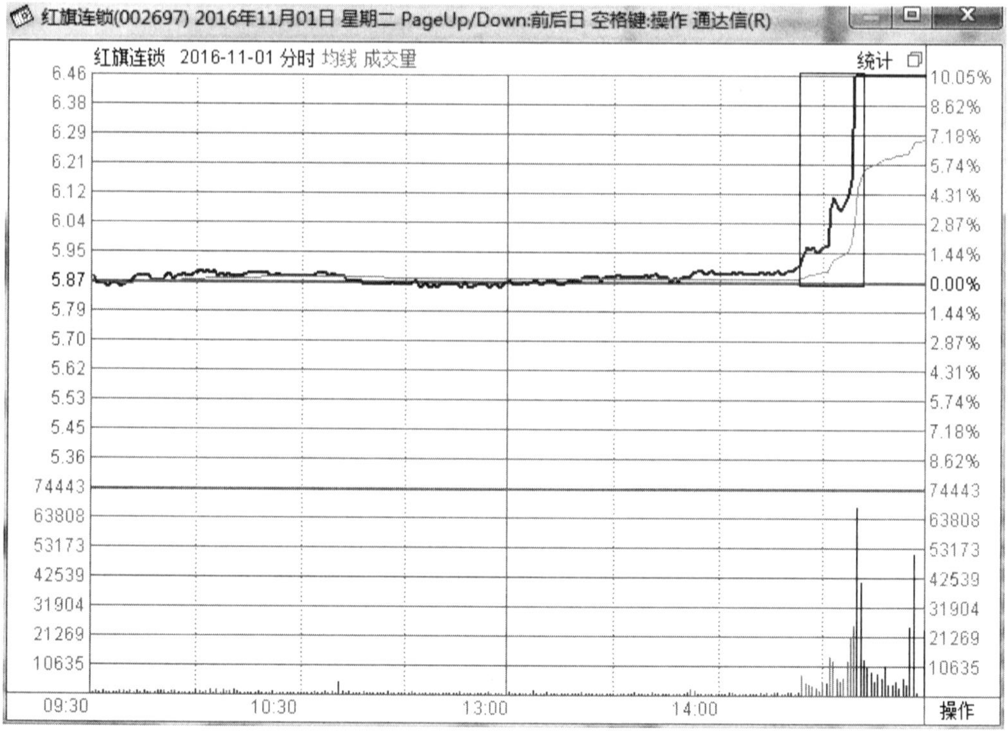

红旗连锁（002697）2016年11月1日分时走势图

③当极限角度过早出现时，同时成交量放到当日最大，一旦未能涨停，则难以再涨，勾头时一定要卖出。

图示案例

如图所示，红旗连锁（002697）早盘跳空高开5%之后以近90度的角度拉升，但是该波段的拉升接近涨停板并没有涨停，随后快速向下拐头。在《涨停聚金》一书中有短线交易的卖出法则，这就是典型的一种冲高无力后只要股价开始拐头就要快速卖出。

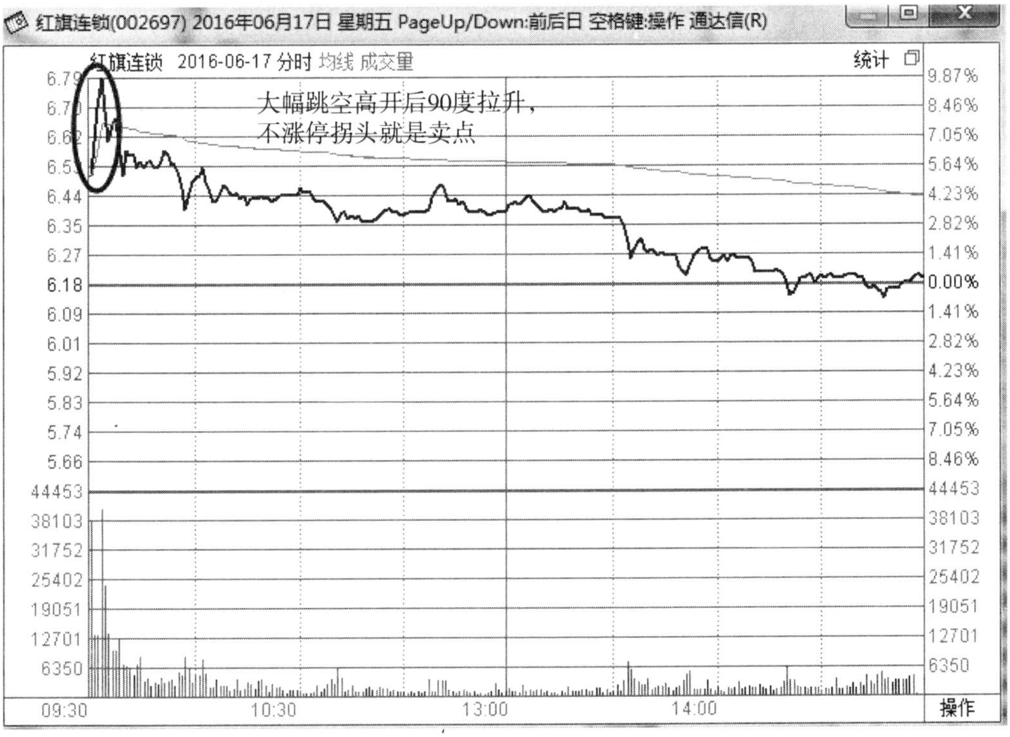

红旗连锁（002697）2016年6月17日分时走势图

实战案例

操作标的	买入时间	买入均价	卖出时间	卖出均价	盈利比率
柘中股份（002346）	2016年11月10日	18.82	2016年11月25日	23.69	25.88%

在本书提到的实战案例中有两只股票可谓之“经典”，一个是柘中股份，一个是后文介绍的燕塘乳业。如图所示，从位置上来看，柘中股份前期走出了非常标准的底部形态，空方动能得以释放、多方动能得以凝聚后在11月10日放量大阳线突破前期整理平台，这就是我们狙击的最好位置。

11月10日上午震荡上行，盘中有明显的尖角向上的量能，大资金不断进场吸筹，在午盘有短暂的走弱动作，随后便以大于60度角的方式向上拉升，股价突破当日前高点时就是最好的进场点。分析涨停前上涨的波形不难发现，反向波均没有构成趋势的反转，一直在很有规律地维持上升趋势，这就为下午的快速拉升做了非常好的铺垫。

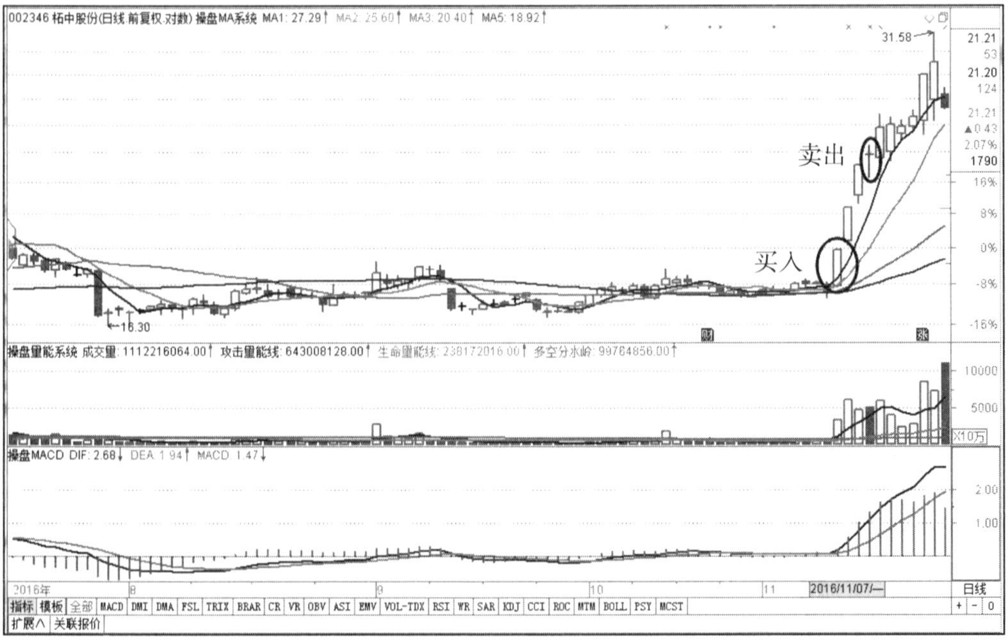

柘中股份（002346）2016年7月~11月日K线走势图

柘中股份（002346）2016年11月10日分时走势图

买进和卖出都不是最难的，轻轻地点一下“确定”键就可以实现，困难在于持股，尤其是产生了利润之后就更不会、甚至不敢持股。特别是在主升行情中，抓到主升浪的大牛股不容易，能从头拿到尾就更难，原因很简单：有了利润后怕回吐，没等出场信号出来就离场了。作为一名职业的交易人员，或者是一位想要以交易为生的投资者，要切记的是给出交易信号的是市场，不是你盈利或亏损的幅度！

关于下图卖出点位不再详述，如感兴趣者请参见《涨停聚金》。

柘中股份（002346）2016年11月15日分时走势图

思考题

1. 分析盘口的方法和分析K线的方法一样吗？两者有什么关系？
2. 盘口波形的分析要考虑哪些要素，这些要素之间的关系是什么？
3. 哪种盘口波形的上涨动能最强，是我们实战时最该关注的？
4. 时间、空间和角度这三个要素在构建区间时该如何使用？

第五章
资金量能——趋势的唯一牵引力

资金如水，股价如舟，水能载舟，亦能覆舟，浅水载小舟，深水载大船。资金承载股价的上涨，小资金推动小行情，大资金推动大行情！

第一节　极强多方资金量能

1．极强多方资金量能的成因和主力行为

极强多方资金量能是指大资金快速、坚决、连续地以拉升股价为目的积极买进股票，当天股价会大幅上涨、成交量会快速放大。极强是一个非常激进的词，既然选择用在这里无疑是因为它能够给股价带来最强的趋势牵引力，是投资者在实盘中最需要关注、最能给我们的交易带来利润的推动资金类型。

2．极强多方资金量能的要素

连续性主动大买单构成的量能才算是极强多方资金量能，根据流通盘大小不同的要求如下：

①流通盘大于10亿：成交明细中连续出现3笔以上多于5000手的大成交单，或者1分钟内出现5笔以上多于5000手的大成交单；

②流通盘5亿~10亿：成交明细中连续出现3笔以上多于3000手的大成交单，

或者1分钟内出现5笔以上多于3000手的大成交单；

③流通盘小于5亿：成交明细中连续出现3笔以上多于1000手的大成交单，或者1分钟内出现5笔以上多于1000手的大成交单；

④以上三个标准要求均为主动性大买单，必须带动股价上涨，如果是主动卖出的大成交单或者对倒形成的大成交单不计入极强多方资金量能；

⑤以上标准不适用极端高价股和近期交易极其不活跃的股票。

3．极强多方资金量能的波形

只要满足上面提出的5条要求，极强多方资金量能出现后对应的波形一定是流畅的、角度大于60度的上升攻击波，没有毛刺、没有停顿。

图示案例

极强多方资金量能出现时，对应的波形必然是最流畅的，也是最能撩动投资者心弦的波形，极限角度快速拉高中途没有一点停止，成交明细中持续出现攻击型大单，说明了资金连续性投放的决心。如图所示，华联股份（000882）当天最

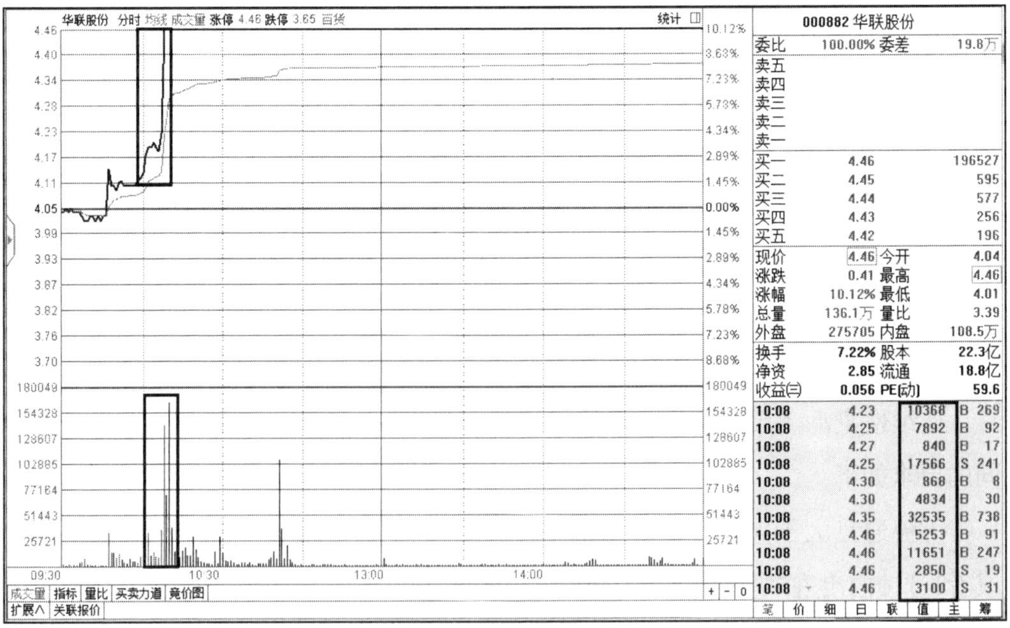

华联股份（000882）2016年12月7日分时走势图

后一波快速拉升到涨停的波形陡峭，资金量能充足、做多决心坚定，所以该波段必然会拉升到涨停板。

4. 极强多方资金量能对当日K线的影响

盘中出现极强多方资金量能时，当日的K线有以下几种情况：

①绿盘区启动时伴随极强多方资金量能，当天在红盘的概率很大；

②在红盘区之上，3%以下启动时伴随极强多方资金量能，当天收盘为一根中阳线的概率很大；

③涨幅在3%~6%之间启动时伴随极强多方资金量能，当天收盘为一根大阳线的概率很大；

④涨幅在6%以上启动时伴随极强多方资金量能，当天收盘为涨停板的概率很大；

⑤如果在相应的位置出现极强多方资金量能，没有出现对应的K线时，就构成了诱多型量能，在下一章关于位置的介绍时会详细展开。

图示案例

如图所示，永辉超市（601933）早盘低开后，从绿盘区展开极强多方资金量能的拉升，将股价瞬间拔高到7%以上，股价全天高位震荡，当天股价收了一根带小上影线的大阳线。盘中只要出现极强多方资金量能就是主力快速投放的标志，只要当天大盘环境不是太差，主力是不会允许股价下行的。

同永辉超市不同的是，湘电股份（600416）当天出现强势多方量能时股价并没有陡峭上涨，而是缓慢爬升，当强势多方资金量能开始减弱后股价并没有下行而是保持住了继续上涨的走势，前面强势多方资金量能是为了更有效地消化前期的套牢盘和不稳定筹码，为下一步更稳健的拉升提供了良好的基础。

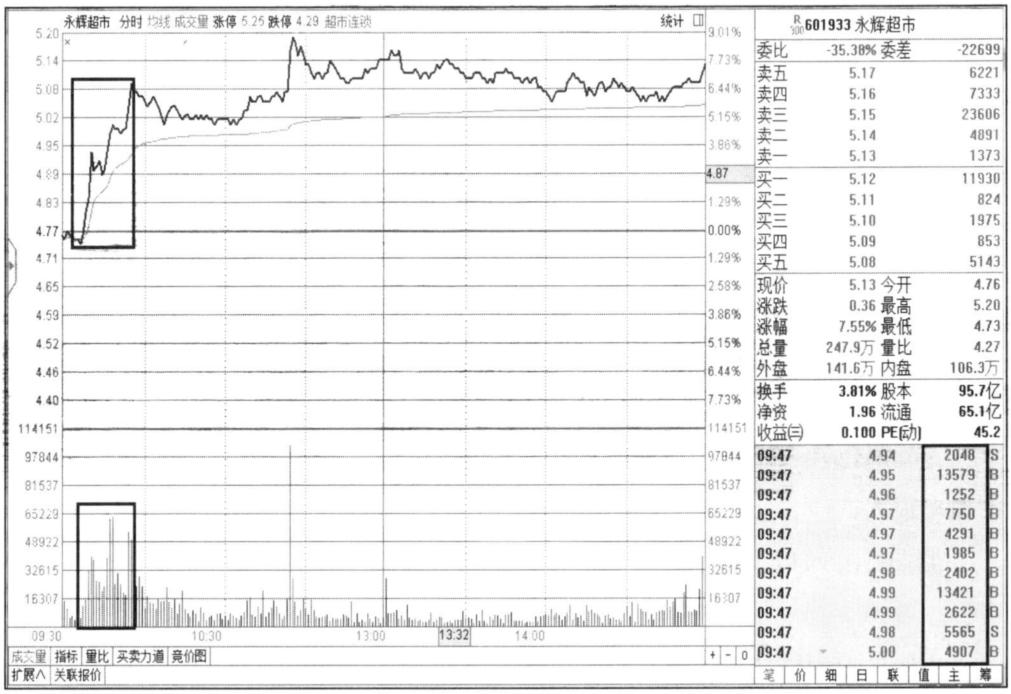

永辉超市（601933）2016年12月7日分时走势图

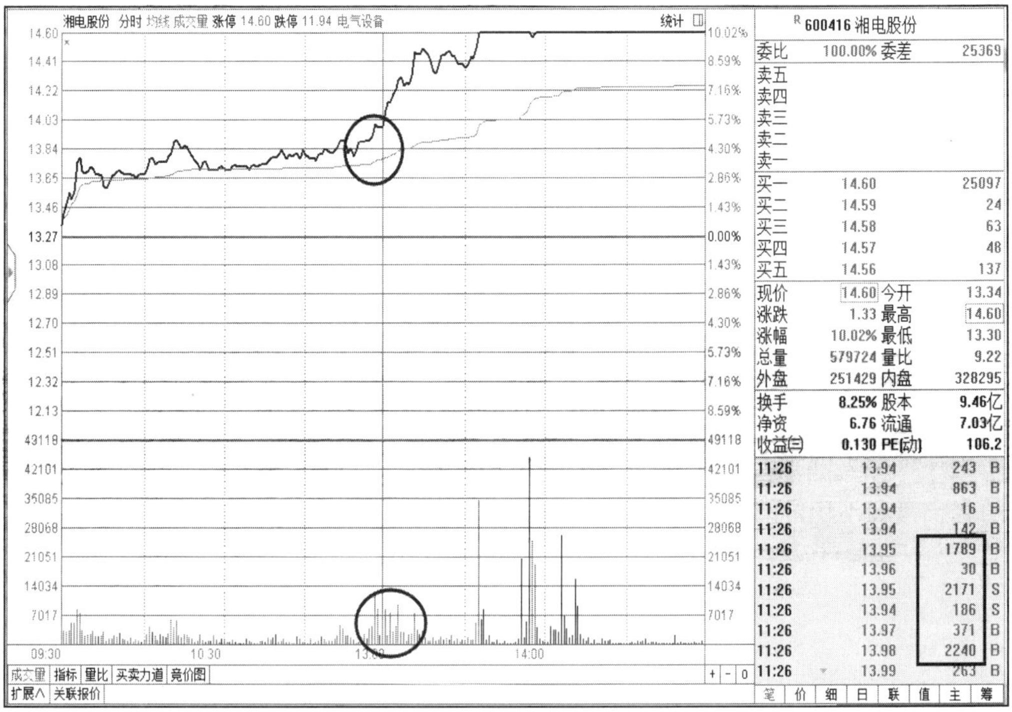

湘电股份（600416）2016年12月7日分时走势图

第二节　强势多方资金量能

1. 强势多方资金量能的成因和主力行为

强势多方资金量能是指大资金快速、间断性地投入，在分时盘口中能够清晰地看到成交量的放大，但是并没有构成明显的量堆。强势多方资金量能出现有两种情况：

①情况之一是主力没有控盘还处于试探性建仓或者试盘阶段；

②情况之二是主力的控盘度很高，不需要量堆构成的极强势多方资金量能就可以推升股价。

在实盘过程中一定要区别是哪种情况，不同的情况会导致完全不同的操作结果。

2. 强势多方资金量能的要素

强势多方资金量能的要求比极强势多方资金量能的要求要低，其根据流通盘大小不同的要求如下：

①流通盘大于10亿：成交明细中1分钟内出现5笔以上多于5000手的大成交单；

②流通盘5亿~10亿：成交明细中1分钟内出现5笔以上多于3000手的大成交单；

③流通盘小于5亿：成交明细中1分钟内出现5笔以上多于1000手的大成交单；

④以上三个标准要求均为主动性大买单，必须带动股价上涨，如果是主动卖出的大成交单或者对倒形成的大成交单不计入强势多方资金量能；

⑤以上标准不适用极端高价股。

3. 强势多方资金量能的波形

强势多方资金量能的攻击性要比极强多方资金量能弱，在波形上自然也就没有极强多方资金量能流畅，在量能放出的时候波形的角度仍然会大于60度，但是波形中间会出现停顿或短暂的拐头，因为一旦资金不上攻了就会给空方喘息的机会，主动的抛盘就会减缓股价上升的速度，甚至会导致股价向下运行，这也就是波形不够流畅的原因。

图示案例

强势多方资金量能要比极强多方资金量能要弱，尤其是在相对低位启动的强势多方资金量能将股价推升的幅度是有限的。如果当天股价要涨停，一般需要2次或者3次强势多方资金量能才能够实现主力资金将股价推升到涨停的目标。如图所示，天原集团（002386）当天从绿盘区启动的第一波出现了明显的量堆，是强势多方资金量能的表现，将股价推升的涨幅有限，但是回调的空间也比较有限，为后期的再次拉升做好了铺垫。

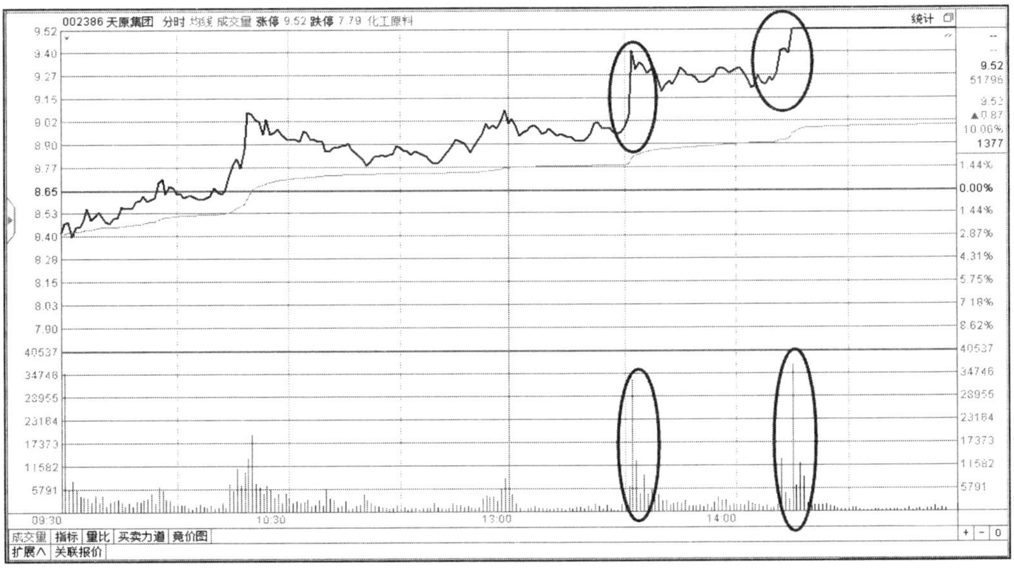

天原集团（002386）2016年12月8日分时走势图

4．强势多方资金量能对当日K线的影响

研判强势资金量能对当日K线的影响一定要考虑的大前提就是背后的主力资金是属于建仓期还是拉升期，如果是高度控盘的拉升期，对K线的影响参照上文极强多方资金量能对K线的影响，如果主力资金并没有高度控盘，当日对K线的影响有以下几种情况：

①绿盘区启动时伴随强势多方资金量能，当天在红盘区上方的概率很大，但是涨幅不大；

②在红盘区之上，3%以下启动时伴随强势多方资金量能，当天收盘为一根小阳线的概率很大；

③涨幅在3%~6%之间启动时伴随强势多方资金量能，当天收盘为一根中阳线的概率很大；

④涨幅在6%以上启动时伴随强势多方资金量能，当天收盘为大阳线的概率很大；

⑤如果在相应的位置出现强势多方资金量能，没有出现对应的K线时，且出现了见高点后股价震荡下跌的走势就构成了诱多型量能。

图示案例

如图所示，英力特（000635）当天从涨幅1.4%左右的位置开始以强势多方资金量能的方式拉高股价，但是由于到涨停板的距离较远，再加上强势多方资金量能的先天缺陷，股价拉升到涨停板后并没有封住，而是快速打开，股价在高位震荡了将近1个小时后再次封住。可见当天是以两次强势多方资金量能的方式拉升股价，第二次是在涨幅达到60%以上之后，所以当天涨停后封停的概率很大。虽然从盘口上看当天的量能和波形都非常健康，但是一定要结合当下K线所在位置，如果是高位一定要谨防主力在出货。

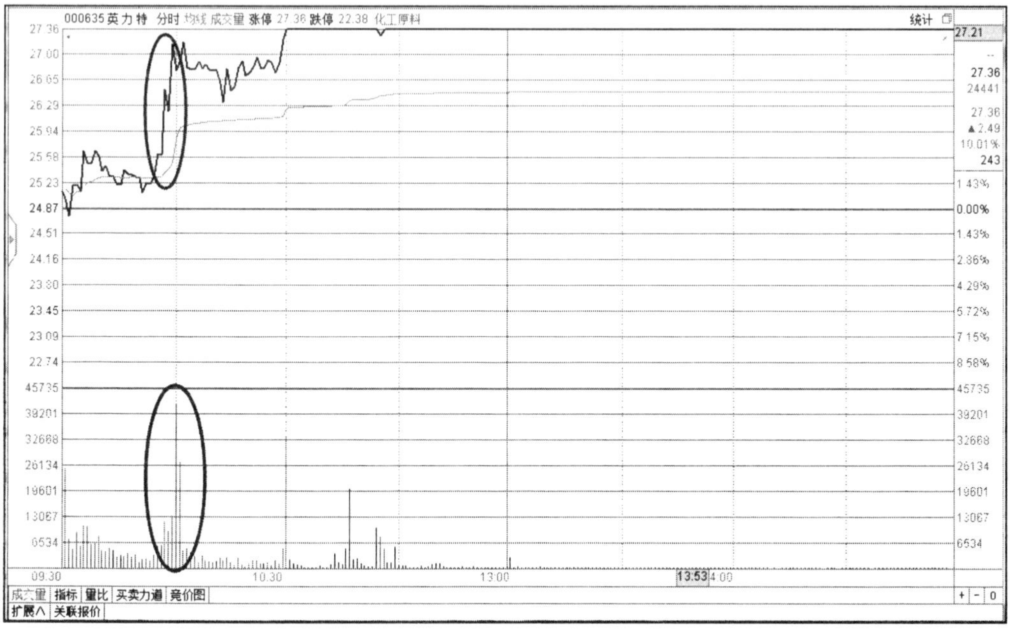

英力特（000635）2016年12月8日分时走势图

第三节　弱势多方资金量能

1．弱势多方资金量能的成因和主力行为

弱势多方资金量能是指大资金偶然地、间断性地投放，没有持续性，进场之后就消失得无影无踪，任凭股价自由下落，基本是主力在试盘，或者只是资金量较大的散户的偶然性交易造成的，当然如果是后者不是我们所要分析的，前者才最具有分析价值。

试盘是主力资金在运作股价的过程中必不可少的环节之一，这是主力资金通过最直接参与市场的方式来试探市场筹码的稳定性，上方是否有沉重的抛盘、下方是否还有恐慌盘，只有对市场筹码整体的状态了如指掌且达到了自己积极参与的状态时，才会投放大资金进行吸筹或者是拉升。

2．弱势多方资金量能的要素

弱势多方资金量能和强势多方资金量能、极强多方资金量能相比，其要求更低，弱势多方资金量能根据流通盘大小不同的要求如下：

①流通盘大于10亿：成交明细中出现多于5000手的大成交单且带动成交量快速放大；

②流通盘5亿~10亿：成交明细中出现多于3000手的大成交单且带动成交量快速放大；

③流通盘小于5亿：成交明细中出现多于1000手的大成交单且带动成交量快速放大；

④以上三个标准要求均为主动性大买单，且是主力资金为了试探盘中筹码的稳定性而投放的资金，如果是大资金散户的交易不是我们研究的范围；

⑤以上标准不适用极端高价股。

特别说明

有的主力资金在抢筹的过程中也会出现以上3种多方资金量能，但是基本都

是在建仓的末期或者为了快速拿到筹码。如果发现了主力以这3种方式抢筹，那么该股票是非常具有研究价值的。有的读者会问：是不是任何一种多方资金量能都是在建仓，因为主力资金还是在买入？这个问题就是导致很多投资者误认为主力在高位还在建仓的原因。主力资金在很多时间都不会简单地做一个方向的买入或卖出，而是两个方向交替地进行，最终的操作意图是要根据投入资金量和流出资金量的净值来判断。

3. 弱势多方资金量能的波形

弱势多方资金量能对应的波形也是识别主力投放的资金是否为试盘资金的方法之一，虽然资金量较大的散户买入也会对股价有所影响，但是很难构成像主力资金投放时影响那么大，哪怕只是试盘的资金。弱势多方资金量能进场时的波形会呈现大于60度快速上涨，上涨的空间大于3%，见高点后出现大于60度角的回落。

图示案例

如图所示，金智科技（002090）上午收盘的瞬间出现了两笔大单将股价瞬间

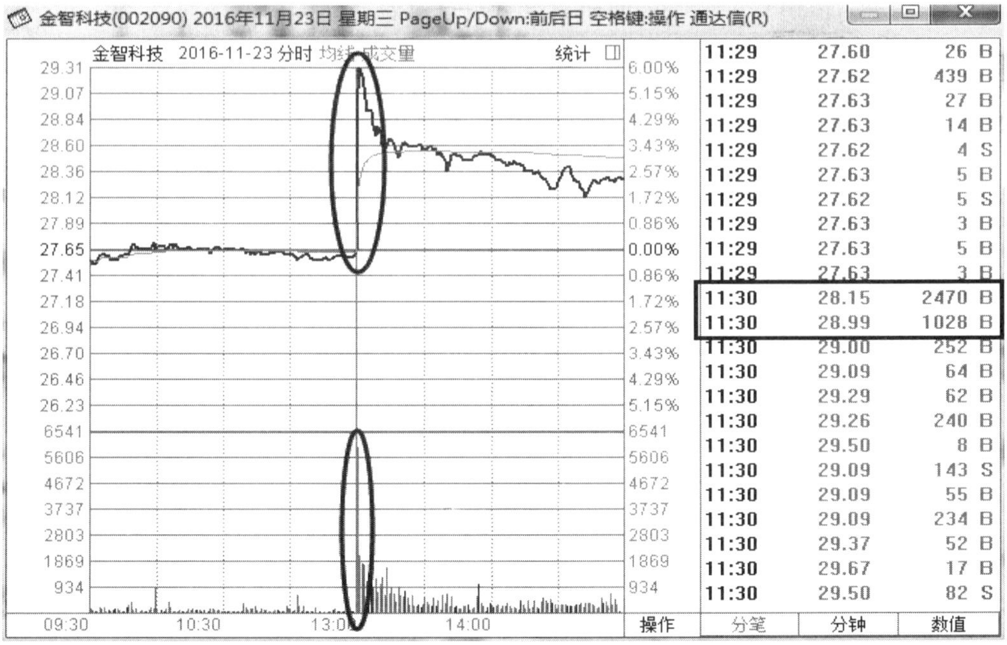

金智科技（002090）2016年11月23日分时走势图

拉升到6%的涨幅，但是这样强势的大单不具有延续性，下一时间就消失得无影无踪，股价开始自然回落，后期全都是两位数或者三位数的小单子。从这两笔大单之后的交易状况可以看出股价的瞬间拉升引来了市场的跟风资金，但是资金量并不大，稍稍带动股价上涨后开始出现回落，因为股价上冲之后减速必然会有获利盘为了保住利润快速出局，如果此时的跟风资金不能强大到承接获利后的抛盘，股价一定会震荡下跌，强势的股票将会在拉升前最高的平台以上止跌，弱势的股票会跌破拉升前的平台区间。

4. 弱势多方资金量能对当日K线的影响

弱势多方资金量能的投入只是盘中的一个短时行为，投放的资金量很难构成对股价的牵引作用，所以当天股价基本都是冲高回落，留下一根上影线，至于实体的阴阳很难判断，但是一定是阳比阴强。

图示案例

主力资金在低位拿到足够多的筹码后，会通过很多方式洗掉前期跟风的筹码，对于主力可以高度控盘的股票最常见也是最有效的洗盘办法就是长时间的横盘，在横盘的末期会通过向上试盘的方式测试上方筹码的稳定性，所以长期横盘的股票偶然某天出现了一根上影线一定要引起高度注意。

如图所示，上峰水泥（000672）早盘跳空高开后又瞬间拔高了 1%才开始拐头向下，且全天股价震荡下跌，呈现了软弱无力的走势，这会让很多投资者开始担心风险，尤其横盘很久的票向上突破失败后必定会开始下行，所以一定会有部分恐慌盘开始抛出。主力资金并不关心当天的波形如何，成交明细中每笔成交价格和成交量，才是决定主力后期运作股价计划的决定性因素。

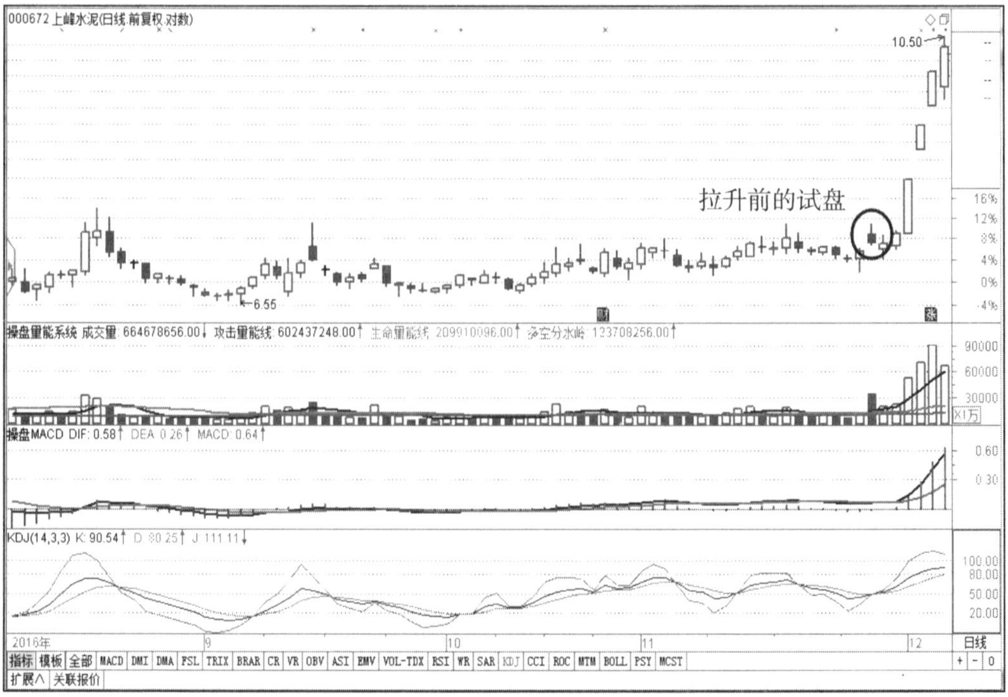

上峰水泥（000672）2016年8月~12月日K线走势图

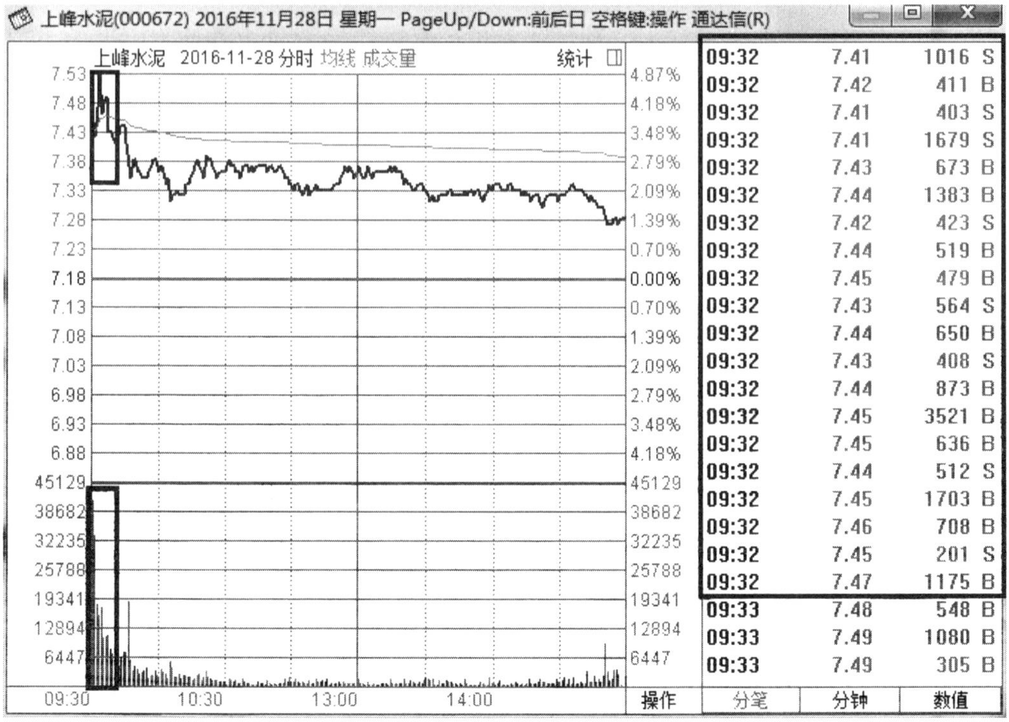

上峰水泥（000672）2016年11月28日分时走势图

第四节　强势空方资金量能

1．强势空方资金量能的成因和主力行为

强势空方资金量能是指主力资金需要变现筹码时快速抛出大量的筹码，导致盘中股价出现快速回落，也就是通常所说的出货。空方资金量能中没有极强这个标准，第一个标准就是强势，因为见顶的标准要比见底的标准宽松，空方资金将股价引领走弱要比多方资金将股价引领走强容易得多。

2．强势空方资金量能的要素

根据流通盘大小不同对强势空方资金量能的要求如下：

①流通盘大于10亿：成交明细中1分钟内出现5笔以上多于3000手的大成交单；

②流通盘5亿~10亿：成交明细中1分钟内出现5笔以上多于1000手的大成交单；

③流通盘小于5亿：成交明细中1分钟内出现5笔以上多于500手的大成交单；

④以上三个标准要求均为主动性大卖单，必须带动股价下跌，为标准的主力出货行为；

⑤以上标准不适用极端高价股。

3．强势空方资金量能的波形

强势空方资金量能形成的出货波形为流畅、向下的波形，股价超过60度角向下，成交量出现明显放大，一旦到了阶段性高位，一点风吹草动的风险就会带动股价整体走弱。出现了强势空方资金量能之后，股价基本走弱，除非主力出货没有完成需要再次拉高诱多。

图示案例

如图所示，九芝堂（000989）全天股价呈震荡下跌状态，在10:50开始快速向下杀跌，虽然持续下跌过程中有量堆的形成，但是量能的数量级上并不是非常理

想，单分钟的总成交量在1900手左右，再看对应的成交明细，只有一笔超过500手的大单，其他均是小单构成，在下降趋势确认后，股价一旦开始下跌，只要一笔大单出来就会引发连锁反应。

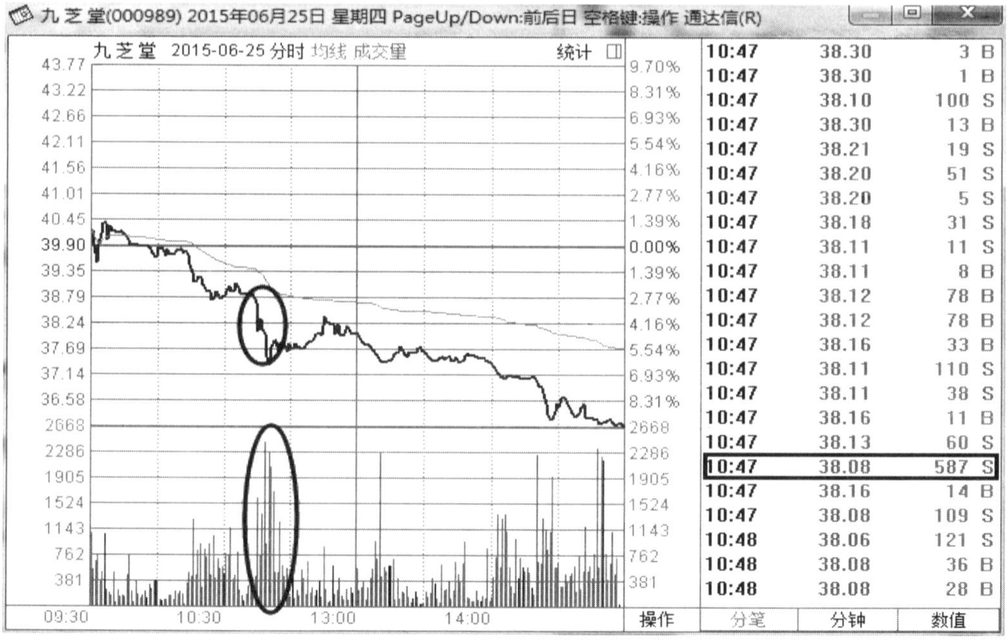

九芝堂（000989）2015年6月25日分时走势图

4. 强势空方资金量能对当日K线的影响

一旦确认当天是主力资金在出逃，整个环境都是不容乐观的，除非当天是在7%以上的位置出现，否则全天收阴线的概率很大，如果大盘环境不好的时候收中阴线或者大阴线的概率更大。

图示案例

在下降趋势中，股民对亏损的恐慌导致股价一旦开始下跌就会纷纷卖出，我们称为恐慌盘。尤其对于主力资金已经出逃差不多的股票，没有主动进场的大资金承接抛盘，主力资金不护盘，股价真是飞流直下三千尺，连续大阴线甚至连续跌停盘屡见不鲜。所以切记在股市中活命是第一位的，只有保住本金才有可能在机会来临时获利。

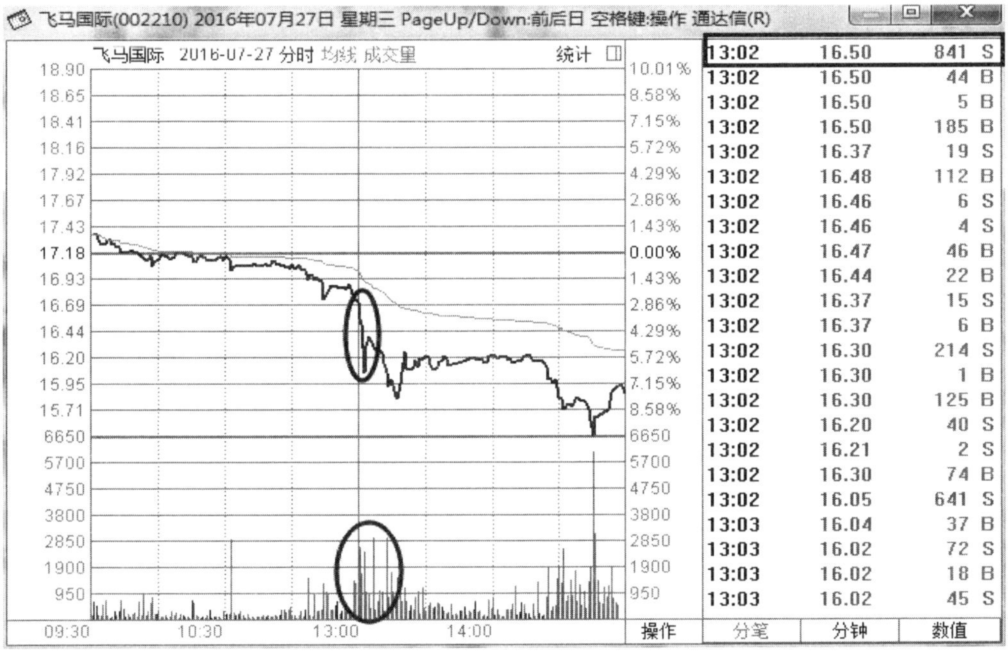

飞马国际（002210）2016年7月27日分时走势图

第五节　弱势空方资金量能

1. 弱势空方资金量能的成因和主力行为

弱势资金量能是指主力资金在盘中快速向下打压股价测试筹码的稳定性后再次快速拉回，心理承受力差的投资者在最低点砍仓。无论是分时还是K线，都是真真假假、虚虚实实相互转换的，不是所有的拉升都是上涨的开始，不是所有的打压就是下跌的开始，这是最考验人性弱点的地方，贪婪和恐惧会在股价涨跌的过程中暴露无遗，不能摒除表象的干扰、看透股价变动背后真实动因的操作还是属于盲从。

2. 弱势空方资金量能的要素

股市中的多空双方很多方面是不具有对称性的，尤其是在见顶和见底时，对于弱势空方资金量能和弱势多方资金量能也不具备对称性。弱势空方资金量能的要素同强势空方资金量能要素的要求是相同的，最大的差别就是弱势空方资金量能的持续性不强，很快就遭到了多方的反抗，最直接的表现在波形上。

3．弱势空方资金量能的波形

上文中有讲述弱势空方资金量能是主力资金想要建仓或者拉升前进行的试探性行为，并不是真的想要股价下跌，所以在打压后会快速拉回，在波形上出现了流畅的快速杀跌的波形后会出现大于60度强势的反转波形，该低点很有可能就是全天的最低点，在盘口上留下典型的尖底。

图示案例

如图所示，又是11:30这个奇妙的时间，不知道读者有没有留意在本书的案例中已经多次提到这个神奇的时间，也确实在这个神奇的时间发生了很多的事情，所以读者实盘时如果遇到了在11:30这个时间点出现非常奇怪的事情时，一定要留心了。

方大炭素（600516）股价上午一直震荡下跌，整体比较弱，在11:30出现了快速杀跌，且有连续型大卖单抛出，着实很吓人，但是接着就是中午休市，投资者

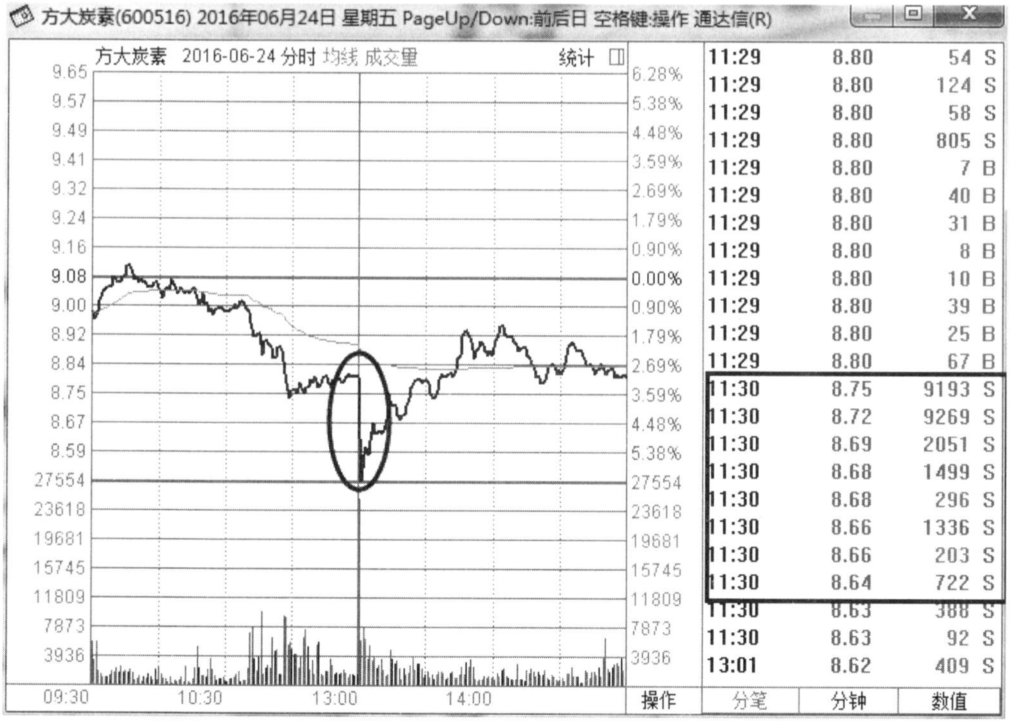

方大炭素（600516）2016年6月24日分时走势图

只能看着恐慌却卖不出，对股价失望的投资者只有在休市期间挂出一个理想的卖出价位，期待下午开盘有所成交。从分时走势图上可以看出，下午开盘后股价快速拉起，之后便是震荡上升，盘中留下了一个尖底。

4. 弱势空方资金量能对当日K线的影响

弱势空方资金量能也是盘中的一个短时行为，筹码的抛出量很难构成对股价的牵引作用，所以当天股价基本都是杀跌后被拉起，留下一根下影线，至于实体的阴阳很难判断，但是一定是阳比阴强。

图示案例

如图所示，又是11:30，只是在成交明细上没有看出非常明显的大单，股价就一直下杀，由于1分钟内成交的笔数增加了，所以导致量峰迅速变大，下午开盘的瞬间需要让市场的抛盘再反应一下，但是抛盘的数量真的少之又少，股价很快

天虹商场（002419）2016年1月27日分时走势图

就被拉了起来，走出了和上午截然不同的震荡上升的走势。最重要的是在收盘瞬间的拉尾动作，将股价收在红盘之上，当天是一根带有长下影线的假阴线。

实战案例

操作标的	买入时间	买入均价	卖出时间	卖出均价	盈利比率
上海物贸（600822）	2016年11月16日	16.43	2016年11月21日	19.25	17.16%

如图所示，上海物贸（600822）的这个波段加速行情是我们在实盘操作过程中一定要赚取的，信号明显、利润可观、风险较小。股价在之前以一根高开低走大阴线的方式突破了前高，但是直接回踩到10日均线，小阳线止跌后在11月16日走出了非常强势的多头形态就是我们一定要狙击的点位。

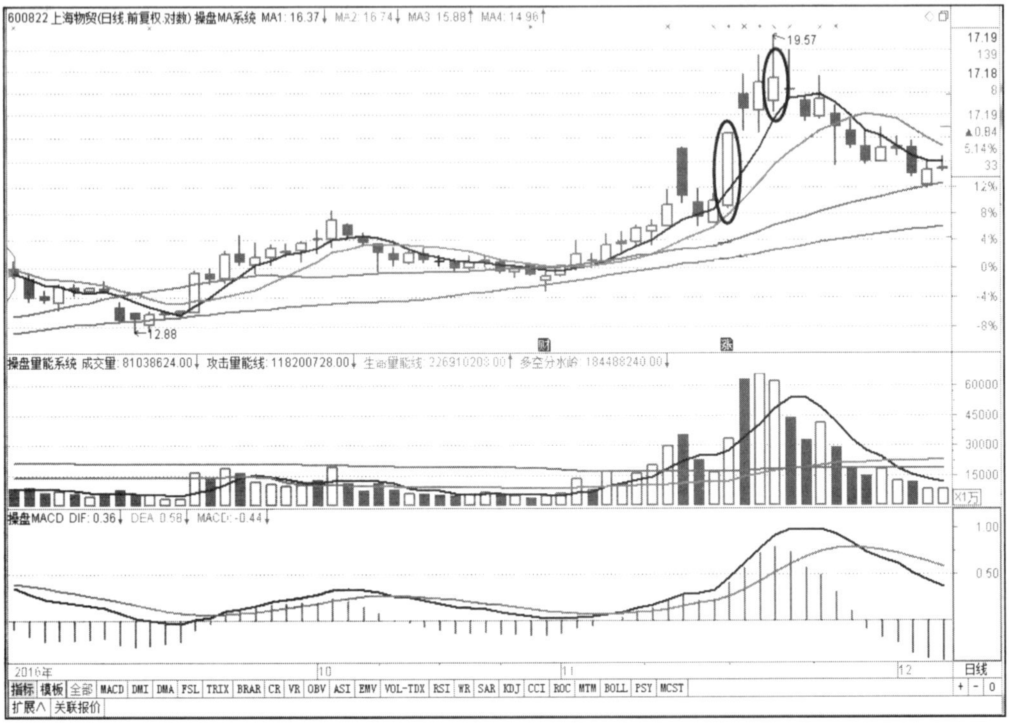

上海物贸（600822）2016年9月~12月日K线走势图

13:01	16.33	496	S
13:01	16.35	159	B
13:01	16.35	171	B
13:01	16.33	504	S
13:01	16.38	171	B
13:01	16.40	354	B
13:01	16.39	77	S
13:01	16.39	98	S
13:01	16.41	91	B
13:01	16.42	173	B
13:01	16.42	57	B
13:01	16.42	178	B
13:02	16.42	343	S
13:02	16.43	170	B
13:02	16.43	673	B
13:02	16.42	519	B
13:02	16.38	289	S
13:02	16.42	178	B
13:02	16.36	185	S
13:02	16.35	123	S
13:02	16.38	29	B
13:02	16.30	232	S
13:02	16.30	57	B

上海物贸（600822）2016年11月16日分时走势图

10:20股价出现了一波快速拉升后强势横盘，午盘时分股价开始翘头向上运行，出现了强势多头资金量能，下午开盘的第一时间进场。随后股价短时间震荡了一下，继而股价以大于60度角的流畅波形、通过极强多方资金量能将股价推升到涨停板。

虽然次日是一根高开低走的高浪线，是明显的趋势中洗盘行为，所以不必理会坚定持仓，接下来的小阳线虽然没有涨停，但是也没有明显的资金出逃的迹象，所以仍然继续持仓。11月21日的两波拉升过程中，明显后一波拉升的量能有所减弱，且在高位展开了横盘，此时的横盘基本上为阶段性头部，是快速离场的好机会。

上海物贸（600822）2016年11月21日分时走势图

思考题

1. 本章介绍了5种资金量能的划分方式，其依据是什么？

2. 5种资金量能对应的主力运作股价意图是什么？出现的位置在哪里？

3. 5种资金量能出现时对应的要素是什么？

4. 5种资金量能出现时容易形成什么波形？

5. 5种资金量能出现时容易形成什么K线？

第六章

位置决定“盈亏”

散户永远套在高位，高手永远套在低位。这两句简单的话道明了股票投资非常珍贵的原则之一：买在低位。然而多少投资者对如此简单的道理熟视无睹，殊不知选对了位置才是操作正确的最根本保证。

本章的引语中强调了位置的重要性，笔者相信在很多书中都有提到过这个要点，正在阅读本书的您也一定知道它的重要性，只是操作的时候就忘记了。盘口是交易决策所要分析的最小单位，而位置却是给我们进行详细分析指引方向的，如果位置分析出现偏差则更小的细节分析就变成了徒劳。

在引语中还有一个词“操作正确”，您是怎么理解这个词的？如果您单纯地把它理解为交易获利，那么您对这个市场还需要更深地了解和认识。亏损的交易不一定不正确，获利的交易不一定正确。任何人交易成功的比例都不会是100%，但是能够保证的是在多数情况下获利，且盈利的空间远远大于止损的空间。当技术沉淀到位后，会慢慢形成自己的交易模型，该交易模型会有明确的买入点、明确的卖出点、明确的仓位管理机制、卖出点中必然包括止盈卖出和止损卖出两部分，成熟的交易模型就是在严格执行的基础上，获得市场中大概率的盈利机会。

如果你的交易是因为偶然性让你盈利的，那还是失败的交易，因为你没有办法让它持续；如果你的交易是亏损的，但是如果按照这样的要求严格地交易下去一定会盈利，这次亏损是你交易模型的小概率事件发生了，可是很多人就是在亏损出现时不能坚持自己的交易模型。

第一节　底部吸筹区的盘口特征

股价经过长期充分的下跌后，通常是指在一轮牛市结束后进入了漫长的熊市，股价在顶部向下双突破后进入了“跌跌不休”的下跌通道，每一次向上的运动最多是一次反抽或者反弹，相对于长期下跌的基本运动，反弹的次级运动和反抽的日常运动根本没有办法扭转下跌趋势，直到下跌时间足够，完成了两次或两次以上的大级别反弹行情后，股价真的有止跌见底的迹象，中长期主力才有可能实施吸筹建仓的计划。

对于中长线主力来说，吸筹并不难，难的是如何做到让自己的吸筹动作足够隐蔽，在自己的筹码还没有足够控盘之前不会引来市场上的跟风者进来和自己一起抢筹码。股价处于相对低位甚至是历史低位，前期已经跌无可跌，现在是横盘状态，实在不能吸引投资者的眼球。但是这才是主力真正想要的，主力在投资者已经对这只股票绝望到不得不斩仓时悄悄接盘。大资金布局时吸筹不是一朝一夕就可以完成的，“台上十分钟，台下十年功”这句话一样适用于股市。看历史走强的大牛股，真正快速上涨、快速产生利润空间的时间都是非常短暂的，殊不知为了这漂亮的主升段前期准备了几个月甚至几年。

1. 吸筹区所在的位置

①熊市末期大底部

股价经过了大牛市的风光，也承受了熊市的风风雨雨后，一路走来终于跌不动了，股价已经创了历史新低或者已经在历史的底部，曾经风光无限，但是如今却是无人问津。大盘跌它已经跌不动了，大盘涨它又涨不起来。

熊市末期大底部的特征

1）股价是历史最低或是两年以上的低点；

2）前期经过充分的下跌，最好是5浪的下跌；

3）见最低点时最好出现标志性K线；

4）见低点后的横盘时间最好超过下跌时间；

5）横盘期间的量能低迷，没有明显地放大量的痕迹。

熊市末期的大底部

图示案例

如图所示，三轮“股灾”下来，将股价彻底打回了原型，卧龙电气（600580）在2014年牛市启动前的低点附近止跌后展开了横盘，量能逐渐萎缩，均线逐渐黏合，大空头的趋势逐渐被时间消耗殆尽，横盘的时间刚刚好到了前期下跌的时间，但是当前还在做底阶段，没有走出上升趋势，观望为主，谨慎操作。

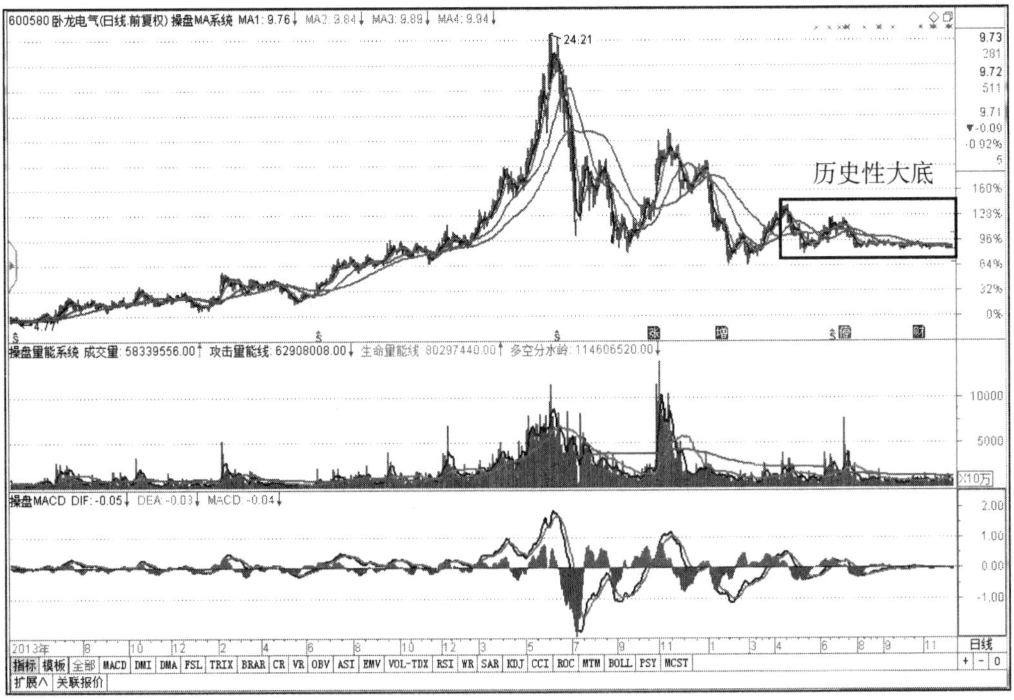

卧龙电气（600580）2013年7月~2016年11月日K线走势图

②上升趋势中阶段性底部

在牛市的中继整理形态中，股价完成了一个波段的上涨之后并没有走出充分下跌的行情，而是选择了在高位宽幅横盘震荡，只是震荡的空间越来越小，最后呈现明显的收敛状态，阶段性底部最大的风险是一定要等确认了有新的主力资金进场的痕迹后才能确认，否则就是大头部。

上升趋势中阶段性底部的特征

1）当前大盘处于大牛市或者震荡市，不能处于下跌趋势中；

2）该股股价的上涨有长期炒作的热点题材且题材最好有板块效应；

3）在高位横盘初期有主动性卖出的量能出现，但是整体的股价下跌幅度不大；

4）高位横盘整理期的量能逐渐萎缩，振幅逐渐减小；

5）高位横盘整理期时间超过前上涨波段的时间。

上升趋势中的阶段性底部

图示案例

如图所示，华联综超（600361）在2015年上半年的大牛市中表现非常好，但是这一波的上升是由于在前4个月主力资金做了充分的吸筹后才拉升的。在熊市末期牛市初期，华联综超走出了3个月缓慢上升的行情，之后在券商股和银行股独领风骚的时候它选择了偃旗息鼓，进入了长达4个月的横盘期。其间的量能逐渐减少，均线逐渐走平，股价整体的重心不断抬高，是标准的吸筹蓄势的结构。

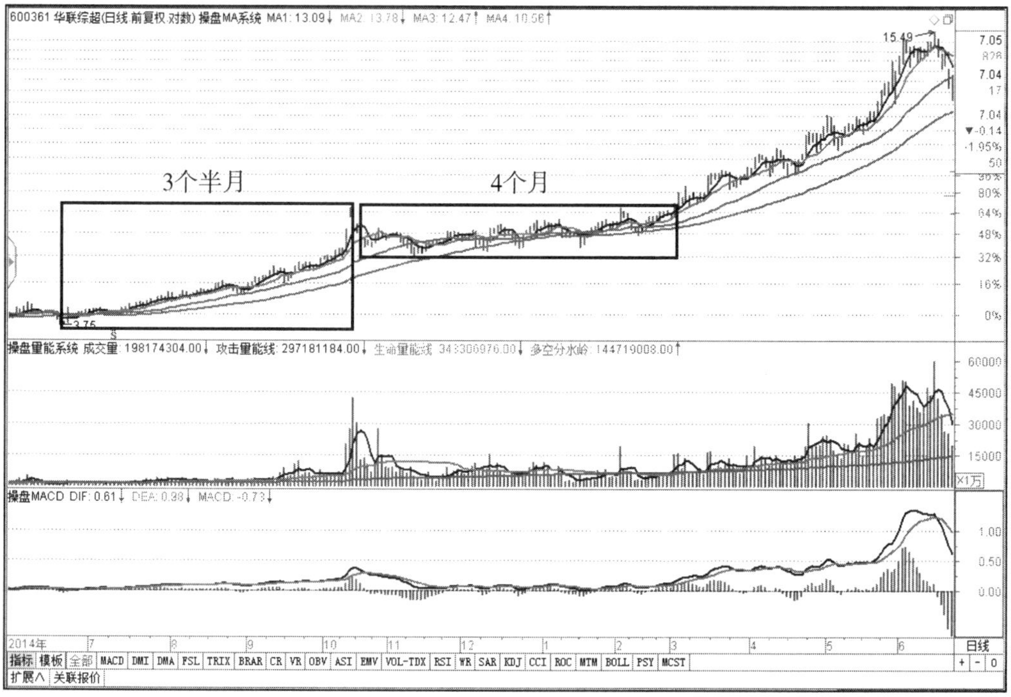

华联综超（600361）2014年6月~2015年6月日K线走势图

2. 建仓的盘口特征

主力在建仓期的买入不会将自己的大买单挂在盘口上，因为这就相当于告诉市场，以及所有人“我正在吸筹，该股后期会有行情，大家一起买入”，场外资金积极进场和自己抢筹，会大大提高自己的交易成本。主力建仓周期是较长的，建仓的初期是等待市场卖盘出现一定的挂单后才会投放资金吃掉卖盘的委托单，会尽量避免引起盘口价差的出现，所以主力吸筹的单子都是和散户一样的小单，并不是大单。但是等到主力拿到足够多的筹码后会加快建仓速度，投放的资金量加大，成交明细中会出现上跳的价差。

图示案例

如图所示，卧龙电气（600580）股价全天小幅震荡，出现脉冲式量能，瞬间放大然后瞬间消失，股价快速向上上涨几个价位，通常不会超过5个价位，但是加速建仓阶段就不一样了，股价快速向上吃掉的价位会变多。从对应时间的成

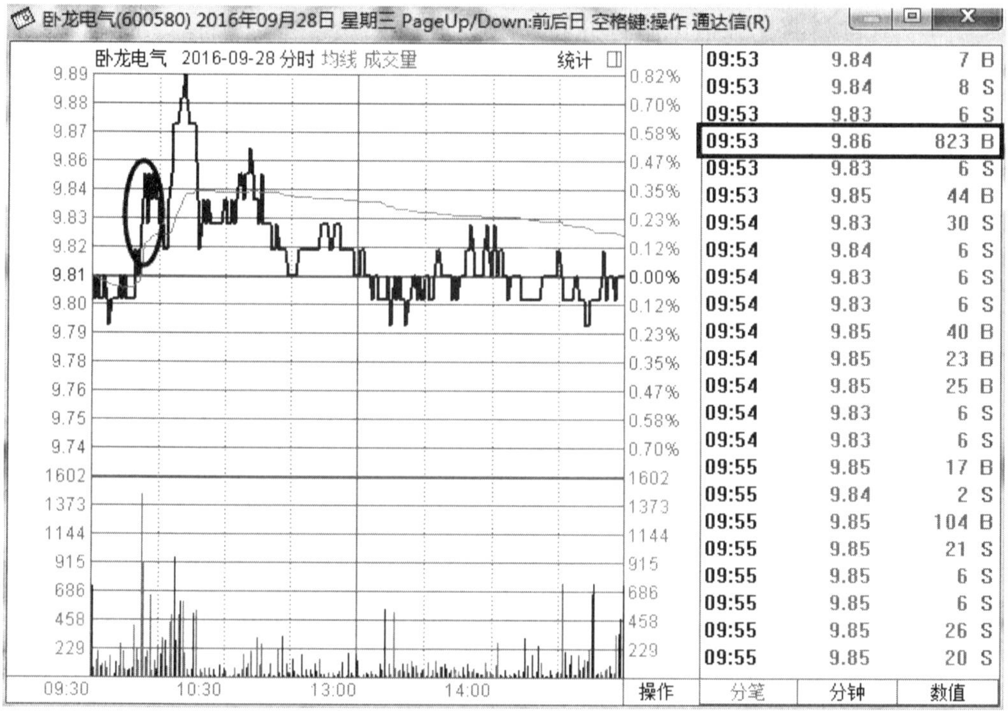

卧龙电气（600580）2016年9月28日分时走势图

交明细中可以清楚地看到，当时股价从9.83扫到9.86，跳空3个价位，成交了823手。主力吸筹不容易啊！

3. 经典建仓盘口模型

地鼠都是从洞里快速出来，偷到玉米后再快速回到洞里，打地鼠的游戏就是从这而来。其实主力资金在建仓阶段真的和地鼠偷玉米差不多，不想让别人发现，又想尽量多拿到筹码。大部分主力在建仓初期都采用这种策略，因为前期一定要在手上有了一部分筹码之后才好去做打压、拉抬等动作，才有能力抵御市场的千变万化。但是在建仓末期，手上已经有了充足的筹码之后，就不再担心有人来“捣蛋”，在恰当的时候反而希望更多人来一起参与，所以此时可能会采用快速抢筹的方式，也就是猎豹模式。但是猎豹式拉高建仓一定是资金雄厚且操作者技术水平十分高超、娴熟，否则股价上涨的速度和自己成本的上涨速度差不多，最后就会进得去出不来。

①地鼠式横盘建仓要素

1）股价当前在红盘区附近或者红盘上方横盘震荡，横盘的位置最好不要超过5%的涨幅；

2）震荡的幅度非常狭窄，最好不要超过2%；

3）盘中出现节奏感较强的脉冲波且伴随股价向上冲高，但是股价的冲高没有持续性，所以导致盘中出现多个尖角；

4）尖角出现的节奏感强，连续多天呈现同样的走势；

5）股价向上冲击时的价差变化不会太大，通常在1%以内；

6）股价尖角向下时缩量。

图示案例

如果在您平时的看盘过程中遇到了下面这样的盘口走势，还会关注这只票吗？估计除了摇头就没有别的动作了。经过本书对主力操盘过程中的方式和主力思维的讲解，您一定可以看出点门道了，但是切记的是不要只因为一个点就去判断一只股票的好与坏。下图就是典型的地鼠式横盘建仓，股价向红盘区上方和均价线上方反复地冲高，在分时走势上出现了一个个尖角，在量能上出现了一次又

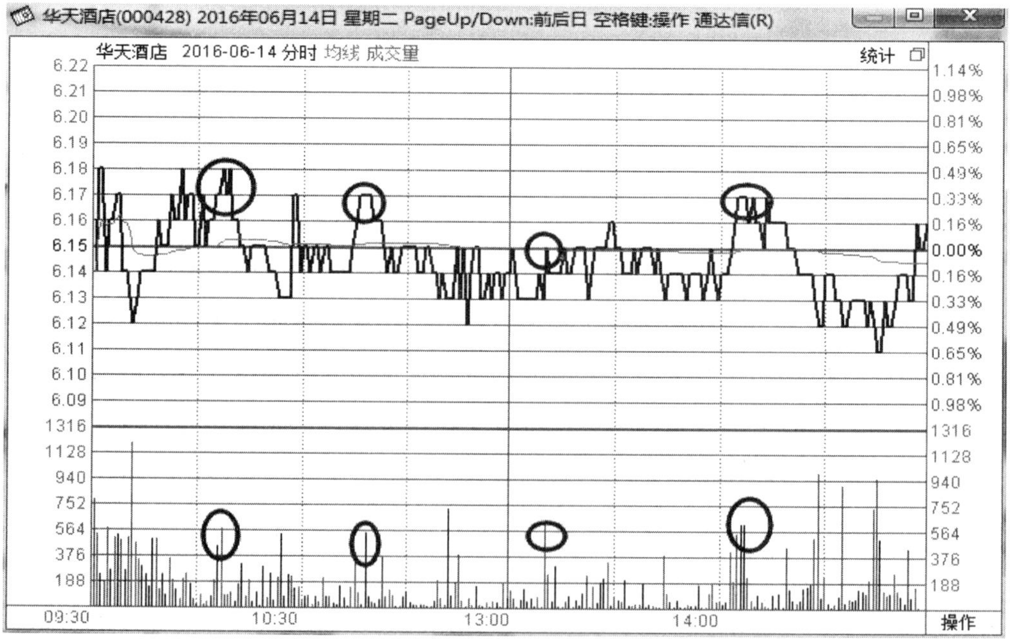

华天酒店（000428）2016年6月14日分时走势图

一次的瞬间放大、瞬间缩小的特征，属于典型的主力在拿筹码的走势。

②地鼠式震荡上升建仓要素

1）股价走势全天呈现震荡上升的状态，波形不流畅；

2）震荡上升的角度不能超过60度，当天的涨幅最好不超过5%；

3）震荡上升呈现典型的通道形态，对通道宽窄的要求则要根据不同的行情来具体分析；

4）通道较宽时每一个波段的拉升温和放量但不是巨量，全天出现的次数有限，一般在5次以内，拉升的价差可以超过5个；

5）通道较窄时向上拉升的次数会变多，但不超过20次，股价呈现较清晰的尖角状态，尖角向下时缩量。

图示案例

如图所示，慈文传媒（002343）当日的分时走势图上股价呈现30度通道式上升，每个上冲的波段都伴随量能的冲高，有非常清晰的连续性放量的特征，随着股价的抬高，伴随的量能也逐渐增强，股价见高点后震荡下跌，在下跌的过程中缩量。

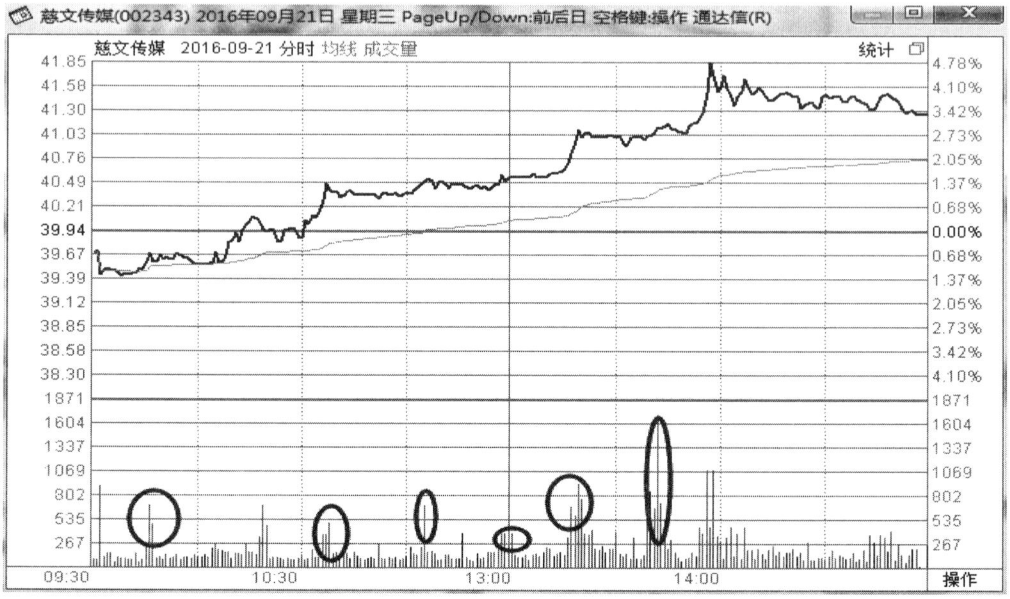

慈文传媒（002343）2016年9月21日分时走势图

虽然都是地鼠式震荡上升的走势，下图中中直股份（600038）和上图中的慈文传媒的盘口走势有所不同，中直股份在盘中的振幅明显更大些，从下图的走势中可以识别出每一波股价的推升都伴随较弱的资金量能，股价处于低迷阶段，少的资金放出就会推动股价快速走高，但是主力资金为了控制股价的涨幅，投入一部分资金后会等股价自然回落，然后再展开下一次的吸筹动作。中直股份当天的宽幅震荡中有两次资金的快速投入，对于宽幅震荡的吸筹方式，根据波段上升的空间和时间上的不一样会直接影响全天资金快速投放次数，像中直股份这样波段上涨的角度在45度左右的全天的资金快速投放次数不会超过3次。

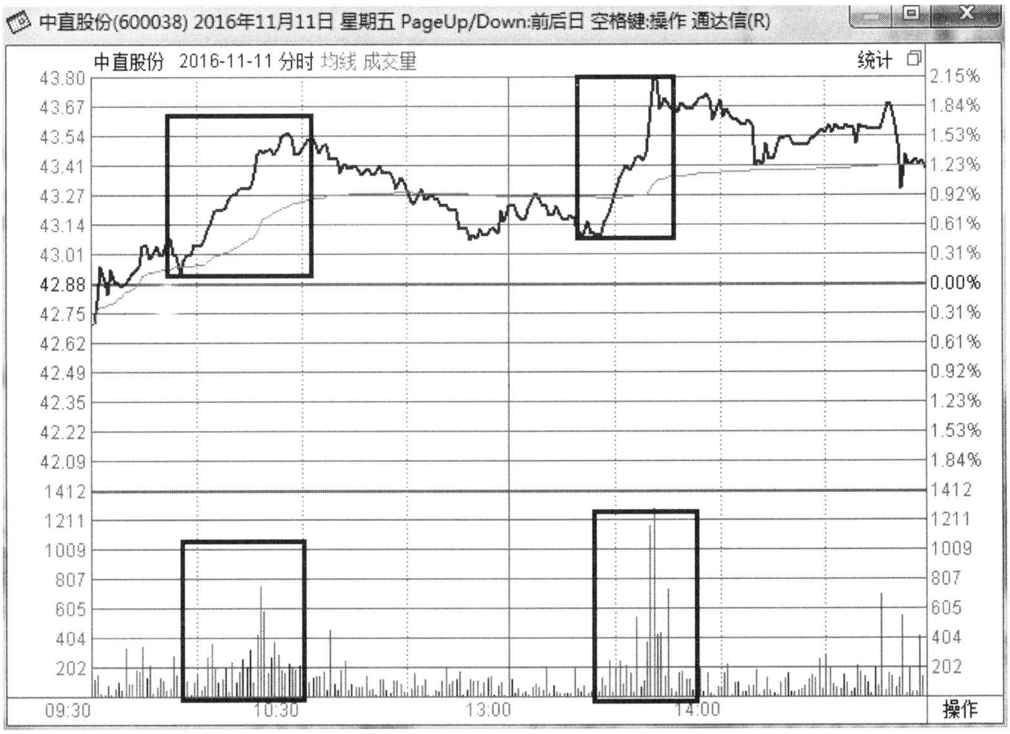

中直股份（600038）2016年11月11日分时走势图

③猎豹式拉高建仓要素

1）股价当天盘中以强势多方资金量能的方式进行拉高吸筹；

2）当天收在最高价或次高价，极端情况会出现涨停板；

3）拉升放量回调缩量；

4）当天的拉升次数不超过5次。

图示案例

本节中提到的建仓的位置是针对中长线主力资金而言的，市场上还有另外一类资金就是游资或者说短庄，喜欢快进快出的方式，但是该类资金参与的时间短、变数大，建议普通投资者尽量少参与。如图所示，金马股份（000980）出现的位置并不满足本节所要求的建仓的位置，因为它是属于一种短线游资操作，或者是老庄在里面做的滚动操盘模式。14:00前股价一直处于红盘区以上横盘震荡状态，14:00以后股价以60度震荡上升的方式到涨停板，整个震荡上升过程中冲击型较强，说明股价每向上冲击一次后都会有所喘歇，然后留下尖角，是标准的主力在低位加速吸筹的方式。

金马股份（000980）2015年9月16日分时走势图

第二节 试盘期的盘口特征

1. 试盘期所在的位置

试盘区分为吸筹前的试盘和拉升前的试盘，作为普通投资者我们更需要关注的是主力资金充分建仓后、拉升之前的试盘，因为行情启动迫在眉睫，是我们乘上主力快车最好的时间。拉升前的试盘基本都会出现在一个共同的重要位置：前高点附近。在《趋势为王》中有介绍前高点是构成双突破的重要因素之一，这也是主力选择在此试盘的重要原因。

①前高点附近向上试盘要素

1）前期有中长期主力建仓痕迹；

2）底部运行的时间超过了前期下跌的时间；

3）在构建底部期间走出了明显的底部形态；

4）试盘当天留下了一根上影线，构成了阶段性高点，高点后向下打压的深度不超过20%。

②前高点附近向下试盘要素

1）前期有中长期主力建仓痕迹；

2）底部运行的时间超过了前期下跌的时间；

3）在构建底部期间走出了明显的底部形态；

4）试盘当天留下了一根下影线，该下影线刚好打在某个重要支撑位上。

2. 经典试盘盘口模型

①欲擒故纵

欲擒故纵是一种标准的上影线试盘的方式，在重要的位置走出了一种“装死”的迹象，其实就是赤裸裸的迷魂阵。在看盘的时候投资者会发现，一些个股盘中非常平静，突然之间出现一张或者几张大买单以高于现价的方式拉起，可能表现为强势多方资金量能的形式，也可能表现为弱势多方资金量能的形式，但是共同之处是拉升之后该股的量能恢复平静，价格随之慢慢震荡下跌，当日盘中不再有主力活动的迹象，仿佛主力消失得无影无踪，真正的试盘行为出现后很快就会启动主升行情。

图示案例

如图所示，燕塘乳业（002732）当天早盘以量堆的形式向上推升股价，虽然量堆非常漂亮但是主力量堆整体的量并不大，所以可以推断早盘的拉升持续性不强。果然待股价快速推升到2.28%的涨幅后股价开始回落，之后股价全天震荡下跌，最后收在了绿盘区，震荡下跌的过程中不再放出超越早盘拉升波段的量能，向市场传递出一种颓势信号，仿佛在说“我已走弱，请远离！”实际上却是在酝酿更大的行情。

燕塘乳业（002732）2016年9月23日分时走势图

②蜻蜓点水

蜻蜓点水是一种标准的下影线试盘的方式，蜻蜓点水之后只有一种选择就是再次起飞。下影线的形成和上影线的形成是对应的关系，下影线形成当天盘面的表现也会比较平静，突然间出现大的卖单将股价打低，同上影线形成过程不同的是下影线形成过程中股价快速下跌不需要像股价上升一样需要那么多的资金推动，就可以快速将股价打低。下影线的低点出现后股价会被瞬间拉起，角度陡峭，该拉升波段的量能是非常值得研究的。

图示案例

如图所示，上海凤凰（600679）在一轮主升行情的启动前一个交易日走出了下图的走势，上午盘面震荡下跌，下午开盘的瞬间再次向下打压，股价最深跌幅达到了3.5%，向下打压的过程中只是微微放量，之后股价瞬间被拉起。在股价快速被拉起的过程中并没有明显地放量，但是股价很顺利地站上了重心价，之后一直在重心价之上强势横盘。当天的18.60就变成了后期一个主升浪启动前的最低点。

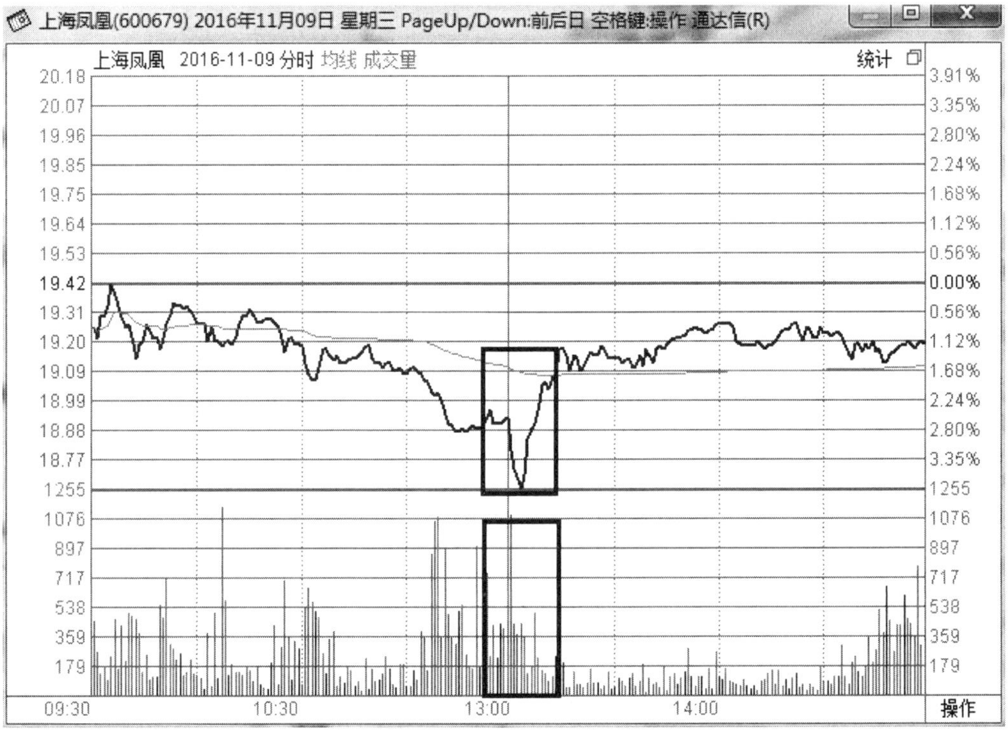

上海凤凰（600679）2016年11月9日分时走势图

第三节　拉升期的盘口特征

主力在拉升期的买入有两个目的，一个是真的用自己的资金拉高股价，还有一个就是希望股价的快速上涨吸引市场人气来帮助自己拉高股价。鉴于此，主力不会把资金放在买盘上等待市场上筹码抛出来，而是要主动出击，快速投放资金激发市场人气、增强做多的动能。

1. 拉升期所在的位置

主力的拉升期就是波浪理论中的主升浪，是最具有爆炸性的一浪，趋势性强、风险小，是最值得投资者跟进或者提前进行狙击的波段行情。在拉升阶段的几个交易日内就会产生可观的利润，是鱼身交易法中最肥美的一段，底部的鱼头涨幅太慢，顶部的鱼尾风险太高都不是我们想要的，所以中间一段才是稳健获利的保障。

但是主力快速拉升分为两种情况，一种是真正的为了抬升股价，后期的利润空间非常大，还有一种是在上升趋势末期，主力需要通过拉高股价的手段进行诱多出货。

①突破初期

趋势的确认条件就是双突破，股价在向上双突破的那个时间就注定了上升趋势的形成。主升浪的走法有很多，有的非常强势，连续几根大阳线或者一字板就结束了；有的较弱，每天中阳向上，涨5天又跌回2天。但是不管主升的形式怎么变，有一个大的前提是没有变的：主力资金已经大量进场，股价只有上涨才能让主力资金获益。所以强势票会给我们非常丰厚的收益，但是可遇不可求，弱势票就要坚定持仓，保证不情绪化交易，虽然持续的时间有点长，但是整体收益不会太差。

②洗盘之后

在任何主升段都会有洗盘，但是洗盘之后只有一个选择：更好地上涨！有人说洗盘是大资金的异常交易造成的，也有人说洗盘是市场的自然行为，市场参与者会有对价格波动的心理承受能力，一旦股价超过了这个承受的范围就会引起抛售。无论是哪种观念，都不会改变洗盘的根本：清洗市场浮筹。主力洗盘的方法很多，无论主力采用哪种洗盘方法，在突破了洗盘期高点时都将是维持原上升趋势的信号。

③顶部诱多

股价经过一个波段的上涨，尤其是连续上涨幅度超过了1倍以后就要开始小心，一旦出现加速上涨很可能就是见顶的信号，此时的加速就像是回光返照、物极必反一样，也就是这样的假象才会吸引很多普通投资者纷纷进场。

2. 拉升的盘口特征

拉升的盘口特征最直接的表现就是极强多方资金量能，带动股价快速上涨，波形流畅。趋势来了挡也挡不住，真正的拉升盘口我们往往都是看着涨上去想等回调再买，但是直到封住涨停板后才发现强势的拉升阶段股价不会回调，或者只是会出现短暂的喘息，根本不给我们进场的机会，更残酷的现实是开始主升回调让我们进场后股价却继续下跌。拉升的盘口、拉升后洗盘的盘口以及再次拉升的盘口之间有着密不可分的关系，这种关系就是需要在我们盯盘过程中一点一滴积累的盘感。

3. 经典拉升盘口模型

①游刃有余

该模型是指在主力资金已经充分控盘的前提下，市场的人气也非常高涨，做空的抛盘压力很小，股价展开向上运行时没有受到太大的压力，而是轻轻松松就上去了，像腾云驾雾一样轻松，股价在很短的时间内就会走出漂亮的拉升波段，甚至直接到涨停板。这是我们在狙击主升段或者涨停板时最值得操作的模型，因为这样的波形才是真正牛股的开始。

图示案例

如图所示，柳钢股份（601003）当天早盘走出非常疲软的走势，股价贴着重心价缓慢爬升，没有一点快速上涨的感觉，但是随着股价重心不断抬高，量能也在温和放大，当股价真正展开拉升时快速放出量堆将股价推升到高位，虽然中间有所喘息，但是整体走势快速、流畅。

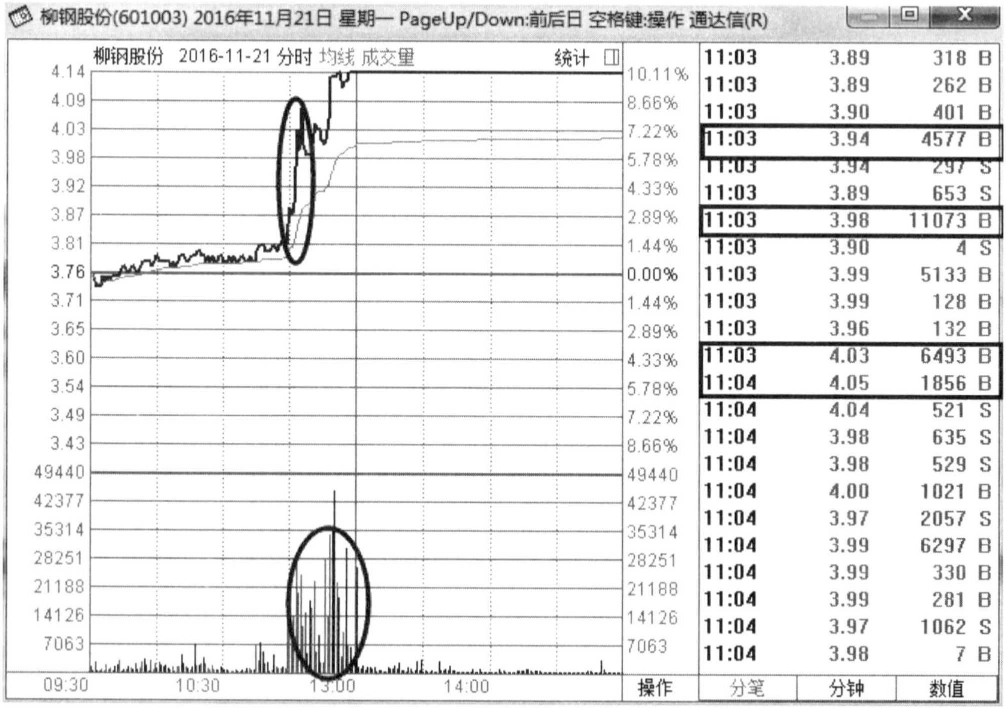

柳钢股份（601003）2016年11月21日分时走势图

②一蹴而就

最常见的一种拉升就是前期缓慢推升，直到股价推升到5%以上，市场人气开始快速积累，卖盘开始惜售，此时的抛压越来越轻，所以主力资金是非常愿意以这种方式展开快速拉升的。这种拉升方式的一个要求是前期缓慢上涨到5%以上，还要求拉升波段必须直接到涨停板，否则主力拉升的行为就会大打折扣。上文有介绍极限拉升角度，一旦出现了近于90度角的拉升时，一波没有涨停就会见当天的最高点。

图示案例

如图所示，三钢闽光（002110）股价早盘小幅高开后缓慢上行，股价和重心价的距离越来越远，造成了一种两个价格乖离的假象，最值得注意的是随着股价的上涨放出的量能也越来越大。10:15左右，展开了快速拉升行情，以5位数的大单快速将股价推升到涨停板。

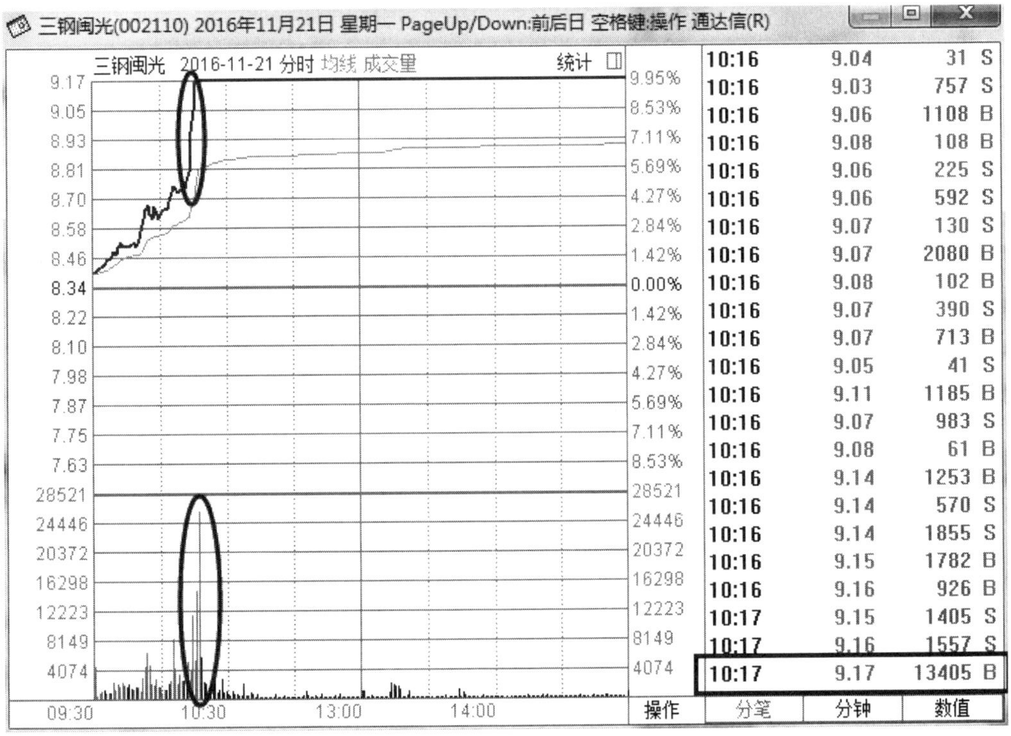

三钢闽光（002110）2016年11月21日分时走势图

③志存高远

不是所有的拉升都要涨停板的，在重要的时间和重要的位置出现的重要K线更为重要。虽然很多牛股的启动都是大阳线或者是涨停板开始的，但是当规律一再重复就会引来越来越多的人效仿，市场上的超额利润效应就会被减弱，所以市场中一直有双无形的手在制造规律，然后让大家发现规律，最后再打破这个规律。

图示案例

如图所示，燕塘乳业（002732）在长期构建底部之后，完成了对所有均线的修复，通过一根小阳线的方式突破了前期所有高点，就是在向市场宣布即将要有行情启动。小阳线的力量虽小，但是在重要的位置却有着不可小觑的作用，尤其是在真正主升之前，如果前期有过打压或者长时间横盘，是需要一根小阳线打破原本沉寂的市场，吸引足够多的跟风盘来一起推升股价的。

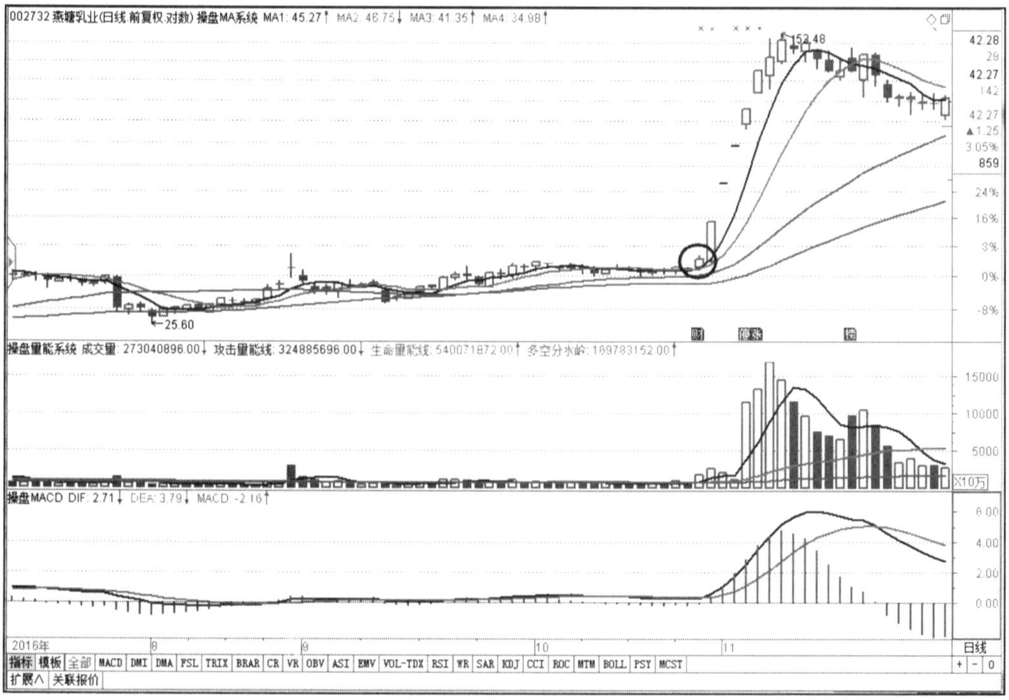

燕塘乳业（002732）2016年7月~11月日K线走势图

燕塘乳业（002732）2016年10月28日分时走势图

小阳线当天的分时走势并没有像上文介绍的两种模型一样轰轰烈烈，而是一个最不起眼的缓慢拉升后横盘震荡的走势。有了本书前面一系列内容的介绍后，对于该盘口走势的重要性应该会分析了。早盘放量推升股价，见高点后全天在重心价上方横盘震荡，虽然尾盘有走弱的迹象，但是并没有放大量。

第四节　高位出货区的盘口特征

1. 出货区所在的位置

出货与洗盘是最值得讨论的两个话题，在实际的走势中，主力洗盘和主力出货是没有办法分得非常清楚的，你中有我、我中有你，洗盘时要抛出筹码就会出现出货的迹象，出货时还需要继续拉高股价进行诱多免不了做出像是在洗盘的假象。

出货，顾名思义，主力资金在获得了利润之后在相对高位进行变现筹码，切记主力资金一定是在上升的过程中出货，不会等到股价开始下跌后才出货，一旦股价开始下跌基本是主力已经出货完毕，主力资金已经不必担心自己快速抛售给走势带来什么影响。在主力开始出货后，股价的上涨不再顺畅，虽然还会屡屡创出新高，但是已经明显感觉上升趋势的疲弱，股价随时会转头向下，所以是我们积极卖出手上股票的区域。

①大波段结束出货区

大波段结束出货区，是指在大波段最后冲高的区域和整个高位横盘区间都看作是大波段结束的出货区域，在走势图上体现的是大牛市的顶部或者是股价几年内的大顶部。这种区间是中长线主力的出货区域，因为该主力手中的筹码非常多，运作股价的时间较长，需要的出货时间也较长，一旦股价选择了从该区域进入下跌区间，基本属于自由落体下跌状态，时间短、见效快，所以在大波段结束的出货区接盘的投资者，就会变成了市场的终极站岗者，解套的时间遥遥无期。

大波段末期特征

1）处于大牛市的尾声，市场人气高涨，周围谈论股票的人数明显变多，有种谁炒股都可以赚钱的感觉；

2）市场个股平均涨幅都在1倍以上，更有甚者达到2倍、3倍或者更高；

3）牛市开始阶段急于上涨的股票已经出现明显滞涨或者做头形态；

4）市场重要指数之间出现了明显的不一致，甚至是背离。

图示案例

下图是中国平安（601318）上市以来的月K线走势图，在2007年的大牛市中，中国平安作为炒作最热闹的新股之一，创下了历史最高价71.94之后开始下行，面对难挨的熊市，中国平安一跌再跌，创了一个新低后再创新低。在2015年的大牛市中，中国平安虽然也鼓足了劲，但是最高价也只有46.17，距离8年前的高点还有一段距离。在8年的一个牛熊轮回中还没有解套，下一个牛市还遥遥无期，站在历史高点的接盘者除了心酸就是无奈。但是让无数投资者经历过这样体验的股票又岂止中国平安一家。

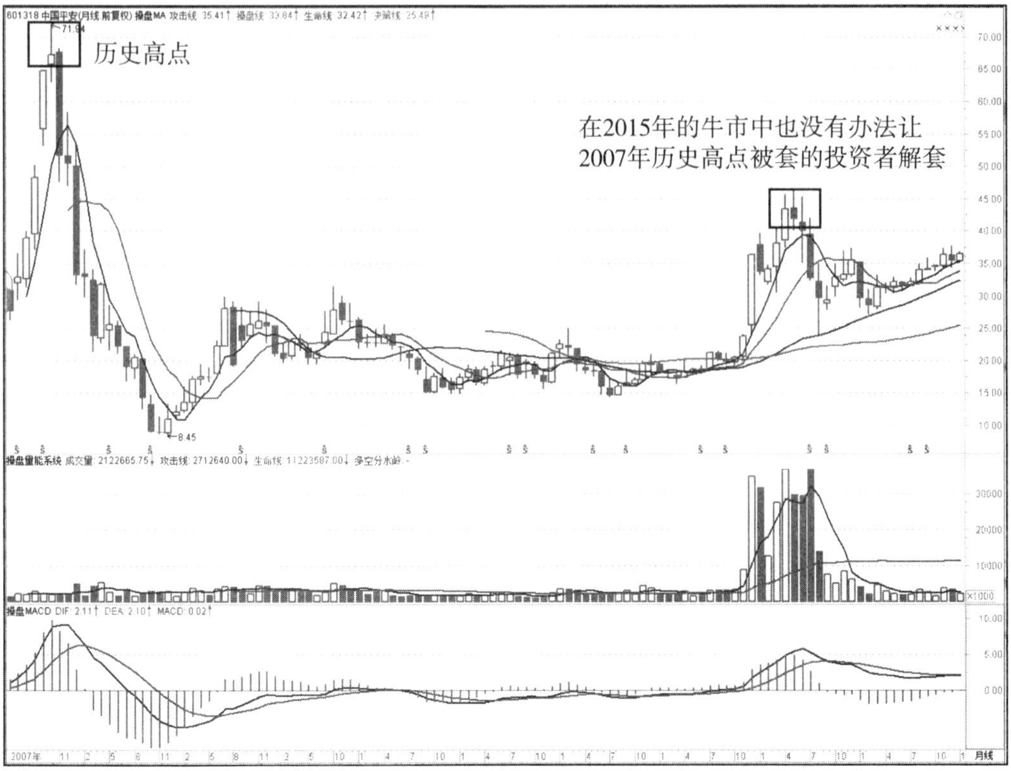

中国平安（601318）2007年9月~2016年11月月K线走势图

②小波段结束出货区

每个大的上升波段都是需要两个或两个以上的上升波段构成，在两个相邻的上升波段之间的调整波段也是我们需要规避的，一方面是大幅下跌的风险，另一方面则是长期横盘的时间成本。有的主力资金在此区间需要进行一次调仓，有的只是为了让市场进行充分的换手以便于下个波段的拉升，但是无论主力资金的目的是什么，该中继形态的构成必然需要筹码的积极抛出才能减缓股价的上涨，而此时筹码抛出的过程必然伴随主力的出货行为。

小波段末期特征

1）大盘指数进入滞涨或者调整期；

2）所在板块指数也进入滞涨或者调整期；

3）个股上涨空间超过了30%，出现了警示性K线。

图示案例

对特力A（000025）这只妖股来说，让无数投资者欣喜若狂，也让无数投资者捶胸顿足，从下图的走势中可以清楚地看到特力A在一年半的走势里的三上三下。在每一个小的波段结束的末期不及时出场，迎接的就是满满的收益一点点消失殆尽，对于心理素质好到极限的投资者能够从9.88元一直持有到108元也是赚得钵满盆满的，就怕是在波段高点接盘在波段低点斩仓的。对于30分钟以上的行情，如果一个波段运行完毕必将面临调整，其调整的时间和空间都是不值得我们浪费时间成本的，所以即使不清仓也要减仓。

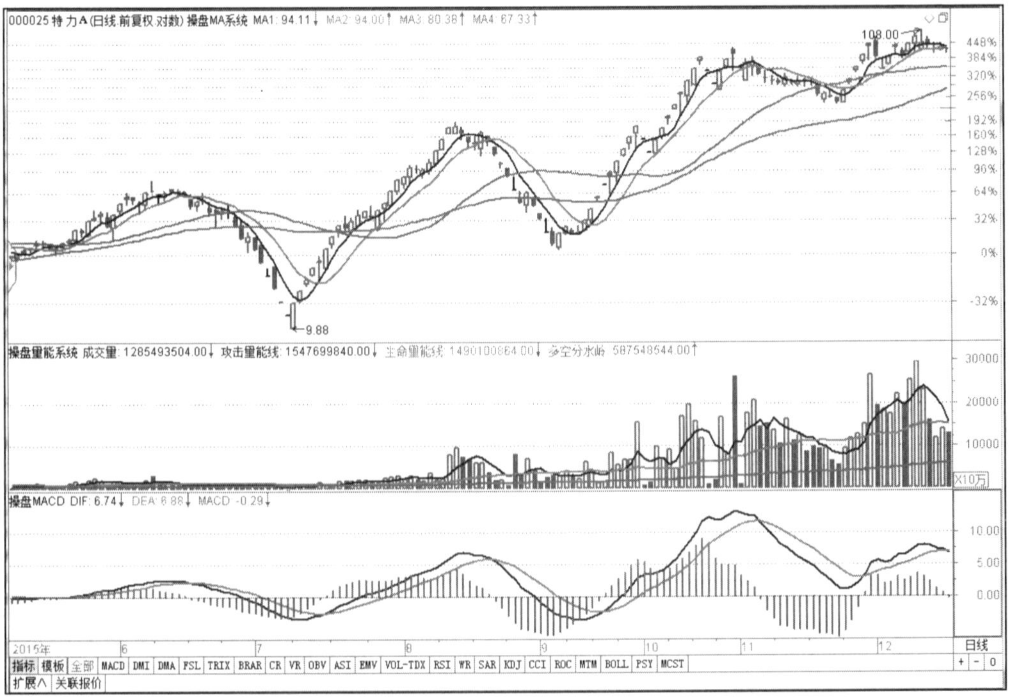

特力A（000025）2015年5月~12月日K线走势图

2. 出货的盘口特征

出货最明显的特征无外乎于有主动性卖出的大单出现，对于出货主动性的大卖单不一定是连续性的，只要出现主动性卖出的大单就非常值得注意，一旦出现了连续性主动性卖出的大单，主力出货更是确认无疑，而此时我们的操纵策略只有一个字：走。出货时盘口各要素的特征如下：

①成交明细中有主动性卖出大单出现，主动性卖出大单越多、连续性越强说明主力出货意图越明显；

②出现主动性卖出大单时伴随着股价的快速杀跌，量峰快速放大；

③当天的量比、换手、全天整体的量能均放大；

④具备以上条件当天收阴的更加确定主力出货意图，如果具备了以上条件后当天收阳则需要统计全天成交的大单，主动性卖出大单明显多于主动性买进大单则说明主力出货意图明显，如果不满足该要求需要静观其变；

⑤连续性多天盘口出现以上特征。

图示案例

如下图所示，美达股份（000782）在2015年的大牛市行情中涨势非常喜人，这种历史走势顺畅、爽快的股票属于股性健康的股票，在选股时也要偏向这类股票。在大盘最后冲顶阶段美达股份也继续上行，5月19日出现过一次光头光脚的涨停板，在日K线上仍然传递出整体走势健康的形态，然而涨停大阳线的内部走势却是端倪百出。

美达股份在2015年2月~5月的4个月的时间里涨幅达到4倍，属于绝对高位，在整个上涨的过程中没有出现过长时间或者深幅回调，所以主力资金一直在场内，随着股价越来越高，主力出货的可能就会越来越大。

美达股份（000782）2015年2月~6月日K线走势图

涨停当天股价维持震荡上升的走势，盘中最高价到过涨停板，但是在冲击涨停板的瞬间有大卖单抛出，股价即刻开始拐头向下，且在涨停的瞬间，有持续性大单卖出，结合股价所在的位置可以确定而不是判断主力在出货。江氏交易天机整套体系给股民灌输的思想是赚稳健钱，而不是利润和风险远远不匹配的投机。

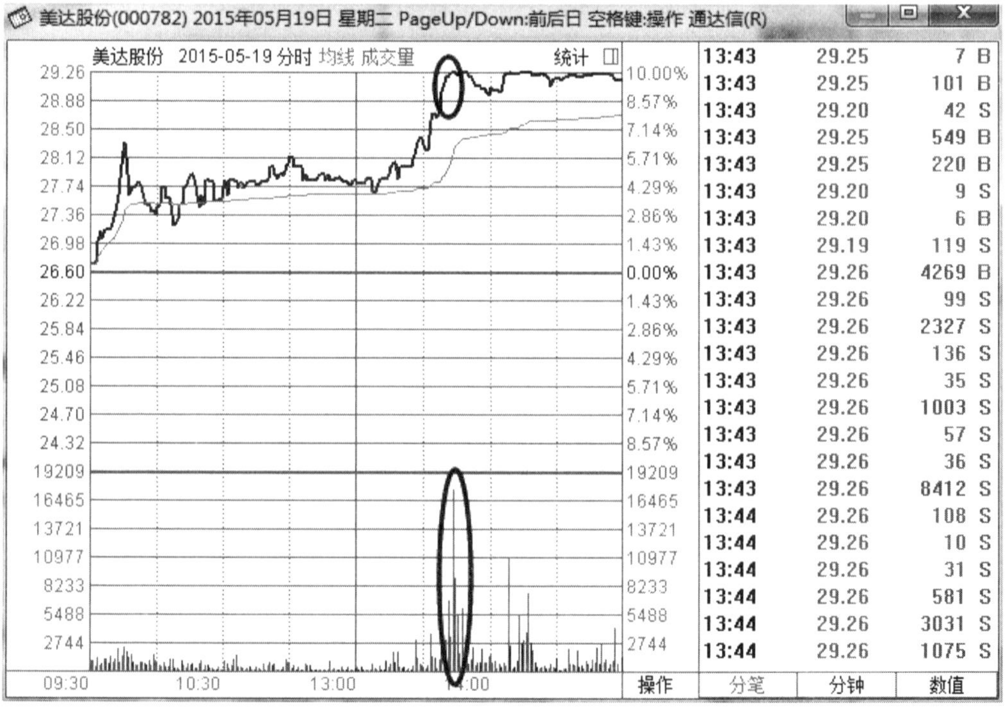

美达股份（000782）2015年5月19日分时走势图

3. 经典出货盘口模型

①起死回生

在主力资金出货初期，市场做多人气十足，股价被打压下来后还会有持币多方进来“抄底”，然后再将股价缓慢推起来，此时即使没有散户来解盘，主力资金自己也会用小资金将股价推起来，甚至推到涨停板，因为普通投资者的心理是追涨杀跌的，一旦当天收了阴线表明股价再下跌是很难吸引投资者来接盘的，所以大单打压后股价会再次拉高甚至是创了新高，以便主力后期继续出货，此时的盘口就会出现明显的起死回生的状态。

图示案例

在市场中要切记的一点是：赚自己该赚的钱！本节介绍出货案例的截图希望投资者可以深深地记在脑海里，因为在其他的位置如果被套还有解套的可能，但是一旦在高位出货的位置被套了，什么时候能解套真的不好说。

万福生科（300268）2014年12月~2015年7月日K线走势图

高位的涨停板一定要研究内部是如何运行的，只有健康的、真正以拉升股价为目的的涨停板才是我们要操作的，否则面临的风险非常大，宁可错过不能做错。上图中的涨停板的分时走势如下图所示，万福生科当日上午股价持续向下打压，最凶的时候跌幅达到了6%，下午股价震荡上升，在尾盘的最后5分钟将股价拉升到涨停。用统计工具计算一下就会发现当天的成交量大部分是在当天上午下跌过程中放出的，尾盘的拉升并没有太多的成交量。

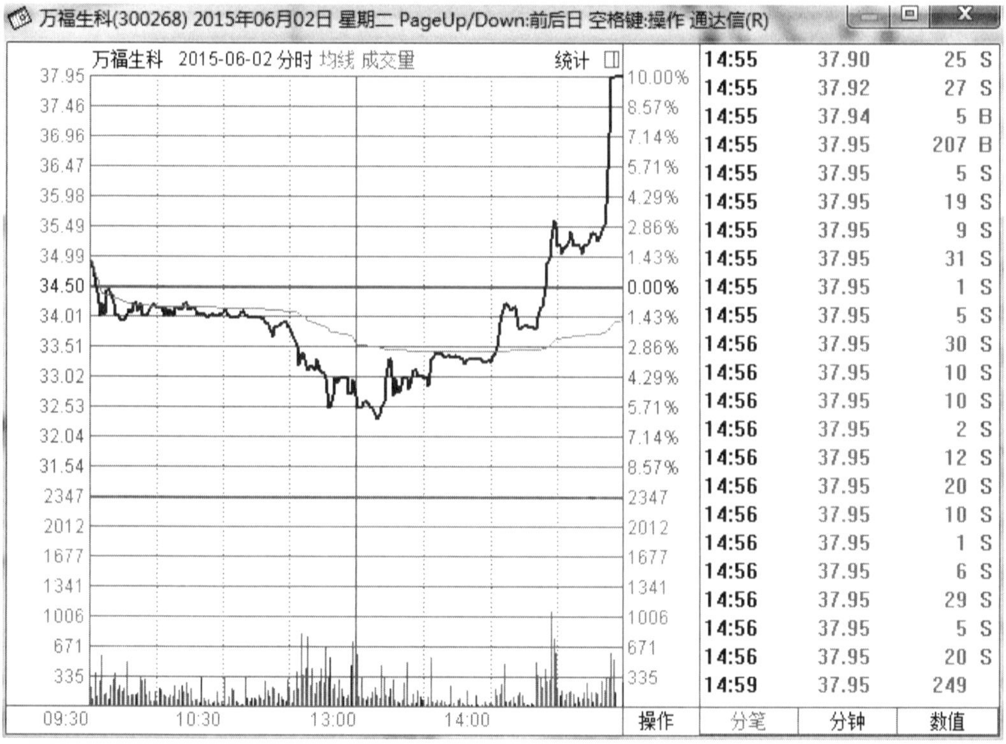

万福生科（300268）2015年6月2日分时走势图

特别提示

作为散户一定要摆脱买在最低点、卖在最高点的错误思维，否则很难在市场中有所突破。

②滚石下山

滚石下山同起死回生不一样，此时已经到了主力资金出货中期或者末期，主力资金不介意当天大量的抛盘将股价砸低，只是市场中做多的人气还非常旺盛，主力向下抛一次就会引来“抄底”的资金进入，但是由于主力出货的节奏加快，市场涌入的散户资金不能承接主力的抛盘，所以当天的股价会呈现石头滚下山一样的走势。起初的速度较慢，遇到阻力反弹的高度较高，但是随着石头下跌的速度加快，小的阻力已经没有办法使它反弹，只能加速向下，直到落到山脚下。

图示案例

如图所示，武昌鱼（600275）在连续4个涨停板后股价跳空高开小幅上扬后开始下滑，上午维持高位横盘震荡的走势，下午开始下跌，该下跌的过程中有明显的快速向下打压，即大量筹码抛出的动作，在成交明细中可以发现多笔主动性大卖单，可以确认大资金在出逃。

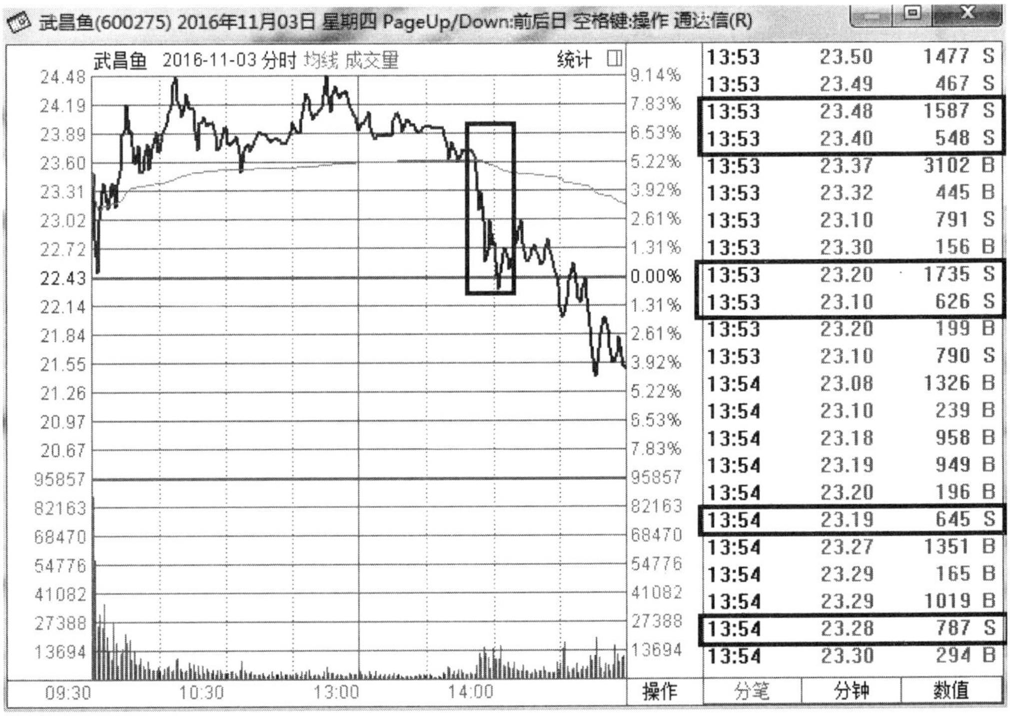

武昌鱼（600275）2016年11月3日分时走势图

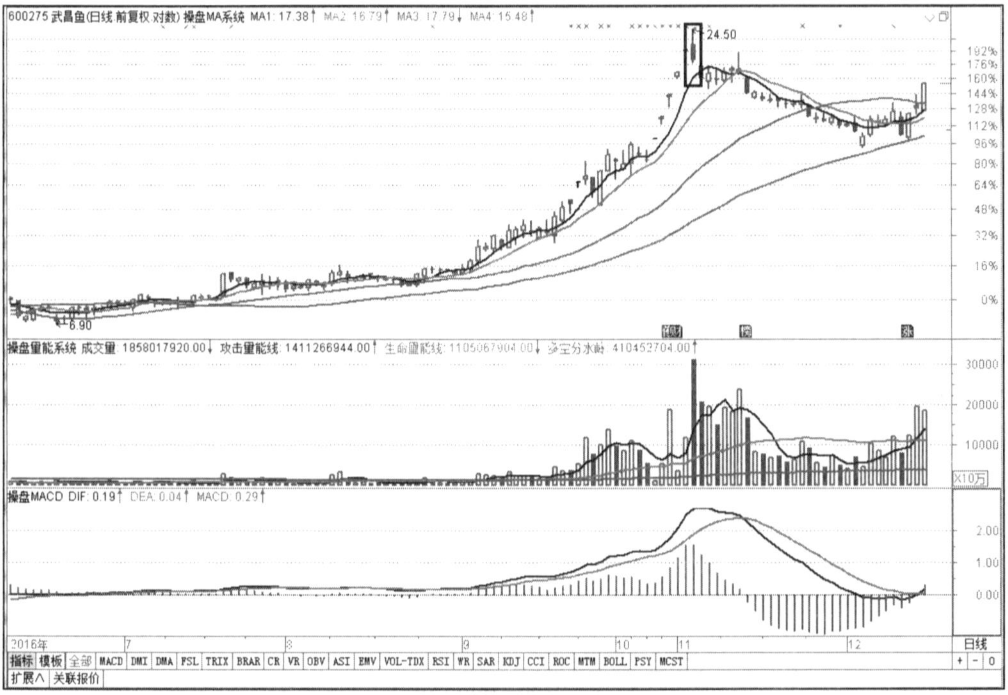

武昌鱼（600275）2016年6月~12月日K线走势图

上午的拉升和高位横盘过程中就出现了明显的量价背离，早盘集合竞价放出巨量，开盘后随股价的上涨放出的量能开始减少，但是在整个横盘过程中放出的整体量能还是比较大的，只是股价没有跳水很难直接地看清主力在兑现筹码，但是下午的杀跌，主力不需要任何掩饰，快速抛出筹码。

③飞流直下

飞流直下是出货手法中最凶狠的一种，主力快速出逃，市场做多人气低迷，实在没有资金愿意承接筹码，所以股价就像自由落体的飞流一样快速向下。此时一定是主力资金出货的末期，在股价快速下跌的过程中没有承接的资金进场就会导致当天的成交量很小，主力真正兑现的筹码也少之又少，这才是主力真正不计成本的甩货阶段，如果您在高位遇到了这样的盘口，千万别侥幸于股价反抽后再出场，主力已经没有反抽的需求了。

图示案例

如图所示，中路股份（600818）股价见高点后并没有快速杀跌，而是在高位展开了横盘，横盘的时间长达两个多月，直到30、60均线在高位会合后股价重心开始下移，低点在降低、高点也在降低，此时主力资金只有一个目的，就是勉强将股价维持在高位，然后将自己手上的筹码缓慢兑现，高位横盘的方式变现的好处就是不会让自己前期的利润回吐太大。

高位大阴线当天的盘口，股价从小幅高开后一路下跌，每个下跌波段都有量峰出现，但是每次反抽或者反弹都是非常疲弱，场外资金不愿意进场接盘，主力资金已经开始不计成本抛售，因为大部分筹码已经兑现，手上剩余的筹码以任何价格抛出都不会影响自己在该项目中的盈利。

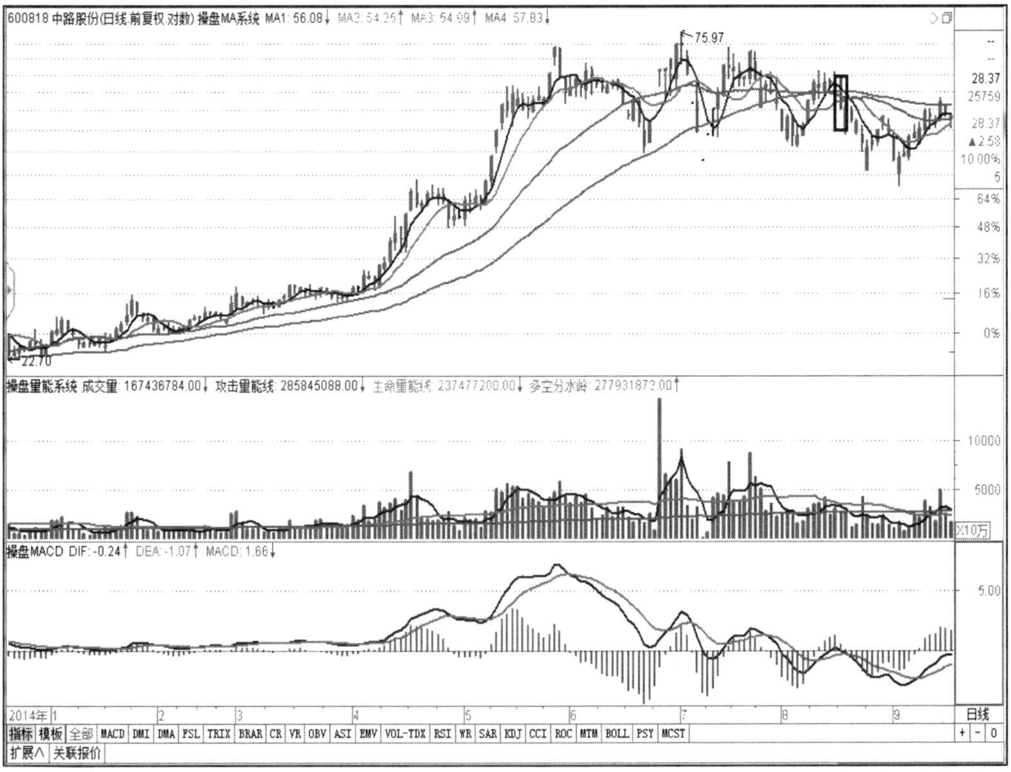

中路股份（600818）2015年1月~9月日K线走势图

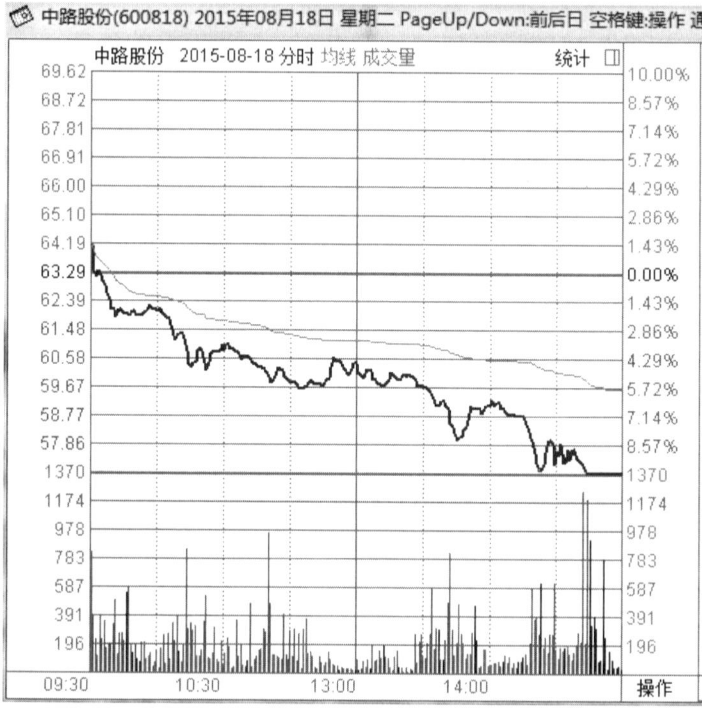

14:56	56.96	10	B
14:56	56.96	6	B
14:56	56.96	8	B
14:56	56.96	5	B
14:57	56.96	1	B
14:57	56.96	1	B
14:57	56.96	1	B
14:57	56.96	5	B
14:57	56.96	7	B
14:57	56.96	1	B
14:57	56.96	14	B
14:57	56.96	3	B
14:58	56.96	2	B
14:58	56.96	3	B
14:58	56.96	20	B
14:58	56.96	1	B
14:58	56.96	7	B
14:58	56.96	10	B
14:59	56.96	5	B
14:59	56.96	10	B
14:59	56.96	1	B
14:59	56.96	2	B
14:59	56.96	4	B

中路股份（600818）2015年8月18日分时走势图

特别提示

股市投资原则：放弃侥幸，学会止损，在下降趋势中任何时候卖股票都是对的。

实战案例

如图所示，梅雁吉祥（600868）在相对底部出现一根快速放量的大阳线，随后是一根高开低走的大阴线，在所有人都期待股价继续上涨的时候它却展开了长达3个月的横盘状态。此次没有较长时间延续上涨行情的理由很简单，K线启动的点位还在决策线下方，最多是一波反弹行情，是走不远的，随后的长期横盘股价不再创新低反而是为了后期更好地上涨。

在该横盘整理期，股价走出道氏理论中标准的线型整理形态，虽然不断有上下影线出现，但是均是多空双方在最后的战役中空方表现出来的强弩之末，或者只是多方的缓兵之计。在此期间盘中多次呈现成交量快速放大，股价瞬间小幅

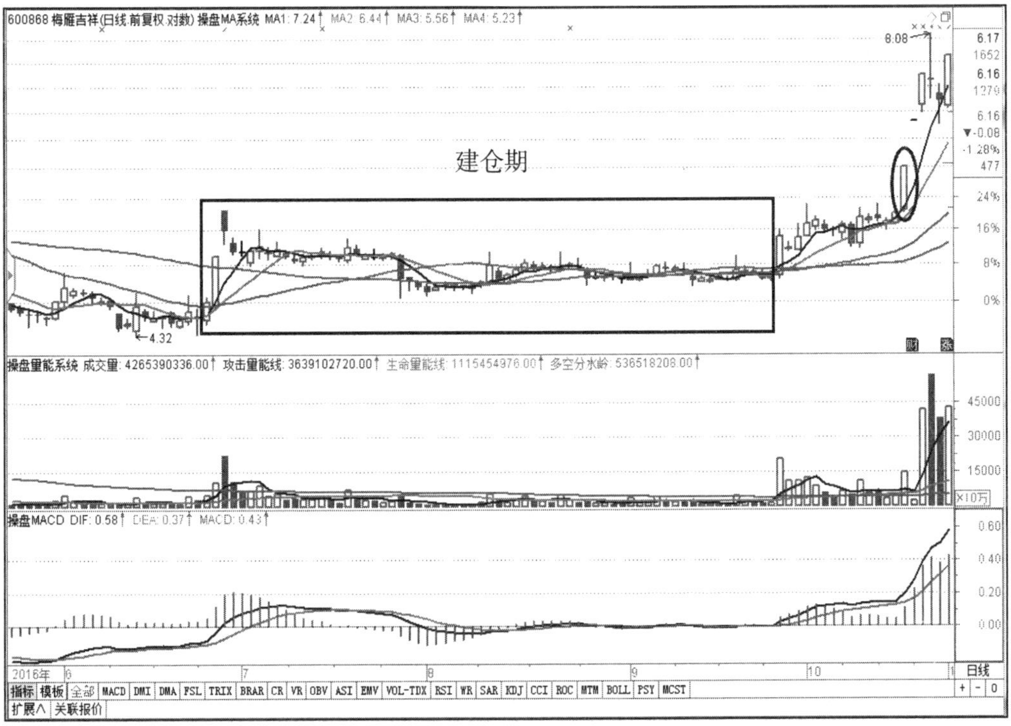

梅雁吉祥（600868）2016年5月~11月日K线走势图

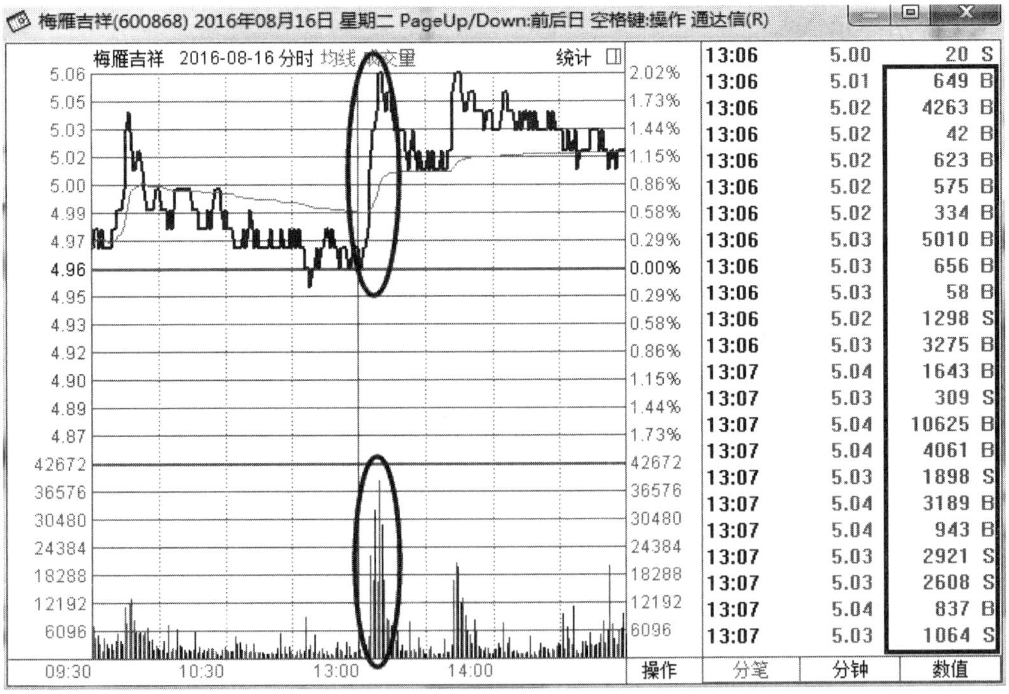

梅雁吉祥（600868）2016年8月16日分时走势图

拉高的走势。你阅读完本书，以后在盯盘的过程中再遇到这种情况，千万不要只是看个热闹，股价涨了心跳一下，股价跌了心扑通一下，就丢了盯盘的意义反而浪费了时间。像上图这种明显的抢筹痕迹，说明主力的实力较强，不怕被散户发现、不怕跟风，所以后期的走势是非常值得期待的。

思考题

1. 思考一下你对位置的理解。位置都有哪种情况？哪些是值得研究的？
2. 主力资金吸筹阶段在什么位置？对应的盘口特征是什么？
3. 主力资金试盘阶段在什么位置？对应的盘口特征是什么？
4. 主力资金拉升阶段在什么位置？对应的盘口特征是什么？
5. 主力资金出货阶段在什么位置？对应的盘口特征是什么？

第七章 除了高开低收之外的重要价格

开盘价代表市场对前一个交易日收市到开盘前所发生的事件和信息的消化能力，最高价代表一天当中多头能量的展现，最低价代表一天当中空头能量的展现，收盘价则代表一天当中多空双方博弈后的结果。此外还有三个隐晦的价格，对交易决策起到更为重要的作用。

第一节　重心价

在第一章中对盘口的重要要素进行了逐一介绍，在盘口的价格走势图中还有一条价格运行的轨迹，它比分时价格走势要平缓得多，在平时交易的过程中投资者习惯称它为均价线，而在专业的投资团队中，称其为重心价。

1. 重心价的计算方式

重心价的计算方式和K线图上的均线不一样，不是由多个价格的平均数计算得来的，而是通过计算对应时刻的总成交额除以成交量得来的。从重心价的计算方式就可以得知，其代表的是当前的平均持仓成本，所以重心价的支撑和压力作用要比其他任何一个价格都重要，它是市场上抛压和主动接盘能力的直接体现。

图示案例

下图是奇正藏药（002287）收盘重心价的计算方法，在分时图中，当游标停在分时图全天最后一分钟上时，左侧游标中的均价48.85元就是本书中所说的重心价，当天涨停板的收盘价为50.45元，两个价格相差较大。在下面奇正藏药的K线图中，游标停在当天K线上时，浮标会显示出当天的成交总额7.56亿和成交总量154842手，两个数据相除即可得到48.85元。

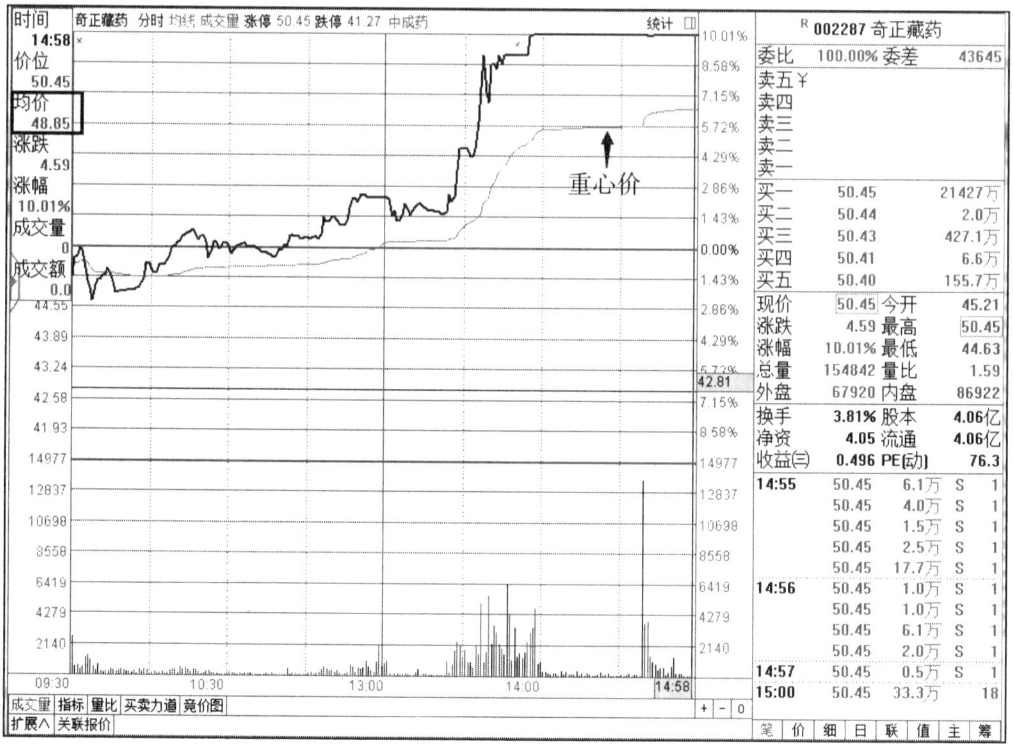

奇正藏药（002287）2016年11月17日分时走势图

从分时图的走势中可以看出，在涨停之前股价大部分时间都在重心价上方，主动买盘人气旺盛，场外资金积极涌入，对股价的上升趋势有着很强的牵引作用。价格的重心整体上移，每次价格的回踩都不会跌破重心价，说明主力盘中做多的意愿也非常强烈，在午盘后快速拔高到涨停。涨停之后没有较大的成交量放出，也就是场内筹码没有大量抛售，就不会再带动重心价拐头向上，会一直维持走平的趋势，直到有成交量放出。投资者可以查看历史涨停板的分时走势图，涨停后没有成交量放出重心价水平像一条直线，但是如果有成交量放出就会带动重心价继续上行。

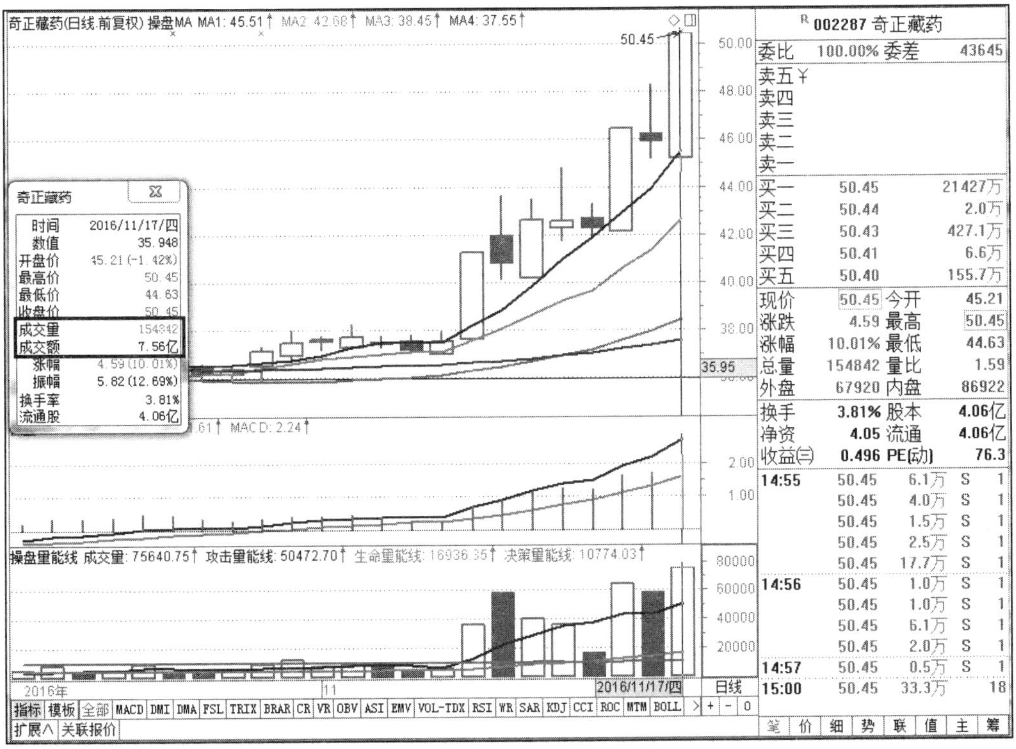

奇正藏药（002287）2016年11月17日K线图

2. 重心的由来

重心是一个物理学概念，在股价的运行中应用“重心价”这个词是非常形象的，因为在股市中资金才是牵引趋势的决定因素，没有资金推动的价格都是虚涨，所以用总成交额摊平后的均价反映了真实投放的资金带动的价格的变化。

我们可以这样来理解重心价的作用，还记得我们小的时候玩的两种玩具吗？一个是不倒翁，一个是平衡鸟。无论我们如何去拨弄不倒翁，它都不会倒，因为它的重心一直在中线的底点，是重心让不倒翁永远不倒下；用一个指头托着平衡鸟的嘴尖，无论我们的手怎么上下摆动它都不会掉下来，因为平衡鸟的重心就在嘴上。所以重心代表一种平衡，当平衡打破会有新的变化，而变化之后又会回到新的平衡。

3. 价格在重心价以上的时间

第一种情况：全天在重心价以上

这是非常强势的多头走势，重心价起到了强支撑作用，股价采用的是短时的被动回调，有的会触及重心价，最强势的股价调整不会触及重心价后就会再次启动。

模式一：全天窄幅震荡上升尾盘拉升

该种模型如果是在低位，很有可能是短庄全天在缓慢吸筹，尾盘快速拉出利润空间，如果是上升趋势中将会面临横盘，如果是阶段性高位则全天的震荡很可能是小单推起大单砸下，主力尾盘拉高制造人气，次日拉高出货后行情结束。

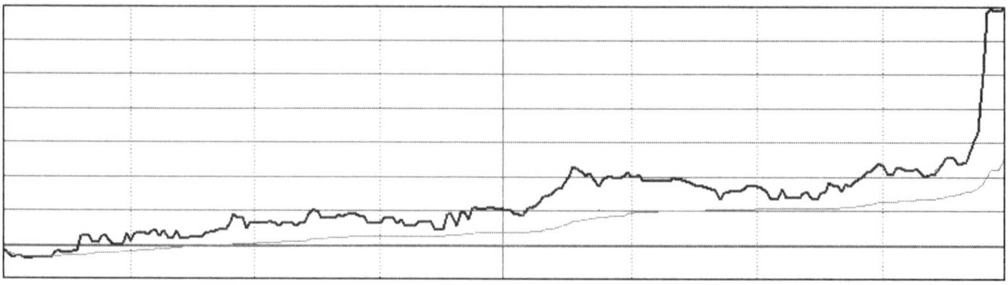

模式二：早盘快速拔高后全天横盘震荡尾盘拉高

该种盘口很可能在拉升的初期，上午主力拉高试盘，随后让股价自由回落，但是因为主力的控盘度较高，主力全天能够将股价的振幅控制在一个非常小的幅度内，且在横盘期间还在不断地拿筹码，待尾盘大盘环境稳定、个股浮筹较少便会采用尾盘拉高的模式。

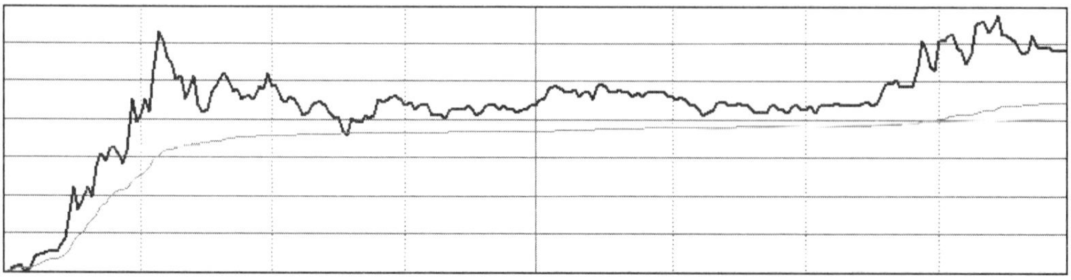

第二种情况：全天超过一半以上的时间在重心价以上

该种情况较第一种情况偏弱，股价会向下跌破重心价，但是跌破的过程并没有放大量，且跌破之后还是在重心价附近横盘，而且在重心价下方震荡的时间不会太长，一旦市场上聚积了一点人气就会将股价拉回重心价上方，短期向下突破不会改变多头的格局。

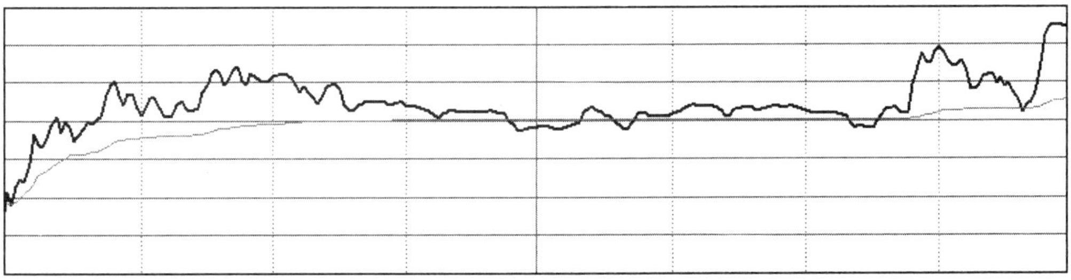

第三种情况：全天围绕重心价上下摆动

模式一：全天在昨收价附近围绕重心价上下摆动

全天的分时走势呈现的是弱势横盘调整状态，日K线上股价开始进入调整，或者仍然处在横盘整理区，暂时没有突破形态线，多空双方的能量逐渐呈现一种均衡和创新选择方向的形态。

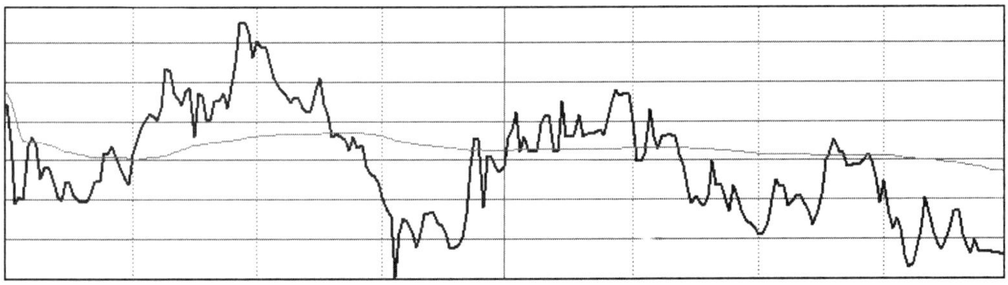

模式二：全天在高位围绕重心价上下摆动

属于上升强势的一种表现，当天中阳甚至大阳的概率较大，能够维持全天高位横盘说明主力的实力不一般，且控盘度较高，只要盘中没有明显的出货迹象，后期依然以看多为主。

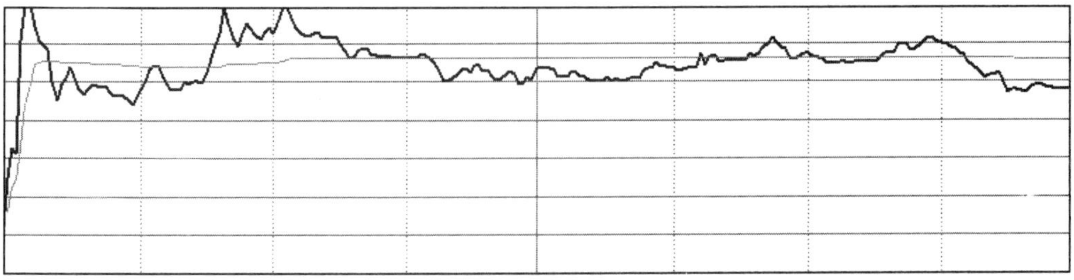

模式三：全天在低位围绕重心价上下摆动

属于走势偏弱的一种表现，当天中阴甚至大阴的概率较大，能够维持全天低位横盘说明人气不足，但是对股价的振幅控制得比较好也可能是主力控盘的一种表现，该走势的真实动因还要结合股价的位置等要素综合判断。但是如果在尾盘一旦向下运行则次日的走势不容乐观。

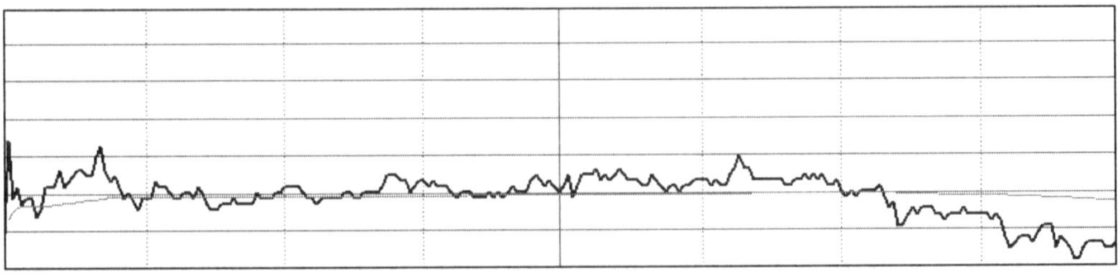

第四种情况：全天超过一半以上的时间在重心价以下

走势偏弱的一种表现，股价长时间在重心价以下，说明全天人气较弱，向上的反弹乏力，不能引起跟风盘的注意，场外资金不愿意进场只是在观望，所以即使回到了重心价的上方也很难走出上升趋势。

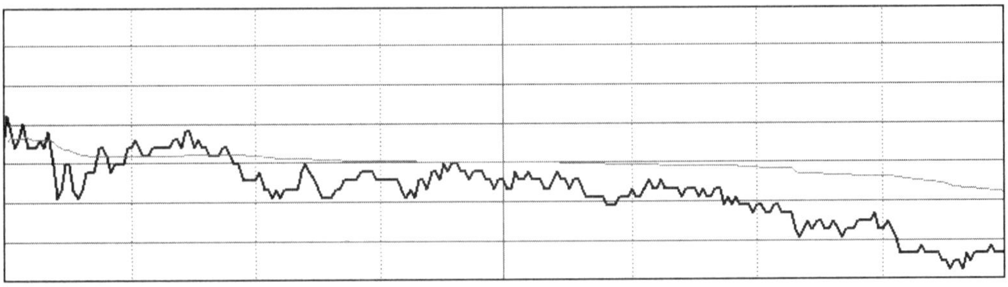

第五种情况：全天在重心价以下

走势最弱的一种表现，每次下跌的幅度较大，原本持股看涨者纷纷转为持股看空者，抛盘不断涌现，接盘资金不敢接盘，所以股价持续下跌，该种盘口走势基本会出现在明显的下跌趋势中。

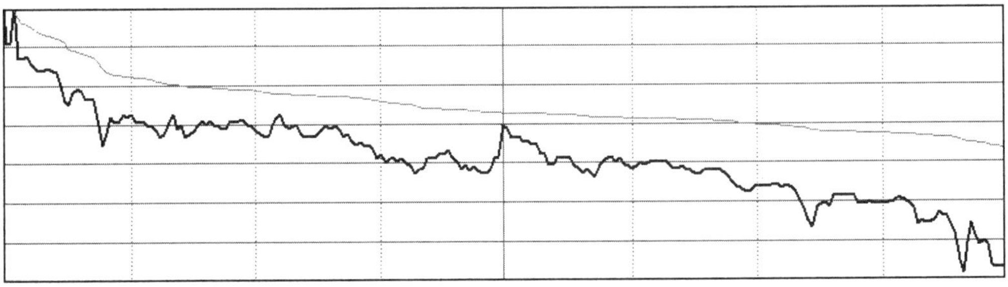

股市寄语

一名优秀的操盘手看日K线就可以大致知道每根K线的分时是如何走的，看分时走势就可以知道当前股价所处的位置。

4. 价格偏离重心价的幅度

第一种情况：股价向上偏移重心价5%以上

这种情况基本发生在涨停板的情况下，涨停的时间不一定，但是涨停后不会再有大的成交量放出，导致在拉升涨停的那个波段股价和重心价产生乖离，由于涨停后成交清淡没有动力牵引重心价继续上升就会导致重心价维持水平的走势。所以该偏离发生在拉升涨停的那个波段，尾盘时该偏离是否被修复是由涨停后是否放量来决定的。

图示案例

如图所示，万里石（002785）拉升后在高位横盘，重心价在早盘的拉升后缓慢上扬，但是在之后的横盘区维持走平状态，下午快速拉升时重心价也快速抬

万里石（002785）2016年11月18日分时走势图

头，但是远不及股价拉升的速度，重心价和股价之间产生了5%以上的乖离。当天走势较强，股价涨停后很少有成交量放出，直到收盘股价和重心价都维持水平走势，保持5%的乖离。

第二种情况：股价向上偏移重心价2%~5%

该种情况以发生在震荡上升一段空间后快速拉升的涨停板，或者尾盘走势比较弱的大阳线居多，股价向上偏离重心价说明当天做多的人气依然较强，场外资金积极进场，主动买入意图强烈。

如果该种情况的涨停板发生在下午，则要求股价的上升一定是震荡上升，最好股价能够上涨到5%以上，缓慢的上涨造成的股价和重心价的偏离较小，拉升涨停板时造成的偏离不会太大；大阳线尾盘会走弱的原因是大阳线前面的拉升会造成一定的乖离，尾盘走弱就会有成交量放出且价格会向重心价靠拢，所以两者产生的乖离不会太大。

图示案例

如图所示，摩登大道（002656）当日的走势属于非常典型的第一种情况，上午拉高后在高位横盘，重心价上扬到5%以上之后展开拉升，且第一次拉升到涨

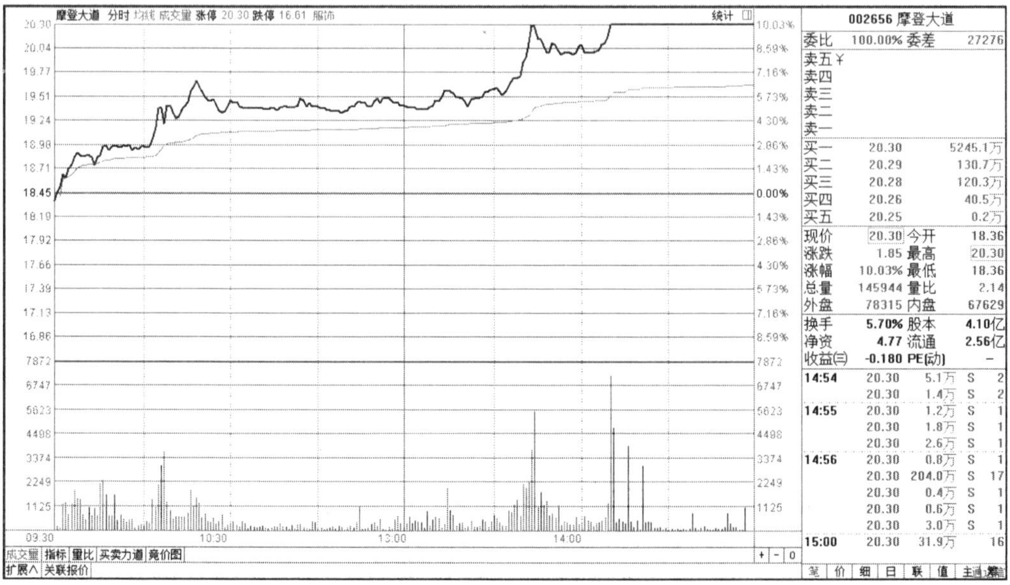

摩登大道（002656）2016年11月18日分时走势图

停板并没有封停，而是有了一个打开震仓洗盘的动作，此时重心价继续抬高，重心价和股价之间的乖离在不断缩小，收盘时的乖离率仅有3%。

第三种情况：股价向上偏移重心价0.5%~2%

这种情况属于股价全天在多方市场进行宽幅震荡，或者至少尾盘的时间段属于多头状态，没有非常强的做多能量，但是属于多头趋势中比较稳健的一种状态。

图示案例

如图所示，光迅科技（002281）全天多头走势清晰，但是每次上涨并不是非常强势的攻击型量峰推动的，所以尾盘的震荡盘跌也并没有出乎意料，对于短线投资者来说，13:35的一波拉升，做多的量峰不强，对于只关注分时的短线投资者来说就是非常重要的卖出点位，然而实战中无论是短线还是波段交易都必须关注股价一段时间的位置，否则很容易踏空。

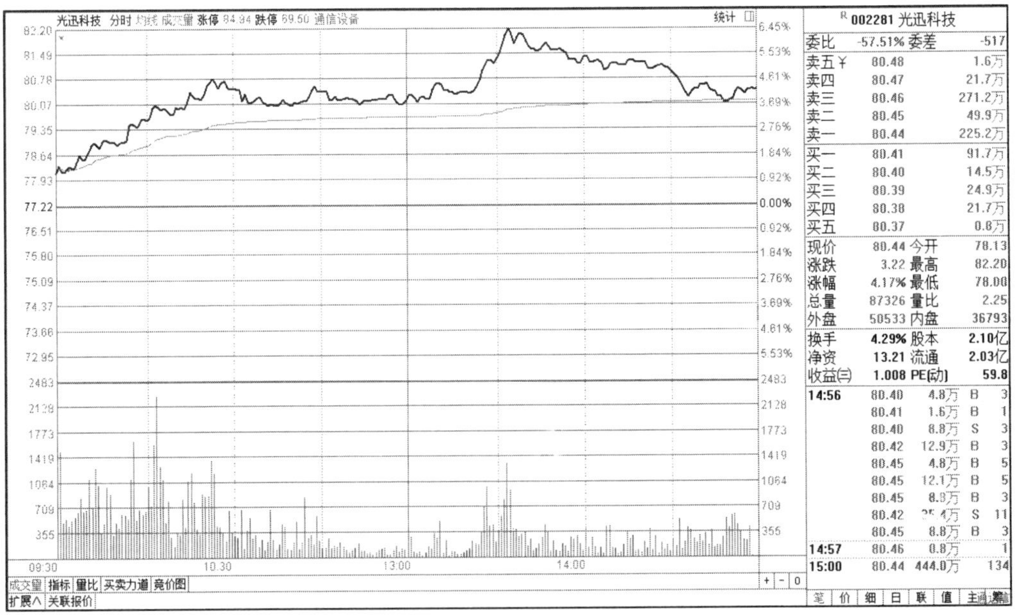

光迅科技（002281）2016年11月18日分时走势图

第四种情况：股价向下偏移重心价0.5%~2%

虽然该情况也可以分为盘口高位向下小幅偏离、昨收价附近向下小幅偏离、下跌低位向下小幅偏离，但是无论哪种情况，都是当天股价走弱的表现。

图示案例

如图所示，申达股份（600626）当天的分时走势属于典型的早盘拉升后高位横盘，重心价在高位走平，尾盘股价出现了震荡下跌并伴随有量能温和放出，价格向下突破重心价，最后以1.2%的乖离收盘。通常这种盘口是主力明显的异动行为，早盘冲击型量峰快速向上推高股价，之后很难看到有强势的做多资金进场，股价震荡下跌，是主力进行试盘的一种征兆。

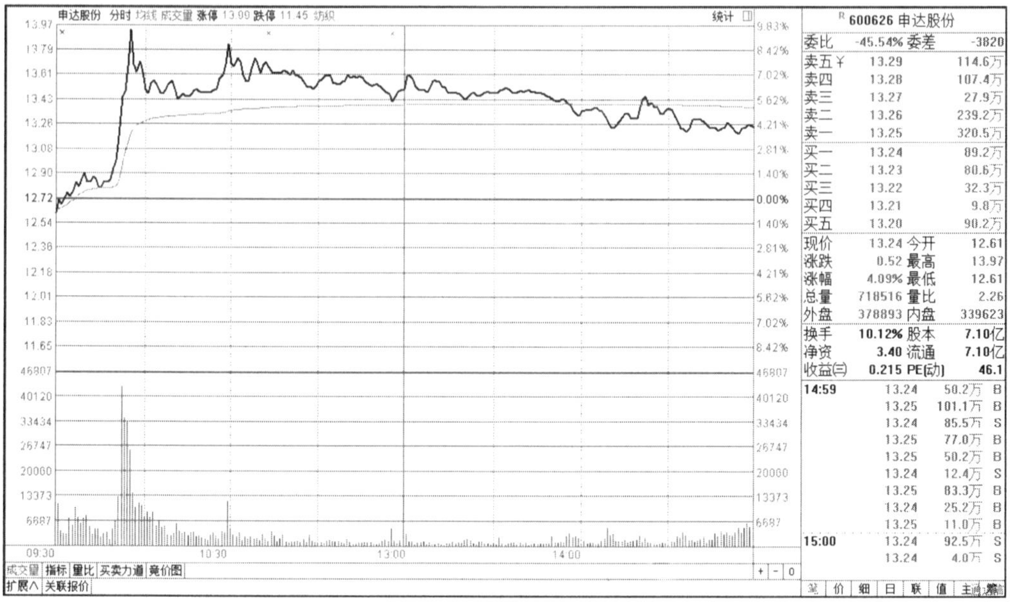

申达股份（600626）2016年11月18日分时走势图

第五种情况：股价向下偏移重心价2%~5%

该种情况属于全天走势偏弱的一种，因为盘中一定出现过快速下跌的过程导致股价和重心价形成了乖离，只是下跌后会出现反弹和回踩，而且下跌动能不是持续强势的，所以股价和重心价会形成小幅乖离。

图示案例

如图所示，神开股份（002278）全天走势偏弱，一直在重心价下方震荡，反弹无力，尾盘时出现了快速杀跌的一个小波段，造成了股价和重心价的乖离。如果尾盘走弱的过程中又出现了明显的放量下跌则说明股价的调整要求强烈，主力减仓的概率较大，短期会维持下跌或者持续震荡的走势。

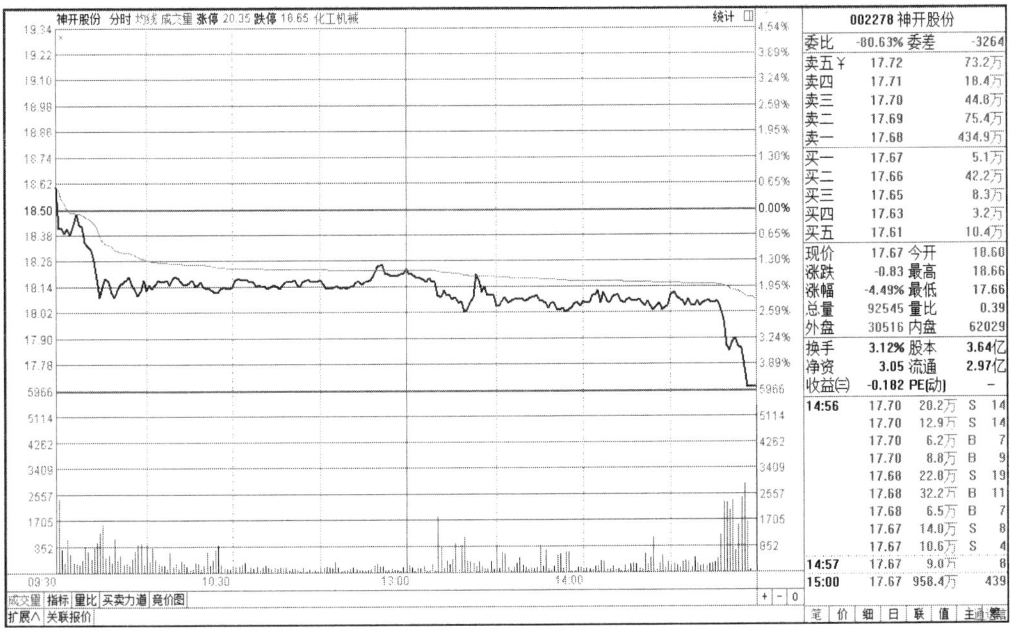

神开股份（002278）2016年11月18日分时走势图

第六种情况：股价向下偏移重心价5%以上

该情况基本会发生在跌停板的走势中，当天可能是受到重大利空消息的影响，盘中出现持续快速杀跌的走势，盘中抛压较重，原来持股看多的人逐渐转变为持股看空，而场外资金敢于进场接盘的胆量就越来越小，导致下跌过程成交清淡直到跌停板。如图所示，华宏科技（002645）股价的快速下跌直接导致了股价和重心价的乖离，10:40之后股价一直趴在跌停板上，重心价也是一样水平运行到收盘，乖离率达到5%。

华宏科技（002645）2015年7月6日分时走势图

5. 重心价和股价的相互作用

就像不倒翁的重心支持不倒翁可以不倒、平衡鸟的重心可以支撑平衡鸟维持平衡一样，股价的重心价在上升趋势中支撑起股价的上涨，在股价的下跌趋势中驱动着股价的下跌。

当股价持续在均价线上方运行时，表明市场预期较好，买盘踊跃，当天介入的大部分投资者都能赚钱，这是盘口强势的特征，但是价格偏离重心价的距离太远就会失衡，股价会朝着重心价回归，不回归则很可能会走出极端趋势；当股价持续在均价线下方运行时，表明市场预期较差，卖盘踊跃，当天介入的大部分投资者都亏钱，这是盘口弱势的特征，但是股价偏离重心价的距离太远也会失衡，价格会朝着重心价回归，不回归则很可能走出极端趋势。

图示案例

如图所示，川金诺（300505）早盘跳空高开后股价持续在重心价上方运行，买盘人气活跃，场外资金积极进场，股价的上扬必定带动重心价的上涨，而重心价的稳步抬高也让股价的上涨更加有力、坚定。最好股价在10:00封住涨停，全天没有打开。实盘中，如果遇到如此流畅的波形且维持在重心价之上回调不破重心价的，是我们准确狙击涨停板最关键的要素之一。

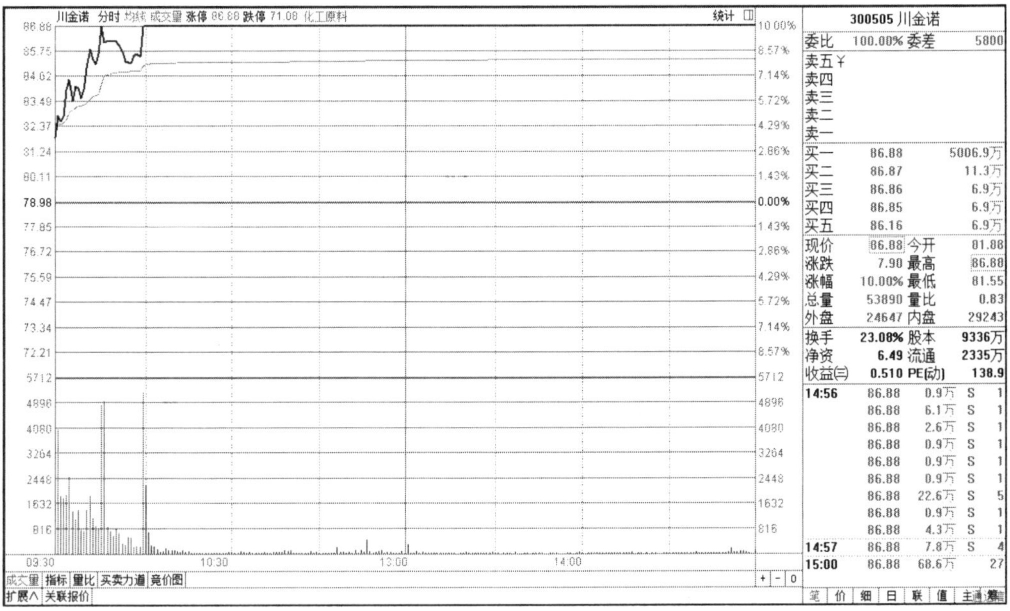

川金诺（300505）2016年11月18日分时走势图

图示案例

如图所示，神开股份（002278）当天早盘小幅高开后股价持续下行，股价一再创当日的新低，每次反弹的力度非常有限，没有持续性买单进场，人气低迷，卖盘抛压严重，股价在低位震荡横盘，经过几次无力的向上反击后继续下行。下跌的过程中股价牵引着重心价向下，但是重心价整体下移也让全天的下跌走势更加明确，尾盘遇到大盘杀跌时再一次顺势下滑。

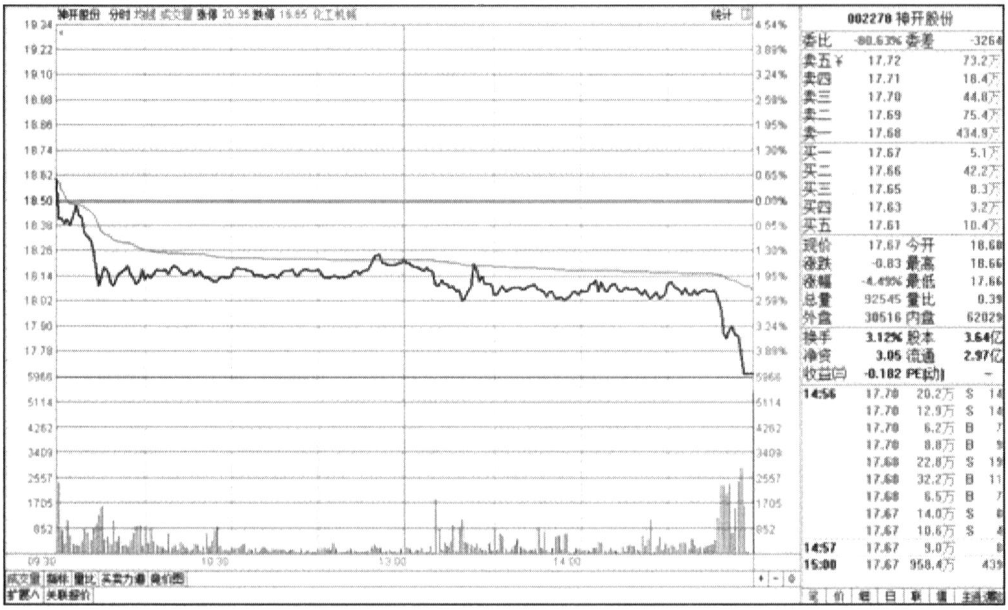

神开股份（002278）2016年11月18日分时走势图

6. 重心价的支撑和压力

当均价线从低位持续上扬时，表明市场预期提高，投资者纷纷入场推进股价上涨，综合持仓成本不断抬高，对股价形成支撑；当均价线从高位持续下挫时，表明市场预期较差，投资者纷纷离场迫使股价下跌，综合持仓成本不断下降，对股价形成压制。

图示案例

如图所示，山东如意（002193）股价一直在重心价上方震荡，虽然有多次向下突破重心价，但是突破的时候都没有放量且在重心价下方的时间较短，重心价起到了非常强的支撑作用，所以股价整体的上涨动能较强。14:10以后开始攻击性冲击波向上推升股价，股价一再偏离重心价，上涨人气逐渐变大，重心价上涨的角度明显跟不上股价上涨的角度，最后涨停。

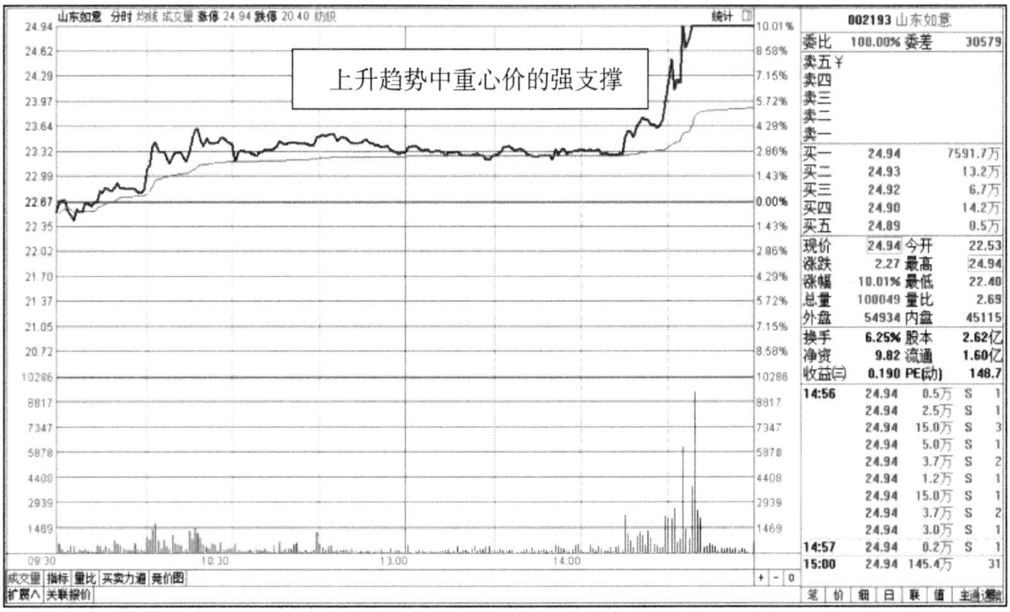

山东如意（002193）2016年11月18日分时走势图

图示案例

如图所示，*ST钱江（000913）大部分时间在重心价以下运行，股价整体的重心不断降低，每次反弹不过重心价，重心价为股价的下跌起到了非常强的压力作用。下午快速向下打压过程中伴有冲击型量峰放出，股价和重心价的乖离逐渐变大最后跌停。股价在触碰到跌停板后有所反弹，有部分成交促成，带动了重心价继续缓慢下行，然而市场颓势已定，最后还是以跌停价收盘，重心价和股价的实际乖离率为1.4%。

*ST钱江（000913）2016年11月18日分时走势图

7. 股价穿越重心价

股市处处都存在着平衡关系，而重心价也是分时盘口中一个均衡关系衡量的标准，每天股价的运行很难持续在重心价上方，或者持续在重心价下方运行，股价的涨涨跌跌也必然伴随着上穿和下穿重心价。

股价上穿重心价：当股价上穿重心价时说明市场上的主动买盘开始增多，持币多方和持股多方增加，股价上扬，此时量越多越有效。

股价下穿重心价：当股价下穿重心价时说明市场上的抛盘开始增多，持股空方和持币空方增加，股价下挫，此时量越多越有效。

图示案例

在横盘震荡行情中，股价会不停地上穿或者下穿重心价，判断每次突破重心价是否有效、在突破后运行时间的长短可以通过穿越时的波形和量峰来识别。如图所示，智光电气（002169）当天早盘上破重心价时是冲击型量峰而不是攻击型量峰，注定了在重心价上方运动的时间不长，除非后期能够放出有效的攻击型量峰。所以在实盘中，一旦股价上冲突破重心价时无量，全天的多头走势不会很强，突破后的高点是一个非常好的卖出点。

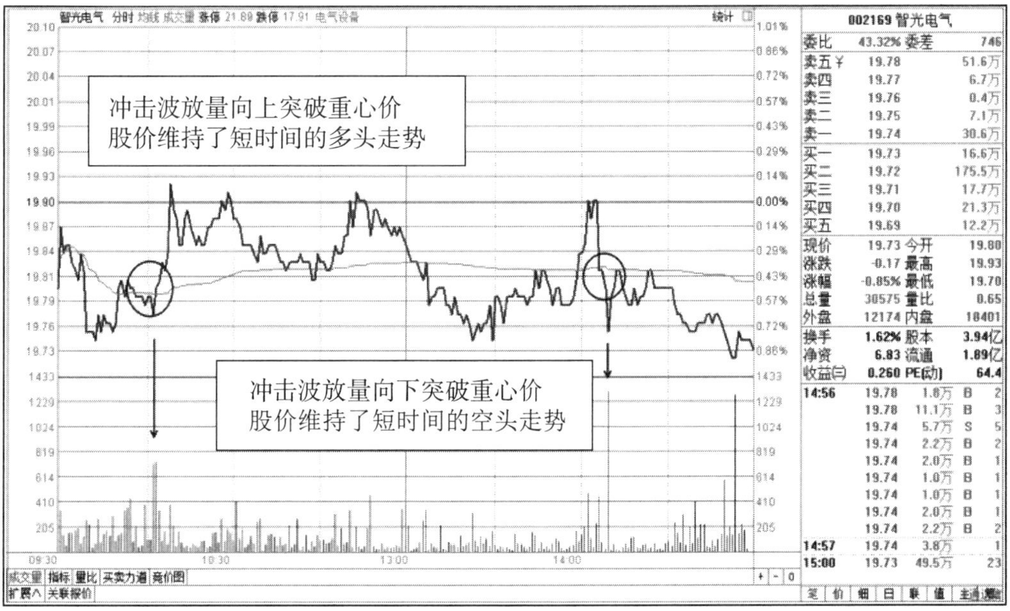
冲击波放量向上突破重心价
股价维持了短时间的多头走势
冲击波放量向下突破重心价
股价维持了短时间的空头走势

智光电气（002169）2016年11月18日分时走势图

8. 重心价的出货信号

重心价是操作短线的一个重要研判工具，它与分时走势交叉错落，如影随形，临盘运用因人而异，特别当一轮极端炒作的主升行情将要结束之时，盘口拉高的股价突然一改强势上攻个性，击穿均价线后大幅回落，此后如果均价线失而复得，则是短线出局信号。

图示案例

在2015年6月份上证指数见顶之前，很多优质的权重股提前见顶，我们的一位学员在操作中国远洋（601919）最后一个疯狂波段的时候，卖出点就是运用重心价的这个重要的交易模型。如图所示，中国远洋在2015年4月10日拉开了它最后疯狂行情的序幕，虽然4月10日当天阳线的涨幅只有6.42%，但是具备所有突破大阳线该有的技术要点，我们的学员就是在这天进场，在4月29日离场，收获了完整的一个波段行情。

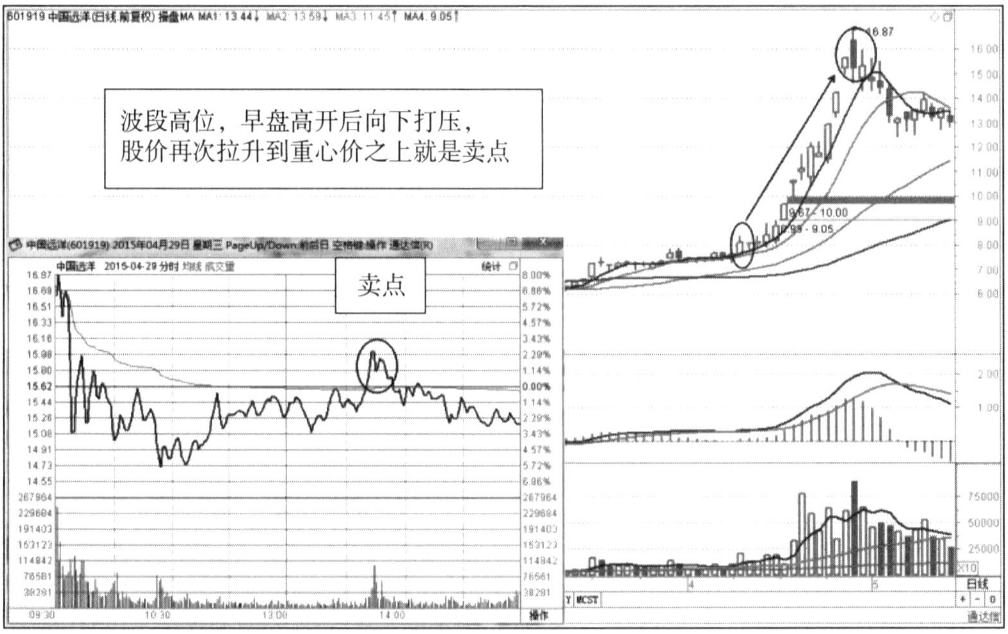
波段高位，早盘高开后向下打压，
股价再次拉升到重心价之上就是卖点
卖点

中国远洋（601919）2015年4月29日K线走势图和分时走势图

第二节　中心价

1. 中心价的计算方式

中心价的计算方式非常简单，即为当天最高价和最低价的中间价，它直接反映了全天股价波动空间上的一个中间值，中心价的计算不考虑时间也不考虑成交量。两根实体下影线一样但是上影线不一样的K线，不同的是其中一根K线股价在盘中经过了一次快速拉升后快速回落的过程，以至于留下了一根长上影线，所以就会导致两根K线的中心价完全不一样。

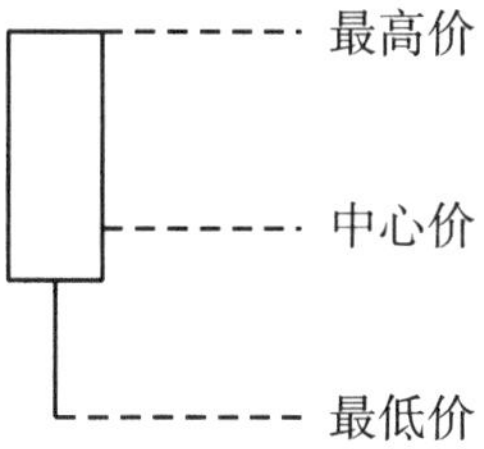
最高价
中心价
最低价

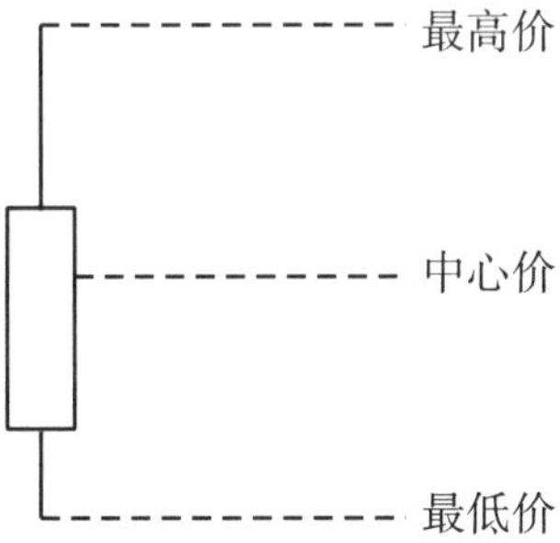
最高价
中心价
最低价

2. 中心价的盘中变化

中心价是由当天的最高点和最低点决定的，所以在盘中只要股价的高点不创新高、低点不创新低，即股价在当时的最高价和最低价之间运行的时候中心价是不会变动的；当股价创新低的时候中心价会下移，只是下移的速度是股价创新低的速度的二分之一；当股价创新高的时候中心价会上移，只是上移的速度是股价创新高的速度的二分之一。

图示案例

下图是青岛双星（000599）2016年11月22日的分时走势，波动最大的为股价分时图，较平缓的实线为重心价，虚线为中心价。在全天的走势中，中心价是由当天的最高价和最低价决定，所以当股价创新高或者创新低的时候中心价会发生变化，在维持横盘整理的时候中心价就会维持走平的状态。从图中可以发现3个价格中股价的波动最大，其次是重心价，最后是中心价。

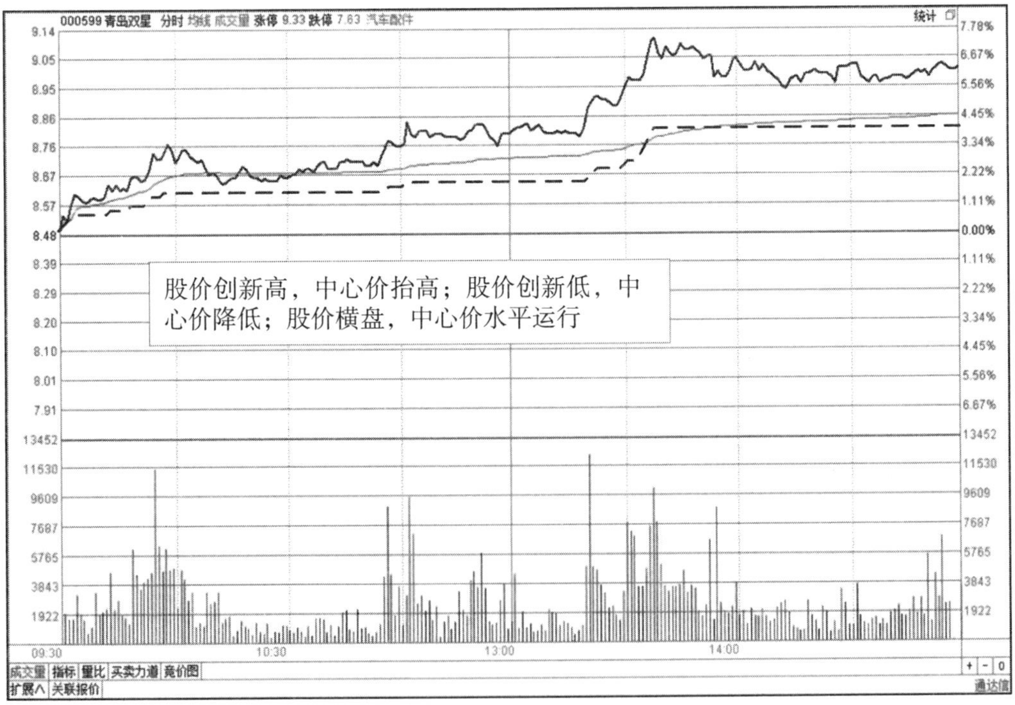

青岛双星（000599）2016年11月22日分时走势图

3. 中心价和重心价的不同

在上文青岛双星的图示案例中可以清晰地看出重心价和中心价的不同之处，前者引入了资金的要素，而后者没有考虑资金的要素，虽然在实战中两个价格相差的幅度不会太大，但是却有着截然不同的含义。不考虑量能的中心价单纯地反映了趋势的运行是否健康，考虑了量能的重心价反映了趋势运行中是否得到了资金的有效支持，但是极端的涨停板和跌停板除外。

在上升趋势中中心价是不断抬高的，尤其是在趋势的转折点，最高价、最低价和中心价的位置将会直接给予趋势将要停滞甚至是转势的信号。

价格的变化都由点到面，再由面到点的，分时图的分析原理一样可以用在K线图上，如果股价处于震荡期间，则在日K线上以近期形态为分析要素时中心价不会变化，但是一旦某天的价格创了近期形态的新低区域中心价也会降低，一旦某天的价格创了近期形态的新高区域中心价也会抬高。

图示案例

下图是将柏堡龙（002776）3个月的日K线走势上的中心价连成了一条曲线，从图中不难看出该价格的连线和均价线的作用非常像，起到了非常清晰的趋势识

柏堡龙（002776）2016年8月~11月日K线走势图

别的作用。只是中心价的连线没有通过多日平滑的方式进行平均，所以较均线比起来不会非常流畅。

4. 中心价和收盘价的乖离

中心价是受到最高价和最低价影响的，收盘价对其影响的作用并不大，所以收盘价和中心价的关系也不是太大，临盘时两者必然会发生差异，而两者的差异却是最具有研究价值的。

①中心价在实体中间的阳线

对于没有上下影线的光头光脚阳线来说，中心价就是阳线实体的中点，如果该阳线的上下影线的长度差不多则中心价也是实体的中点。光头光脚的阳线说明当天做多动能很强，没有遇到空方的打压，在上下影线不是太长的前提下仍然是一种多方比较强劲的表现，但是如果上下影线较实体的长度太长，则说明当天遭到空方打压得较为强烈，所以该阳线做多动能的强度会大打折扣。

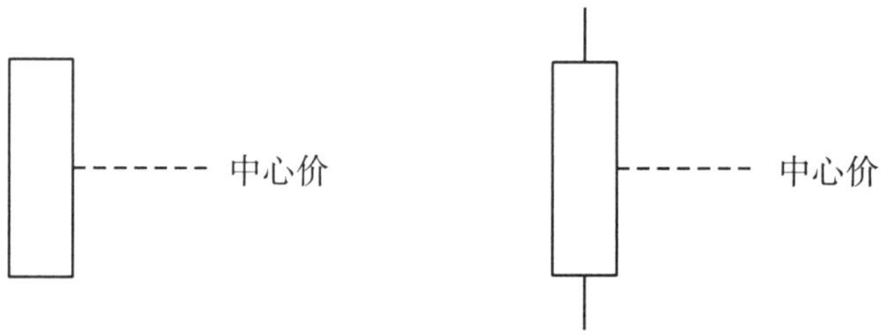

图示案例

光头光脚的涨停板大阳线，没有长上影线也没有长下影线，走势全天没有被打压的痕迹，说明了强大的做多动能，通常主力已经完成了充分的建仓和控盘，即将展开强势的快速拉升。分时盘口非常重要，会给我们很多主力盘中运作股价的痕迹，但是这个前提是要明确当前股价所在的位置，否则对分时走势的研究意义就会小很多。

如下图所示，华东医药（000963）的走势和万马股份（002276）差异较大，当天收了一根小阳线，但是该小阳线的上下影线的长度是实体高度的2倍以上，盘中多空双方的搏杀非常激烈，如果当天股价处于高位无疑是一种危险信号，如果处于低位则需要进一步观察。

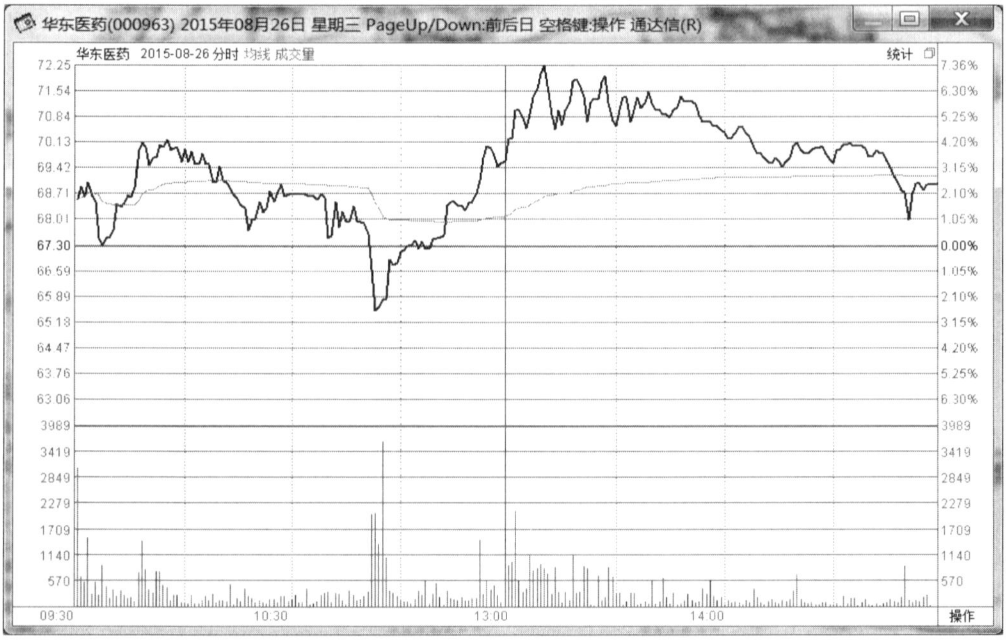

华东医药（000963）2015年8月26日分时走势图

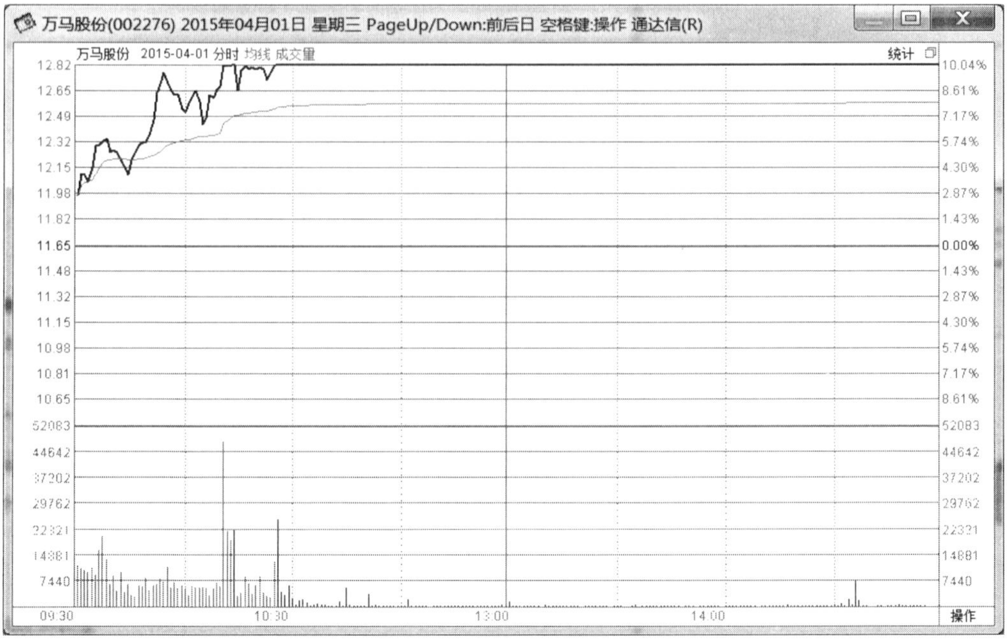

万马股份（002276）2015年4月1日分时走势图

②中心价在实体中间的阴线

该种情况和上面所讲的阳线情况刚好是反过来的，对于没有上下影线的光头光脚阴线来说，中心价就是阴线实体的中点，如果该阴线的上下影线的长度差不多则中心价也是实体的中点。光头光脚的阴线说明当天做空动能很强，没有遇到多方的阻截，在上下影线不是太长的前提下仍然是一种空方比较强劲的表现，但是如果上下影线较实体的长度太长，则说明当天遭到多方反击得较为强烈，所以该阴线做空动能的强度会大打折扣。

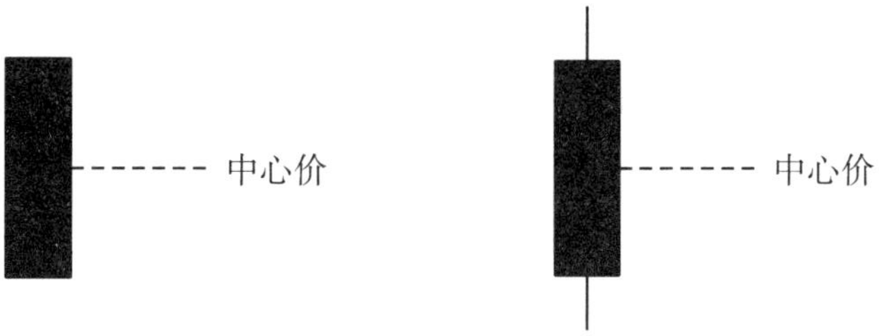

图示案例

如图所示，华东医药（000963）当天低开后全天震荡下跌，收了一根光头光脚的大阴线，场外看空观望，场内积极抛售，尤其尾盘放量杀跌，形成了空头的量堆。实盘过程中，遇到这样的盘口一定要学会远离这种票，尽量不要去想着抄底。

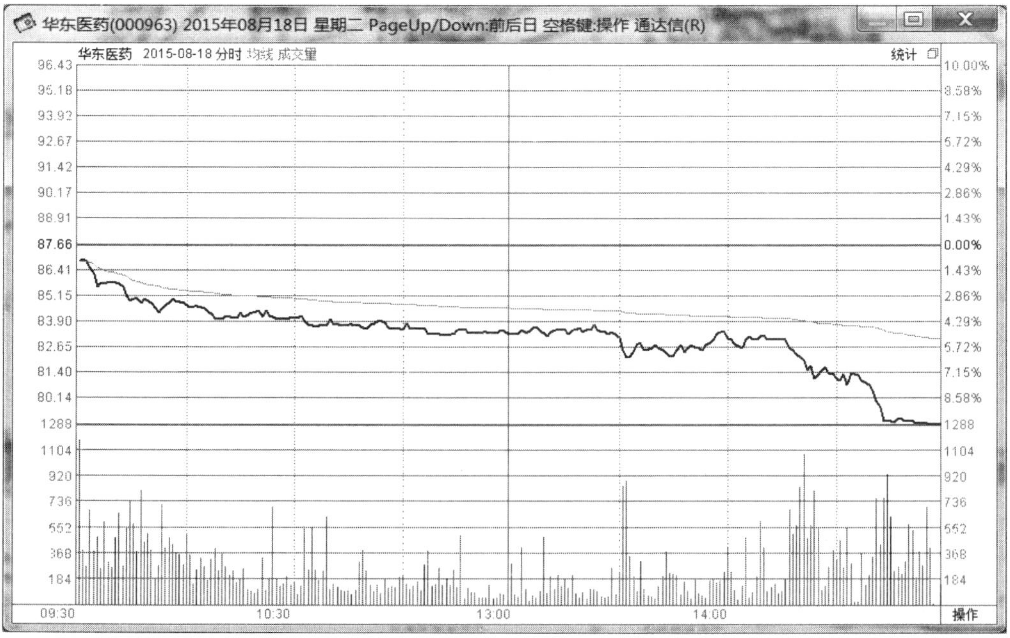

华东医药（000963）2015年8月18日分时走势图

赢合科技（300457）当天的走势为早盘拉高后全天震荡下跌，尾盘出现了短时的反抗，全天收了一根带有较长上下影线的小阴线，市场的人气和跟风的氛围不够强烈，场内的筹码、场外的资金很难达成一致的行为模式，主力的控盘度不够，不是我们要狙击的目标。

赢合科技（300457）2016年6月21日分时走势图

③盘中中心价上移的阳线

在上文对于中心价和当天盘中多空双方的博弈思维做了详尽的介绍，就不难理解上下影线对中心价位置的影响了。当天股价的低点形成后，股价会持续上移，开始是一根有下影线的阴线，当阴线的实体缩短到足够小之后股价开始不断创出当天的新高，K线由原来的小阴线变成了小阳线。在股价不断创新高的过程中中心价也开始逐渐上移，而往往在这个微小的变化过程中，市场上的多空能量却发生了重要的变化。

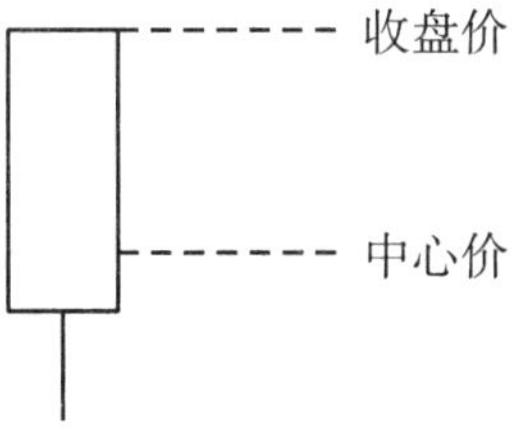

图示案例

如图所示，哈尔斯（002615）当天的走势是对中心价上移的阳线非常好的诠释。该股早盘低开后又快速向下砸盘，直到跌停板，前期“死扛”的筹码受不住亏损变大的煎熬没有办法开始斩仓，场外资金也吝啬于进场，所以抛盘纷纷涌出。一个多小时的跌停板后股价开始回升，前期急于跑出的筹码终于松了一口气，因为终于摆脱了第二天可能会继续下跌的风险。然而股价并没有像预期一样走弱，而是快速拉升，不断创新高，最后来了一个从跌停板到涨停板的逆袭。

在股市中唯有变化是不变的，投资的过程中一定要做有心人，关注到每个细节的变化，洞悉到每个微小变化背后的深意，才是在这条路上走得长远的王道。

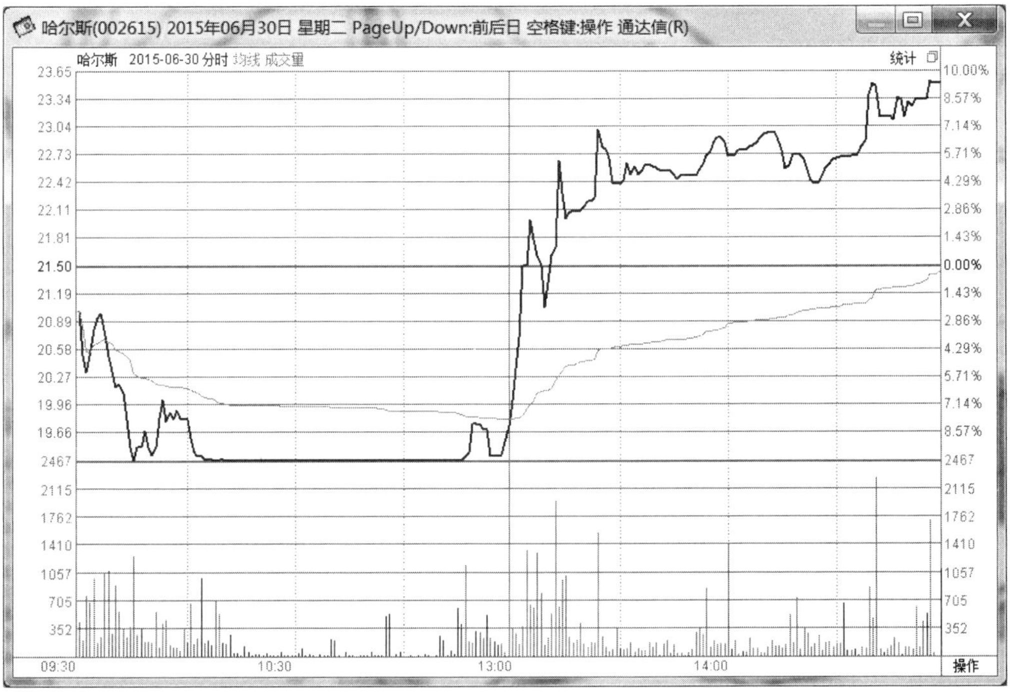

哈尔斯（002615）2015年6月30日分时走势图

④盘中收盘价下移的阳线

这是一种非常具有诱多嫌疑的K线，早盘股价持续上升，接连创出当天的新高，多头氛围浓烈，但是股价并没有涨停，或者触碰涨停板后就开始下滑，虽然股价回落得比较深，但是并没有跌破当天的开盘价，没有形成下影线。高点形成后的下移当天的最高价和最低价并没有发生变化，所以中心价维持不变，只是当天的股价从最高点开始滑落，滑落的深度超过了之前上涨空间的一半。

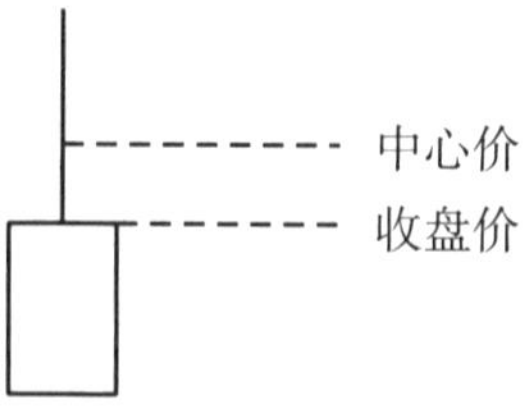

图示案例

在不同的位置上都有可能出现这样的K线，所以要结合股价的位置状态进行综合分析当天走势的多空能量变化。如图所示，大连友谊（000679）早盘快速拉高制造出强烈上涨的人气后股价瞬间拐头震荡向下，之后震荡下跌横盘震荡，如果在高位这是一种非常高明的出货手法，如果在主升浪的启动初期又是很好的异动信号，说明主力在测试上方筹码的稳定程度。

大连友谊（000679）2015年12月18日分时走势图

⑤盘中收盘价上移的阴线

该情况出现时，盘中出现过不断向下打压创新低，中心价不断下移，但是当股价不再下跌反而开始反弹后，中心价就停止不动，股价反弹的力度不够强，很难杀过开盘价，所以当天只能收成一根阴线，该K线出现后次日的走势一般较弱。

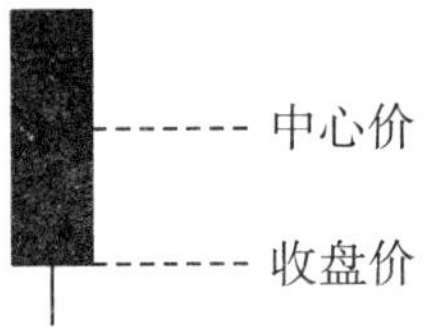

图示案例

如图所示，哈尔斯（002615）盘中股价一再创新低，尤其在午盘休市后不久展开了快速拉升，拉回的高度远超过前下跌波段的50%以上，之后以横盘震荡为主。所以看到一根带有长下影线的阴线时，我们会很容易联想到分时盘口中出现过一波杀跌后多方反击，但是多方不够强大，只是夺回了一半的阵地而已。

哈尔斯（002615）2016年6月24日分时走势图

⑥盘中中心价下移的阴线

开盘后股价一路上行，但是可能是因为整体环境不好或者盘中突然出现一些利空消息的原因，导致股价一路下行，本来随股价向上运行的中心价当股价拐头后的一段时间内不再移动，直到当天的股价跌破了早盘的开盘价，中心价开始下移，股价不断创新低最后收在了全天最低位，中心价也不断下跌收在了当天中心价的最低位。

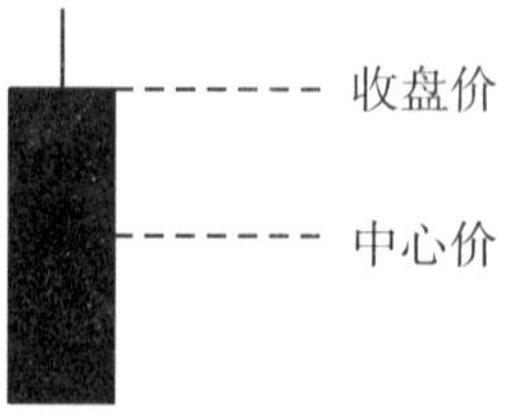

图示案例

如图所示，田中精机（300461）的走势和上文对中心价下移的阴线的描述基本一致，集合竞价放量后人气很难聚积，股价上冲无量，之后在全天震荡下跌的过程中量能呈逐渐萎缩的状态，人气不足、资金不进场，是不能推动股价上涨的。

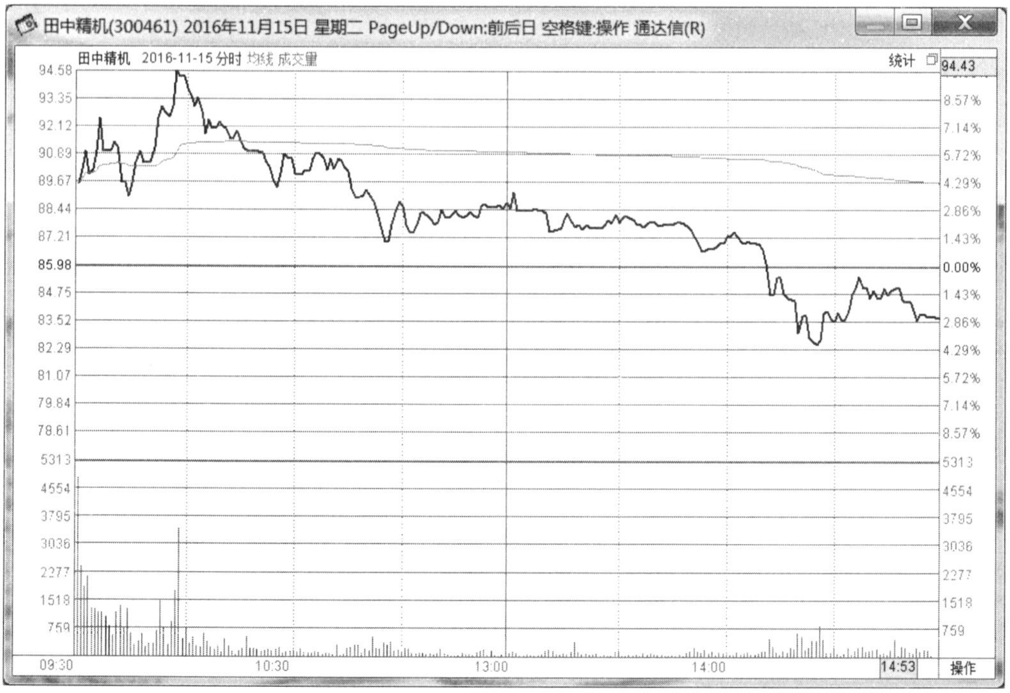

田中精机（300461）2016年11月15日分时走势图

5. 不同K线中心价的变化

本部分的内容分析的是两根K线中心点的变化，进而对多空双方能量的转换进行确认。将前一根K线的最高价和最低价之间的距离分为三等分，无论阴阳都将K线的三等分定义为上三分之一、中三分之一和下三分之一，下一根K线的中心价在三种位置的哪一种情况分别进行研究。

①中心价在前一根阳K线上三分之一

前一根为阳线尤其是大阳线的情况下，说明前一日多头占据了优势，当日K线无论阴阳只要中心价能够维持在前一根阳线的上三分之一区域，就说明多头能量得以维持，短期风险不大。

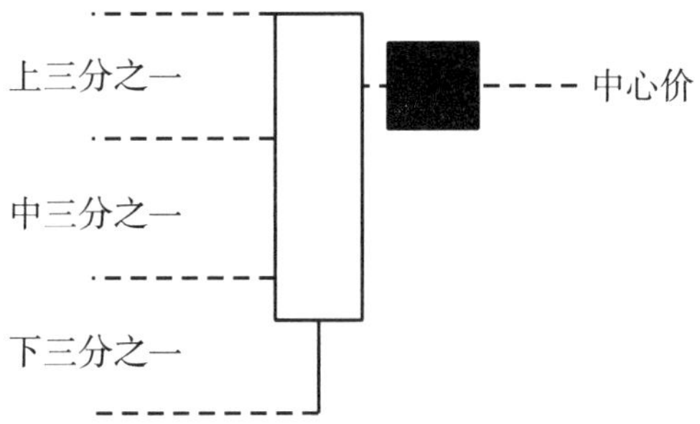

图示案例

如图所示，宁波东力（002164）的这段走势非常形象地说明了K线中心价的位置对趋势的影响作用，下图中有两根标志性阳线，每一根标志性阳线出现后都会出现弱势K线，且弱势K线的横盘都在标志性K线的上三分之一，是一种做多动能得以延续的表现，也是上升趋势形成的必要条件。

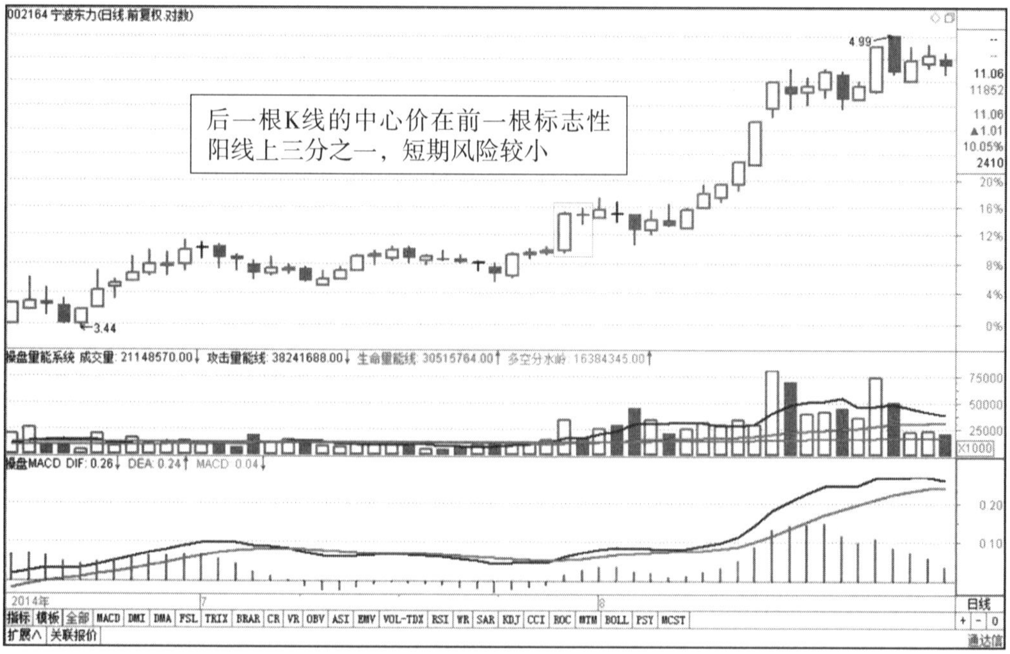

宁波东力（002164）2014年6月~8月日K线走势图

②中心价在前一根阳K线中三分之一

如果当日K线的中心价所在的位置已经到了前一根阳线的中间位置，则说明多头的力量已经减弱，多头的攻势很难得以继续维持，市场要进入调整状态。此时不宜过早地急着进场，只有在多空双方做出了明确的趋势选择之后才能够做出交易决策。

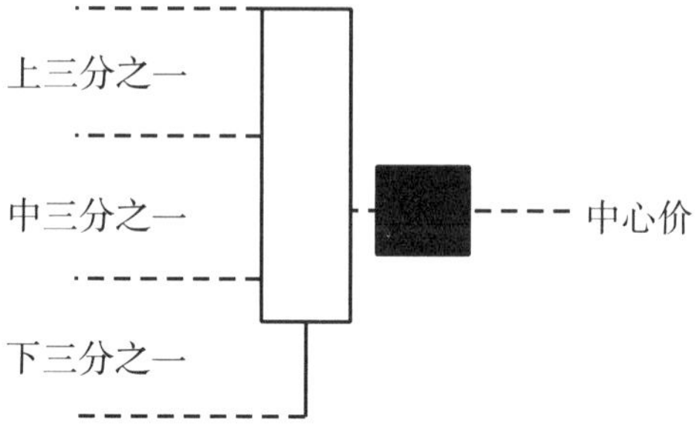

图示案例

如图所示，长城电脑（000066）连续4根大阳线的上涨已经走出了波段的利润空间，在波段高位或者前期没有经过充分洗盘后连续上涨出现的涨停板一定要谨慎，很可能是主力在涨停板出货，所以该处出现的K线非常具有研究价值。次日高开低走大阴线的二分之一进入了前一个交易日跳空高开高走阳线的中部三分之一位置，前期强烈的做多动能遭到了阻截，后期以调整为主。

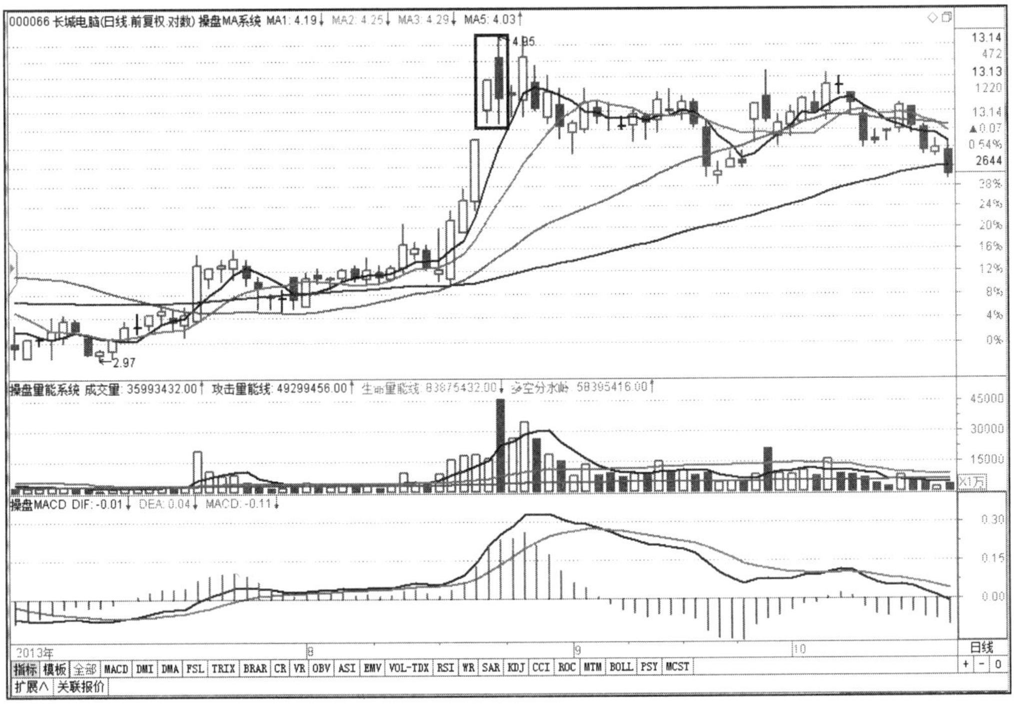

长城电脑（000066）2013年7月~10月日K线走势图

③中心价在前一根阳K线下三分之一

有了前面两种情况的基础，中心价在前一根阳线下部三分之一的情况意味着什么就清晰可见了：前一日的上涨为诱多行情，趋势即将发生反转。

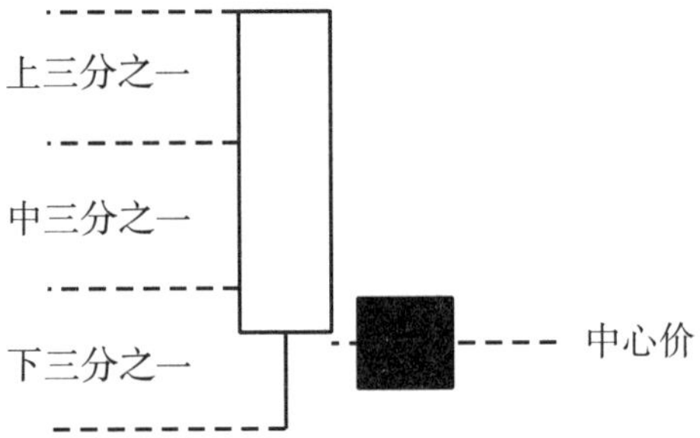

图示案例

如图所示，华峰超纤（300180）标志性长上影线阳线后，出现了一根中阴线，中阴线的中心已经完全脱离了前阳线，已经远离了前阳线的下三分之一，市场由多方的阵地转变为空方的阵地。在长上影线当天说明多方的上攻已经遭到了空方强有力的阻截，多空双方的争夺开始激烈，市场可能即将走出逆转的行情。

华峰超纤（300180）2015年9月~2016年1月日K线走势图

④中心价在前一根阴K线上三分之一

前一日大阴线做空的动能没有得以延续，当日无论阴阳，股价整体都是上涨的，前一日的阴线很可能是诱空行为，在超跌的底部、主力明确开始投放资金进行吸筹建仓的当日或者突破阶段性平台时都可能走出这样的形态，还有一种最经典的也是投资者不敢参与的就是上升趋势中大阴线洗盘后出现的形态。

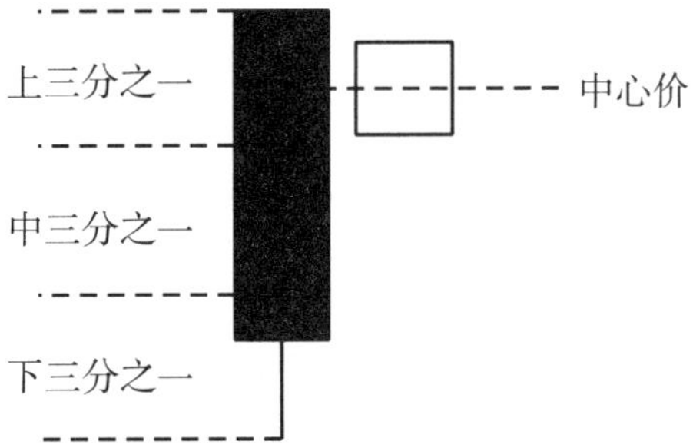

图示案例

下图是非常标准的突破阶段性平台之前出现了一根诱空的中阴线，次日以涨停板吞没了前一天的阴线，并且构成了平台突破。在《趋势为王》中有明确的解释，该位置为30分钟行情上的主升段，也是我们进行波段操作的最好进场点之一。

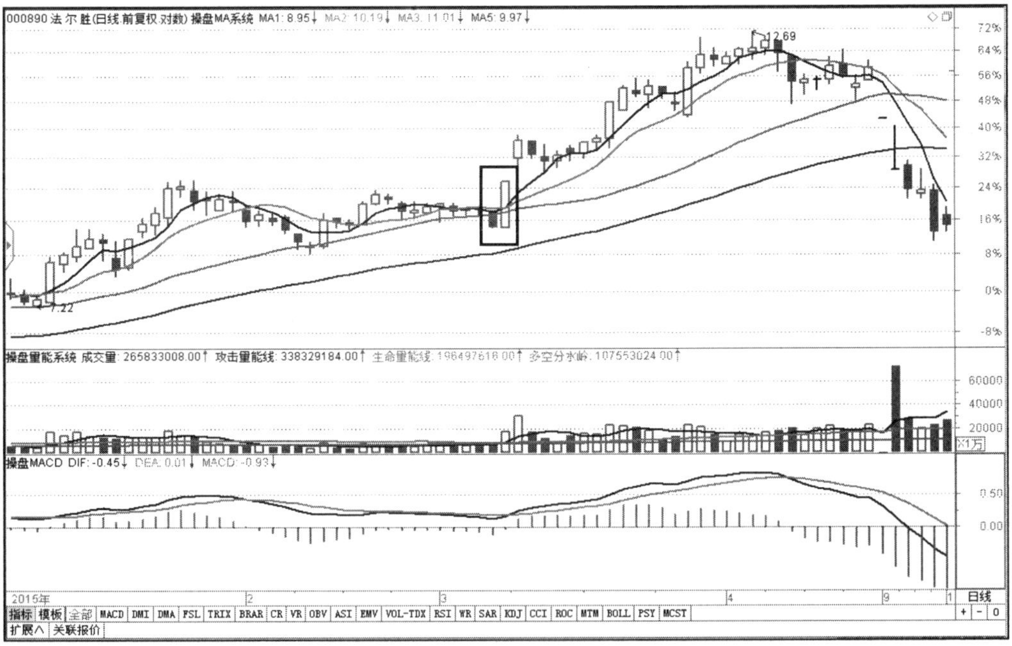

法尔胜（000890）2015年1月~9月日K线走势图

⑤中心价在前一根阴K线中三分之一

这种情况发生时，说明在大阴线之后多头有过强烈的反抗，但是反抗的结果并不是太理想，多空双方最多打个平手，原本空方的阵地对多头的压制还是比较严重，所以后期的一段时间内还是会陷在多空双方的胶着中，很难走出非常明显的趋势性行情。

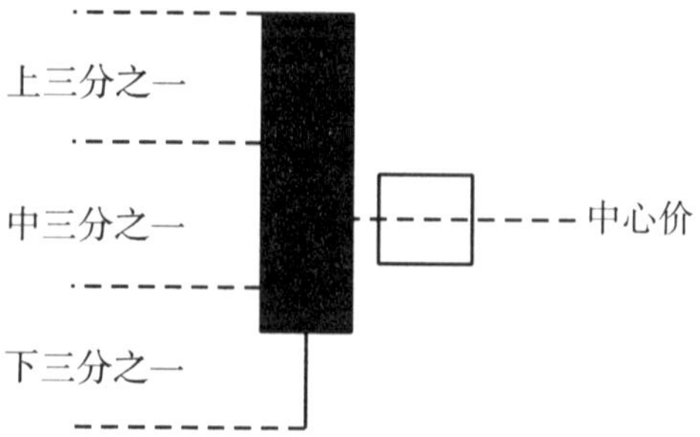

图示案例

下图中在趋势的阶段性高位出现了一根小阴线，这是个非常明显的滞涨的信号。次日小阳线的中心价只是在前阴线的中间位置，原来的上升趋势开始钝化，即将走入无明显趋势的横盘整理中。在实际分析过程中，要结合趋势、位置、形态、多根K线中心价的位置关系才能判断趋势的延续与转折。

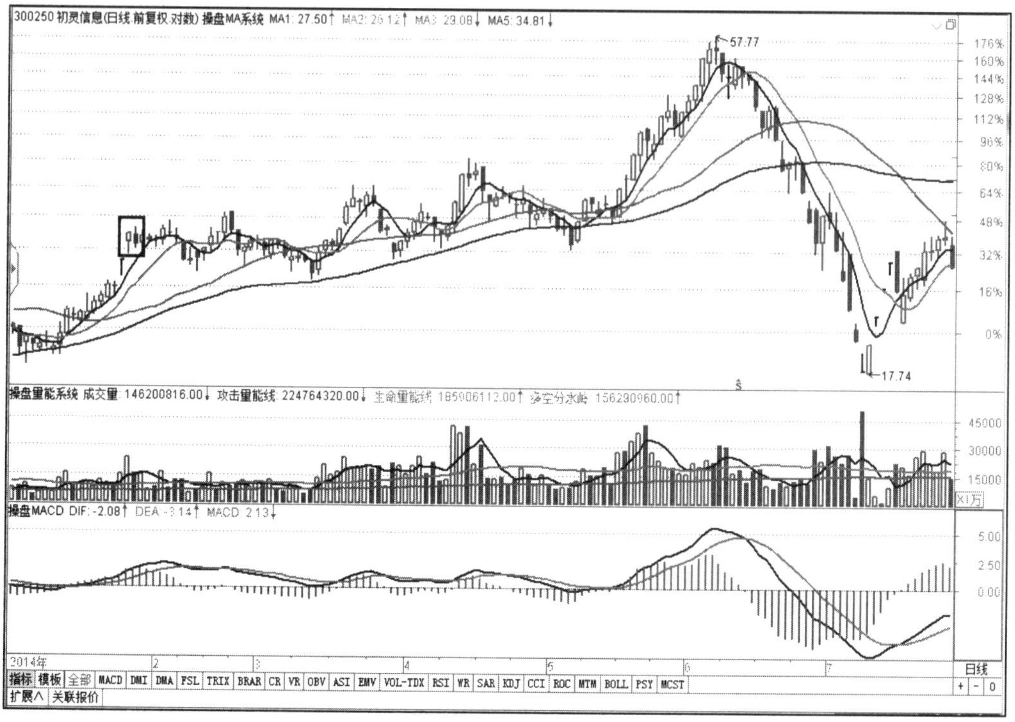

初灵信息（300250）2014年1月~7月日K线走势图

⑥中心价在前一根阴K线下三分之一

在阴线后方出现的K线，无论阴阳只要该K线的中心价在前阴线的下三分之一就说明做空动能还在持续，市场没有转势的迹象，空仓为主，切记下跌趋势中不要抄底、不要加仓，一定要在新的上升趋势确认之后才可以进行操作。

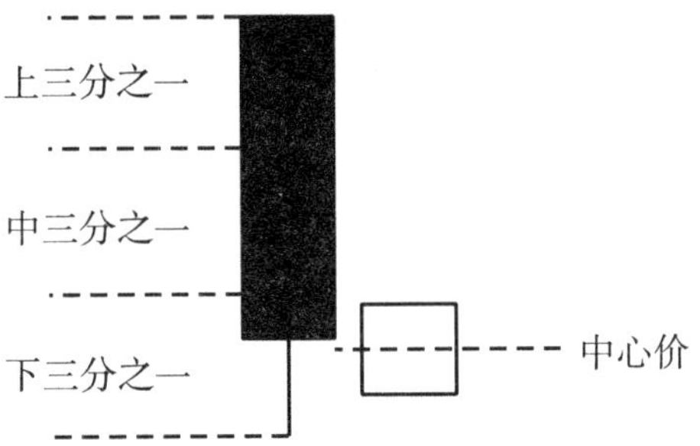

图示案例

在下图三江购物（601116）的整段上升趋势见顶、反转、下跌趋势形成的过程中，中心价在前一根阴线下三分之一的特点非常明显。股价前期处于缓慢爬升

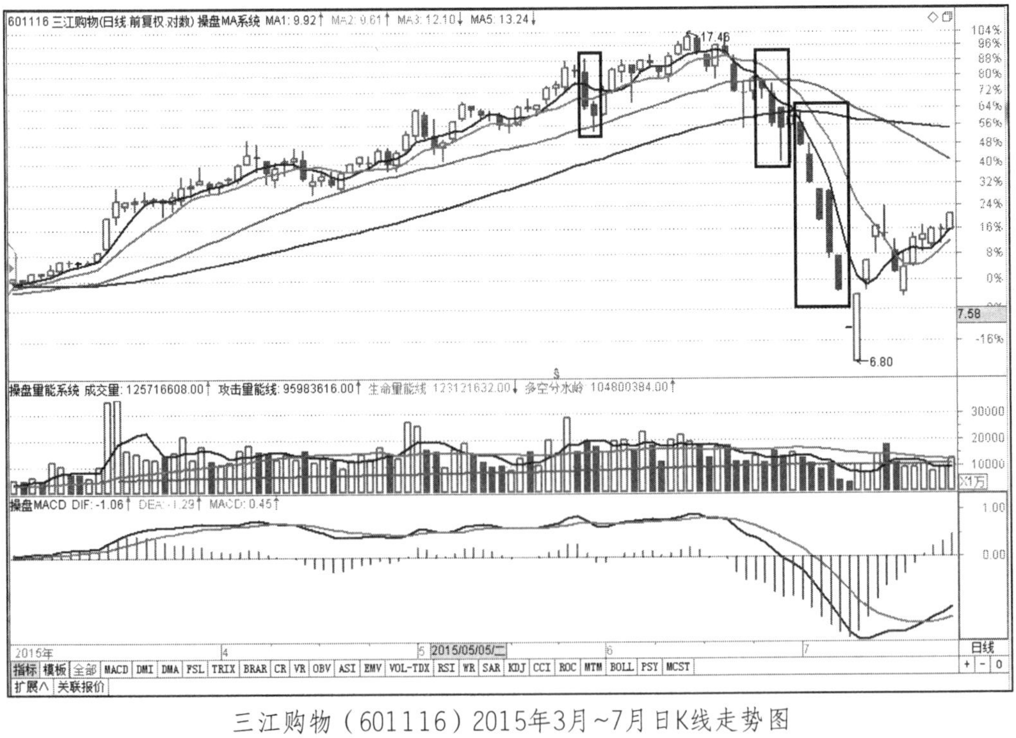

三江购物（601116）2015年3月~7月日K线走势图

的上升趋势，在趋势的高位阴线的实体开始变大，且阴线之后都很难出现快速修复前阴线的强势K线，而是以缓慢上涨的弱势K线逐渐吃掉前高点，是一种典型的上升趋势末期，空头力量在加强、多头力量在减弱的表现。

趋势见顶形成反向破位之后的下跌结构中，每次出现阴线后的下跌动能均能够得到维持，即后一根K线的中心价逐渐在下移，走出了5178大顶之后的超跌行情。

特别提示

在上升趋势末期，研究阴线后K线的中心价所在的区间更有价值；在下跌趋势末期，研究阳线后K线的中心价所在的区间更有价值。

第三节　昨收价

一般来说，昨天收盘价是今天盘口多空力量的分水岭，如果开盘后半小时内均价线在昨天收盘价上方持续上扬，那么，该股属极强势且当天收出中长阳线的概率较大；开盘后半小时内均价线在昨天收盘价下方持续创新低，该股属极弱势且当天收出中长阴线的概率较大。所以昨收价和重心价、中心价一起构成了评价当天多空能量强弱的非常重要的三个标准。

1. 昨收价的标杆作用

收盘价都是主力做出来的！这句话在《买在起涨》一书中有详细介绍，主力不会太介意当天盘中多空是如何战斗的，但是它必须关注当天战斗的结果，如果一个主力不能对其操作的股票每天的收盘价了如指掌，那么就说明筹码集中度不够，市场浮筹太多，不具备好的拉升时机。

昨收价的标杆作用一方面体现在主力后期运作股价的标尺作用，另一方面则是次日或者次几日的支撑和压力作用。

图示案例

从日K线图上看，惠博普（002554）在2015年10月8日后走出了一波吸筹式的上升行情，该上升行情在回踩9.67后才逐渐企稳的。惠博普2015年10月8日早盘强势高开后在高位横盘震荡，形成了小级别的成交密集区，全天成交均价在9.50左右，收盘价为9.52，所以该价格对后期股价的上涨会起到重要的支撑作用。

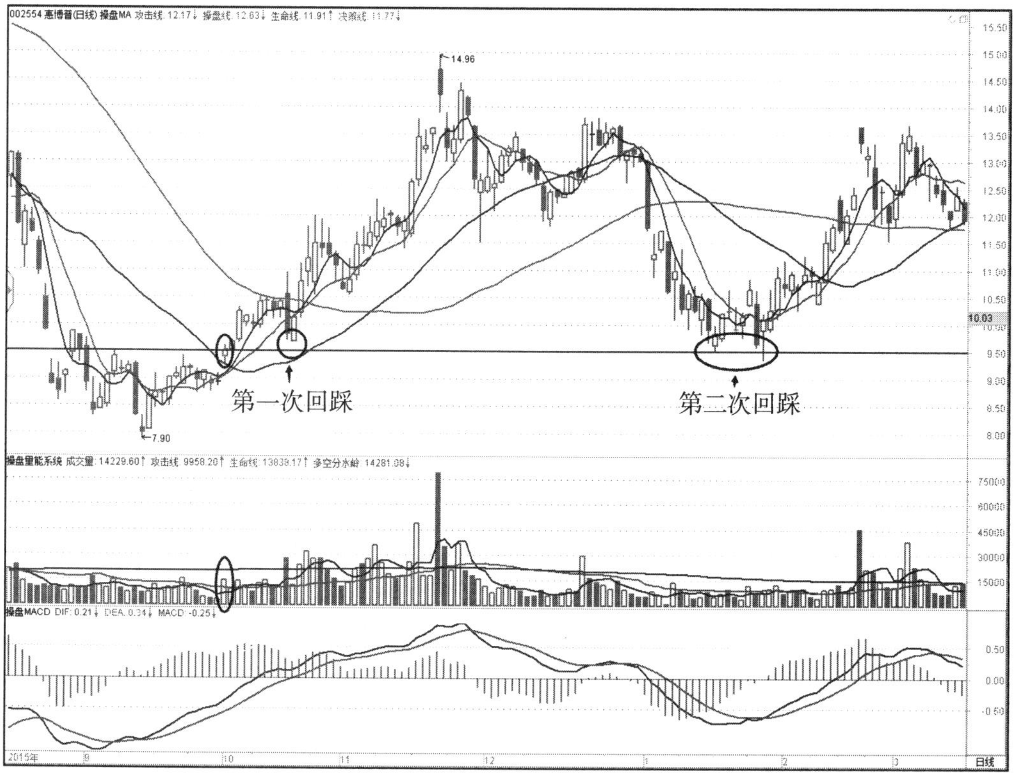

惠博普（002554）2015年8月~2016年3月日K线走势图

10月8日之后股价沿着攻击线缓慢上涨，在10月21日和10月22日快速回踩操盘线，回踩的低点并没有打破10月8日的成交密集区，所以第一次确认9.50这个价格的支撑作用。趋势中价格的标杆作用是需要不断确认的，确认的次数越多作用就越强。该上涨波段一直持续到2015年11月21日，之后展开横盘，在2016年1月的熔断行情中惠博普也不可幸免，股价向下杀跌。但是股价遇到了前期9.50的支撑后止跌，且走出了30分钟短暂的底部后开始反弹。

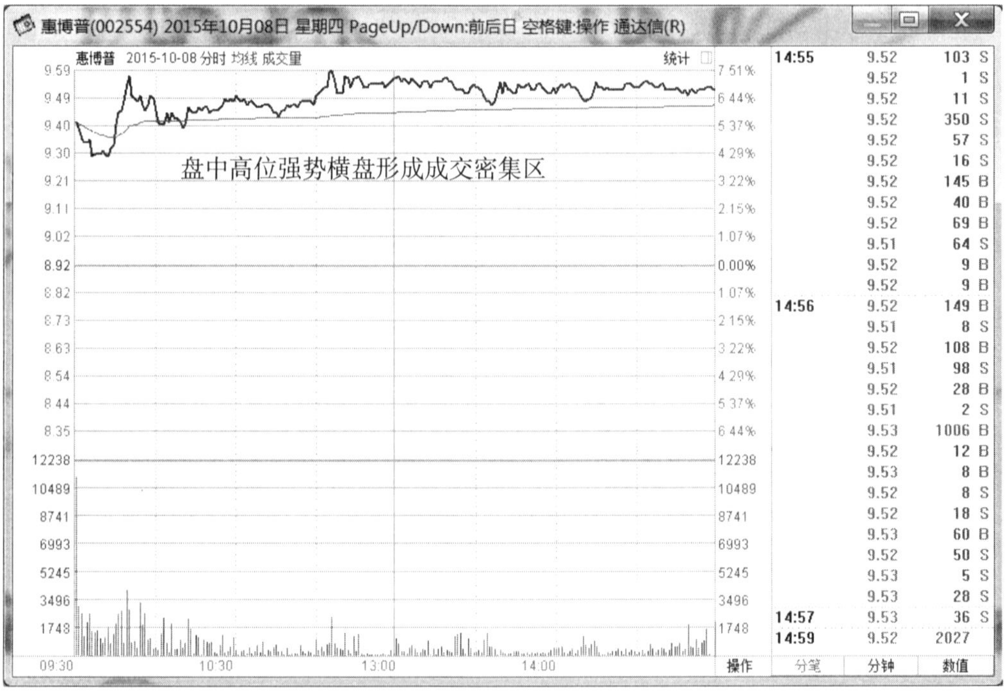

惠博普（002554）2015年10月8日分时图

2. 昨收价的支撑和压力

当天的股价是否站在昨日的收盘价上方将会直接决定今日的涨跌。昨收价是一个新的平衡价格，当股价偏离这个平衡点时就会带动人气的变化，而真正能够推动股价上涨的正是人气聚积时的资金推动，导致股价下跌的则是人气涣散时稍有积极卖出的抛盘就会带动股价下跌。所以昨收价对于当日的走势是一个非常重要的多空分水岭，长时间在昨收价之上为做多人气较重，长时间在昨收价之下为做空人气较重，昨收价对当日的走势起到了非常重要的心理上的支撑和压力作用。

图示案例

这是一个标准的吸筹建仓的分时图，波形尖角较多，全天冲击型量峰为主，股价震荡上升，最后收盘收在全天相对高位。读者可以熟记该标志性特别强的图谱，如果是在相对低位，区域性弱势K线为主，则是主力在不断吸筹的前兆，如果大盘环境良好，在出现了明显的盘口异动后主力很快就会有拉升的动作。

如图所示，泰达股份（000652）早盘小幅低开，短时间在绿盘区震荡，随后股价被快速拉升到红盘区后仍保持呆滞、无规律的震荡状态，股价再次向下打压回踩昨收价遇到有力支撑，随后股价开始震荡上扬，伴随清晰的主力不断吸筹的走势。

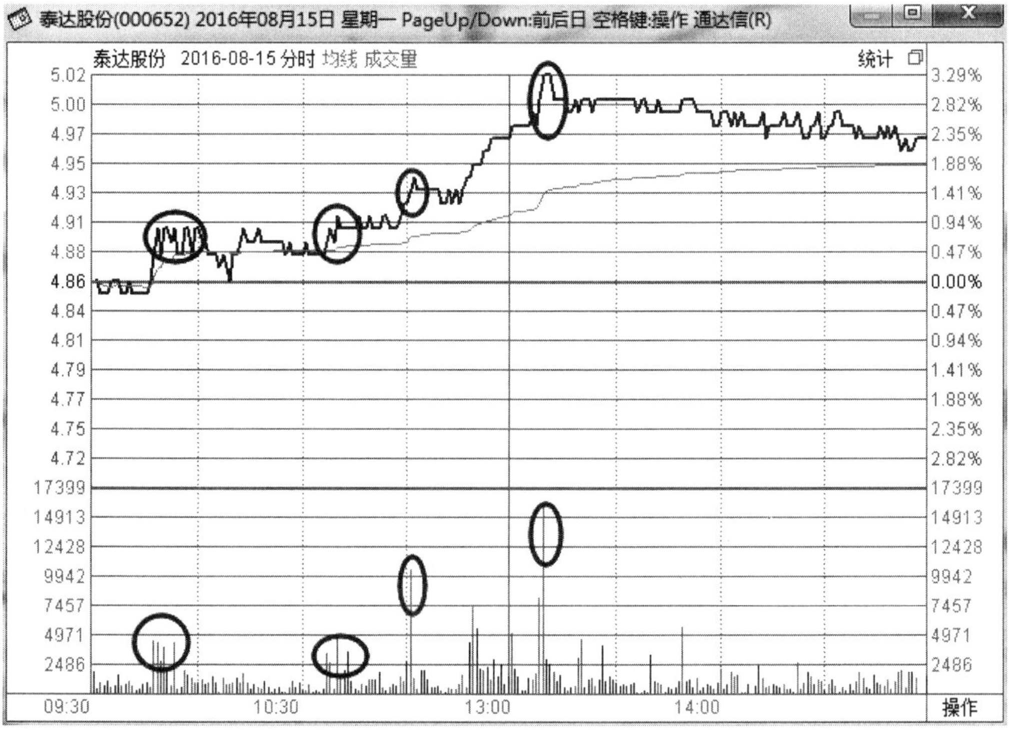

泰达股份（000652）2016年8月15日分时走势图

实战案例

燕塘乳业（002732）是学员熊先生操作得非常成功的案例之一，把该案例放在这里并不是炫耀这次操作的利润空间有多大，毕竟即使是同样的形态后期的走势也是很难一样的，一次漂亮的交易更需要天时地利人和，我们在交易时需要放正自己的心态，一字板是可遇而不可求的事情，如果把精力过多地放在追求概率极小的一字板强势股上，必定会得不偿失。

操作标的	买入时间	买入均价	卖出时间	卖出均价	盈利比率
燕塘乳业（002732）	2016年10月31日	30.63	2016年11月9日	49.7	62.26%

判断这次买卖点的知识要点不只是本书上介绍的盘口内容，它融合了江氏交易天机整套体系的知识，希望读者能够从多方面进行学习，不能出现只见一斑的错误。燕塘乳业前期经过了充分的下跌和底部横盘后，多空双方的分歧逐渐减小，均线等各指标系统也都修复到位，于10月31日放量涨停，启动了快速上涨的主升行情。

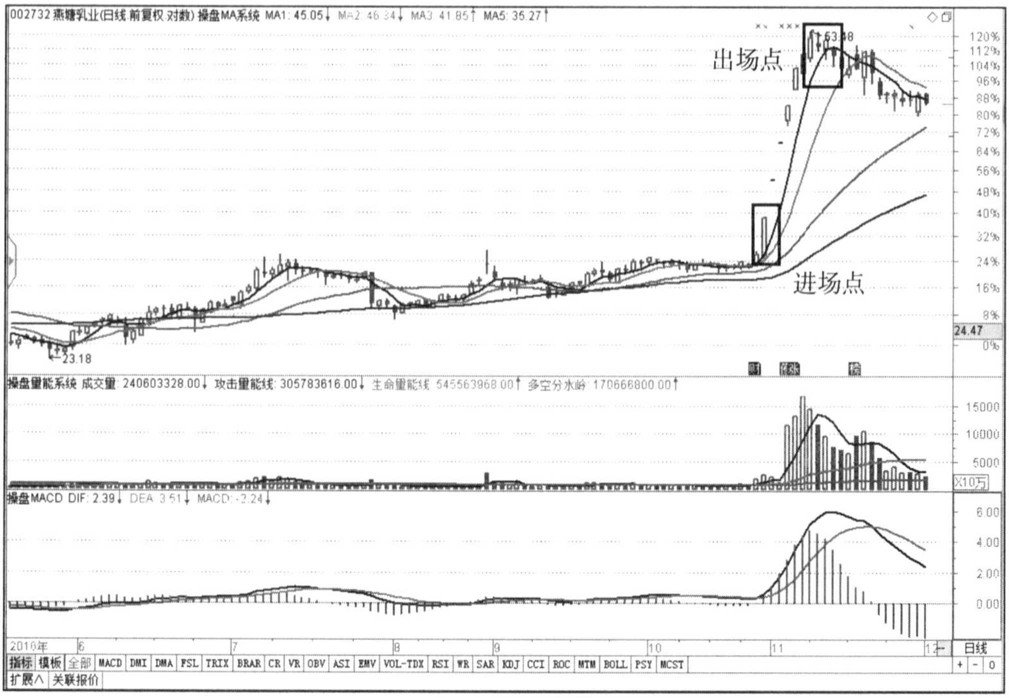

燕塘乳业（002732）2016年5月~11月日K线走势图

走出像燕塘乳业涨停前期这样形态的股票是非常具有研究价值的，必定要提前选入自选股进行跟踪的。10月31日前一天的小阳线已经突破了前期系列重要的压力区，所以31日随时会出现进场点，其实对于能够承受回撤的标准较大的投资者来说前一天的小阳线就是进场点。31日早盘股价还是处于比较弱势状态，但是非常明显的下跌动能减弱标志是股价回踩重心价和昨收价后被快速拉起，创当天的新高时就是最好的进场点。

之后股价一路上扬，且有明显的量堆放出，说明盘中的资金快速涌入，跟风热度较强，任何一个点都是进场点。有的投资者要问，错过了第一个进场点岂不是要追高了，买进去就回调怎么办？买入分为追涨和追高，追涨是处于上涨趋势启动初期，后期还有很大的利润空间，这时买入的成本即使高出5%也是买在低位，但是如果一个清晰的上涨波段已经走出了50%以上的利润空间，这个时候就不能轻易进场了。

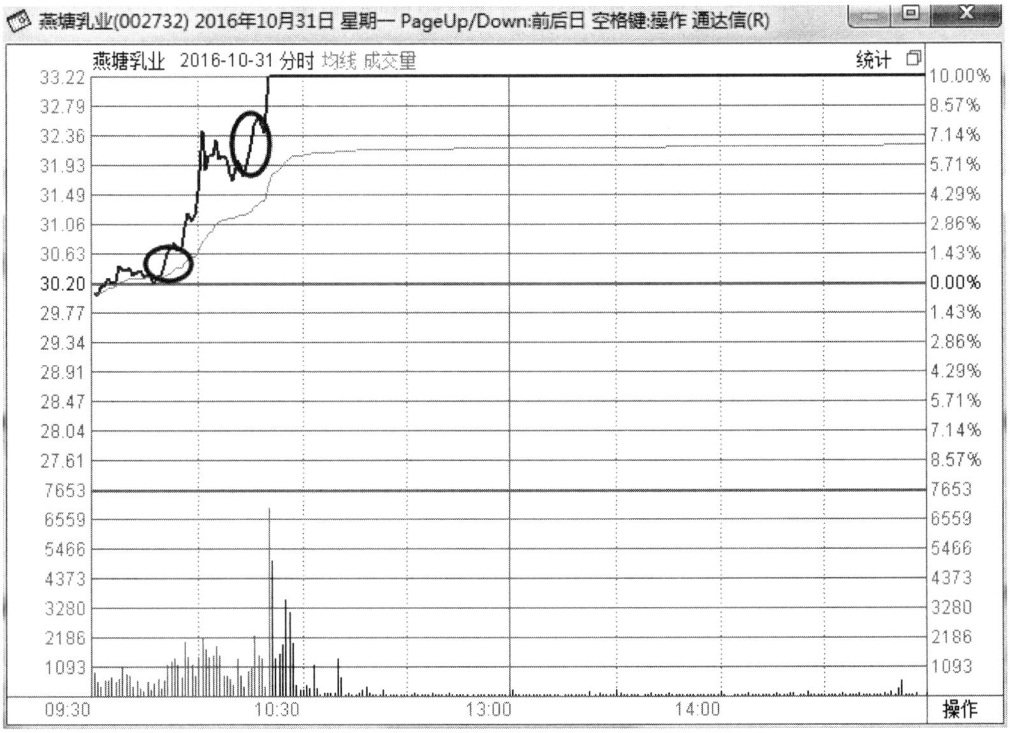

燕塘乳业（002732）2016年10月31日分时走势图

买进之后就是一字板，这次交易确实非常值得竖起大拇指，作为老师，自己做得怎么样不能说明什么，但是学生可以做到这样是非常让人欣慰的。11月3日又是一个涨停板，虽然有打开过，但是没有放量，所以还在继续持仓，11月8日又是一个涨停板，盘中有比较凶狠的震仓，但是依旧没有大资金快速出逃的迹象，还是继续持仓。11月9日早盘小幅低开后股价缓慢上升，此时已经在阶段高位，上涨动能明显不足，所以决定平仓出局。

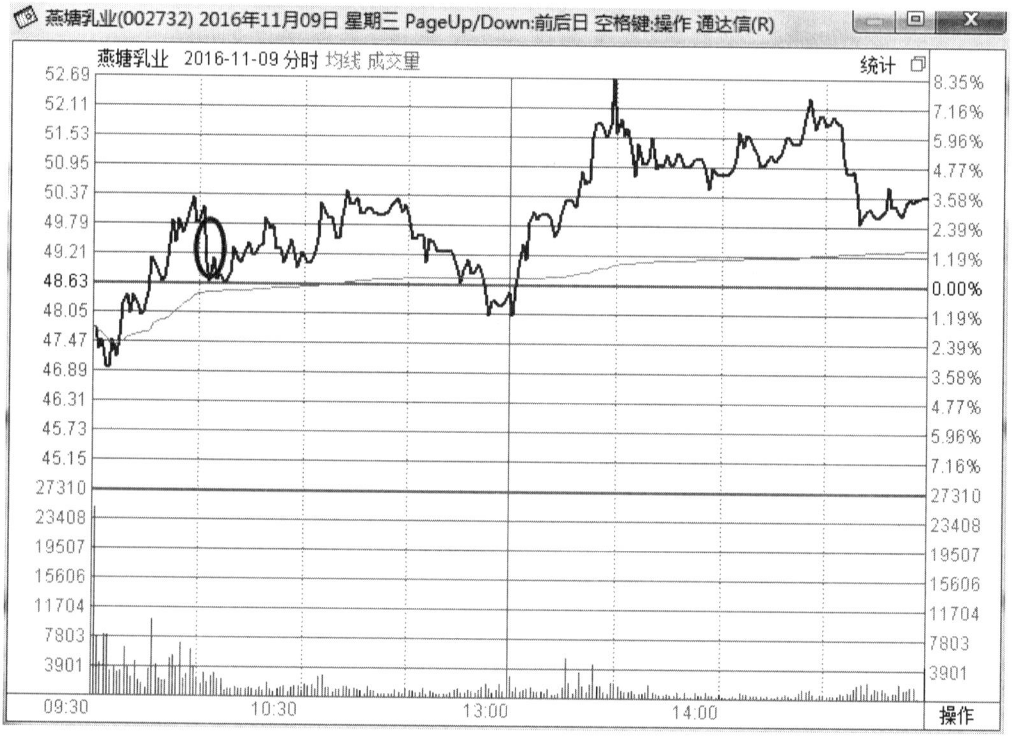

燕塘乳业（002732）2016年11月9日分时走势图

股市寄语

每一本投资的书都是作者呕心沥血之作，都是将自己的宝贵经验公之于众的，目的是为了帮助投资者能够更深度地认知这个市场，并且逐渐地形成自己的交易模式，才是可以在这个市场中得以长久生存的王道。

思考题

1. 不同交易日的重心价、中心价该如何对比，对趋势的产生有什么影响？
2. 股价处于不同位置时，重心价、中心价的意义和用法一样吗？
3. 重心价、中心价和市场人气、资金强弱的关系是什么？
4. 重心价、中心价、昨收价可以作为我们进行买卖操作的一个重要指标吗？
5. 在我们的实盘交易过程中，对昨收价和收盘价有过足够的重视吗？

第八章 一直被忽略的集合竞价

一年之计在于春，一天之计在于晨。炒股之计在于开盘价，而开盘价之成因全在集合竞价。集合竞价的15分钟是主力最忙的时间，也是我们投资者发现牛股异动的最重要的时间。

第一节　集合竞价规则

对于任何一位投资者来说“集合竞价”这四个字都非常熟悉了，是入门者必须普及的专业名词之一，但是很少有投资者对这短短的15分钟做过深入研究，真的能够明白其中的博弈思维和潜在机会。集合竞价的规则如下：

1. 集合竞价的时间是指9:15~9:30，在该时间里面买卖双方均可以按照自己的期望挂单，9:15~9:20的挂单是可以撤单的，9:20以后的挂单是不能撤单的。

2. 集合竞价的成交机制不同于盘中的价格优先、时间优先，而是数量优先。

3. 无论对于个股还是大盘，开盘都为当天的走势定下基调，其重要性不言而喻，特别是在集合竞价阶段。集合竞价的意义在于按供求关系校正股价，不仅能够反映出市场对当天走向的整体看法，也是监控主力行为的一种方式，因此投资者一定要把握好一些集合竞价时操作层面的技巧。

4. 通过集合竞价研判主力意图时，一定要结合K线当下的位置和成交量，以及前一段时间的形态结构，9:15~9:20试盘的高低可以反映当日涨幅的情况，是捕捉强势股的最佳窗口。

第二节　集合竞价对开盘价的影响

开盘价是由9:20~9:25之间的委托单，按照成交量最大的原则撮合得来的，所有的成交单的成交价都是一个价格，如果是急于买入的可以挂在涨停板的价格，如果是急于卖出的可以挂在跌停板的价格，散户的资金量少对撮合成交影响不大，挂在涨停板或者跌停板只是为了保证优先成交。但是如果直接涨停板或者跌停板开盘，还是可能买不到或者卖不出。

集合竞价由电脑交易处理系统对全部申报按照价格优先、时间优先的原则排序，并在此基础上，找出一个基准价格，使它同时能满足以下3个条件：

1．成交量最大。

2．高于基准价格的买入委托和低于基准价格的卖出委托全部成交。

3．与基准价格相同的买卖双方中有一方申报全部成交。

该基准价格即被确定为成交价格也就是开盘价，这里需要说明的是：

1．集合竞价方式下价格优先、时间优先原则体现在交易所电脑主机将所有的买入和卖出委托按价格由高到低排出序列，同一价格下的委托原则按电脑主机接受的先后顺序排序。

2．集合竞价过程中，若产生一个以上的基准价格，即有一个以上的价格同时满足集合竞价的3个条件时，沪市选取这几个基准价格的中间价格为成交价格，深市则选取离前收盘价最近的价格为成交价格。

以上还是从交易规则的角度上介绍集合竞价产生的全过程，也就是开盘价产生的全过程，但是“以成交量最大”为基本原则更体现了大资金在集合竞价期间的优势，所以研究集合竞价的变化对研究股价一天的走势非常重要，尤其对于操作短线涨停板、短线事件套利的研究价值更大。

第三节　15分钟内的博弈思维

如果你之前没有关注过集合竞价，一直以为是9:30开盘，那你离职业操盘者还有一段距离，建议把看盘的时间提前到9:00，最晚9:15也要坐在电脑前了。在这15分钟里，股价可谓是瞬息万变，尤其在主力资金试盘和主力资金不积极参与让市场自然交易时股价瞬间跳动5%是再平常不过的了。

集合竞价的15分钟走势，是有灰色背景的，以区别于全天正式的交易，而其真正的不同在于集合竞价期间的价格并不是真实成交价格，而是按照当时的委托单，在保证成交量最大的前提下算出来的价格，代表的是目前多空双方对市场的预期。如果多空双方表达自己买卖意愿的委托上本身就带有虚假和试探的成分，就更不能评价这个价格的可参考价值了。

集合竞价期间和价格对应的有两个成交量，量柱向上延伸的成交量为当时买卖双方可达成的成交量，如果是绿色代表当时委托卖单多于委托买单，如果是红色代表当时委托买单多于委托卖单。量柱向下延伸的成交量为当时委托量多出可

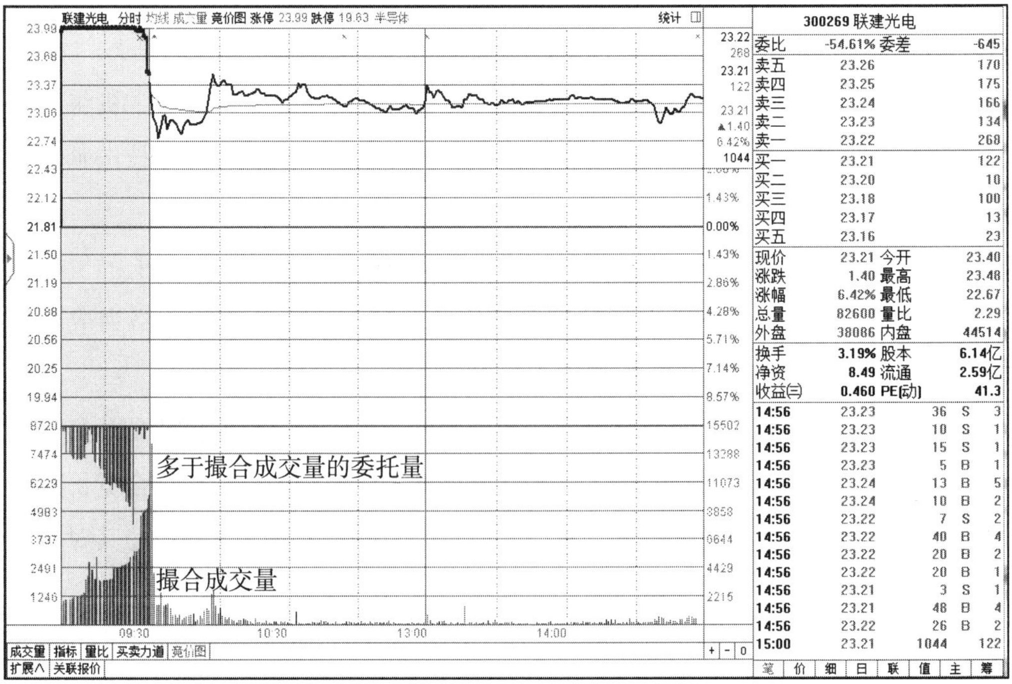

联建光电（300269）2016年12月18日分时走势图

成交部分的成交量，如果当时委托买单的成交量多于委托卖单的成交量，则该向下量柱为红色；如果当时委托卖单的成交量多于委托买单的成交量，则该向下量柱为绿色。

第四节 集合竞价运作股价方式

1. 积极做多股价

集合竞价积极做多股价的特征：

集合竞价期间股价整体走势上扬；

集合竞价期间撮合成交量逐渐变大，且量柱为红色；

集合竞价期间多于撮合成交量的委托量逐渐变大，且量柱为红色。

图示案例

如图所示，天沃科技（002564）当天集合竞价期间股价缓慢上扬，撮合成交

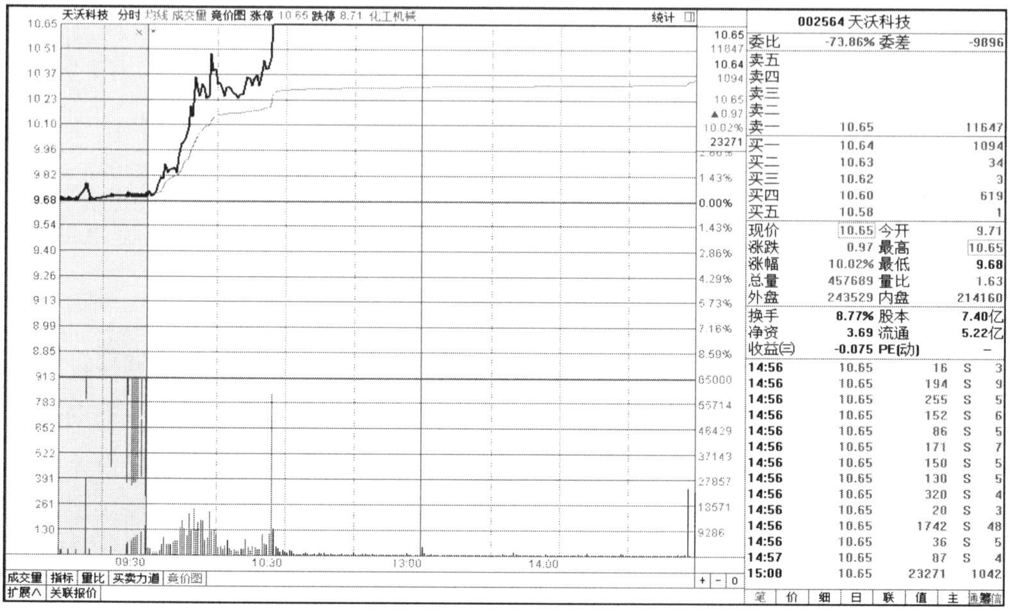

天沃科技（002564）2016年12月1日分时走势图

量和多于撮合成交量的委托量都缓慢变大，且委托买入的量明显多于委托卖出的量，市场惜售痕迹明显。但是从集合竞价的走势来看，至少在集合竞价期间主力资金没有明显参与并且积极做多的表现，所以遇到这样的集合竞价盘口需要等待开盘后进一步观察才可以做交易决定。

如图所示，创意信息（300366）集合竞价高开后在高位横盘，撮合成交量一度放大，但是多于撮合成交量的委托量并没有明显的变化，集合竞价期间多空能量是平衡的，没有明显偏向哪一方，至少当天很难看出股价有积极上涨的可能。开盘后股价直接跳水，股价进入了绿盘区，整体走势变弱，当天以谨慎操作为主。

创意信息（300366）2016年12月1日分时走势图

如图所示，中国联通（600050）集合竞价期间小幅高开，整个集合竞价期间股价维持横盘状态，但是撮合成交量密集型逐渐放大，多于撮合成交量的委托量也处于逐渐放大状态，直到9:25产生了开盘价后多于撮合成交量的委托量才开始变小。从集合竞价期间的价格上看不出有太大的端倪，但是从中国联通当天集合竞价期间的成交量上就会发现主力资金和市场跟风资金在积极做多，当天的走势是值得期待的。

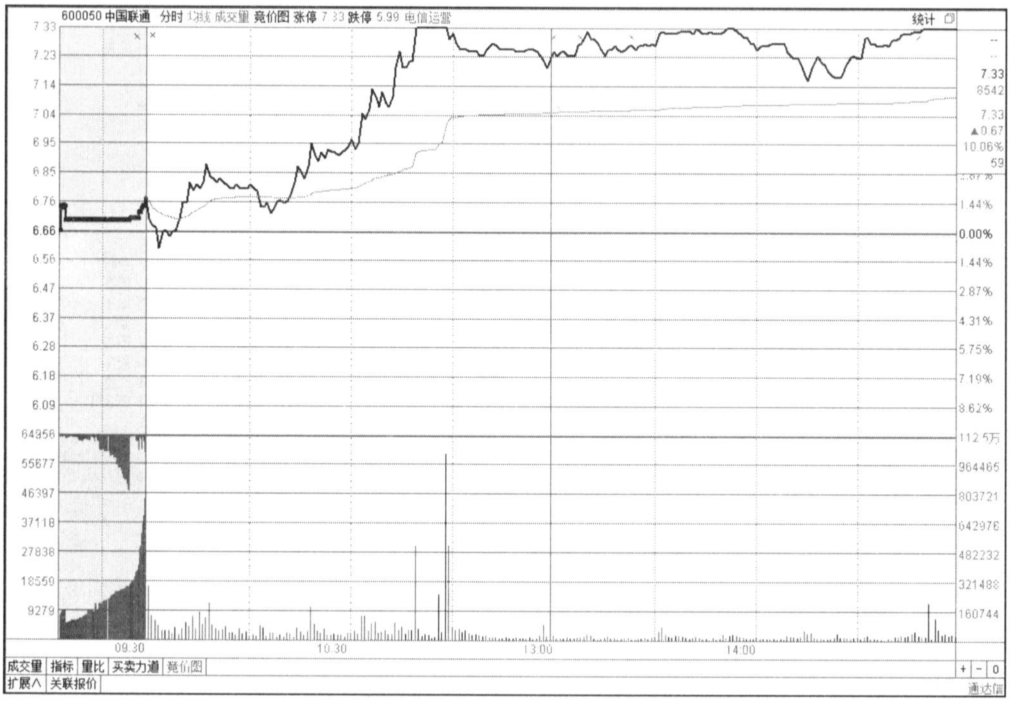

中国联通（600050）2016年12月1日分时走势图

2. 积极做空股价

集合竞价积极做空股价的特征：

集合竞价期间股价整体走势下跌；

集合竞价期间撮合成交量逐渐变大，且量柱为绿色；

集合竞价期间多于撮合成交量的委托量逐渐变大，且量柱为绿色。

图示案例

下图是一个典型的集合竞价走势偏弱的盘口，9:15直接跌停价，且在整个集合竞价期间股价死死地趴在了跌停板的位置上，撮合成交量和多于撮合成交量的委托量一直增大，最重要的是不断变大的成交量和委托量都是以积极卖出为主的。但是全天成交不活跃，无论是集合竞价期间的量能还是全天整体的量能都没有明显放大，所以还是以市场积极看空为主，并不是主力刻意抛售造成的。

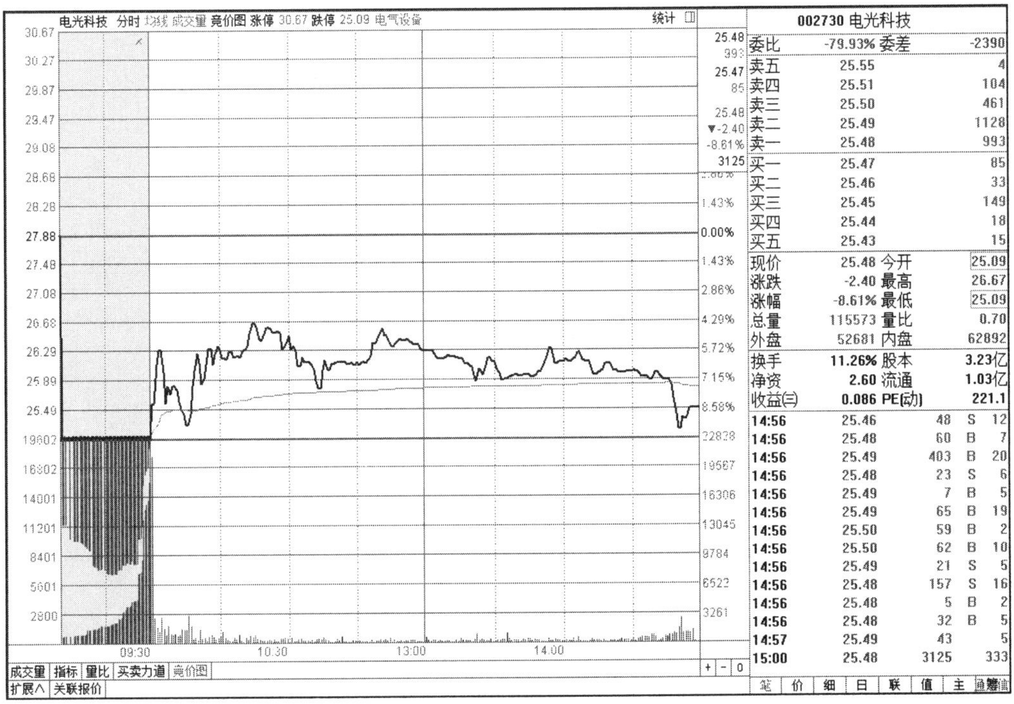

电光科技（002730）2016年12月1日分时走势图

如图所示，达华智能（002512）在集合竞价期间股价持续下移，撮合成交量不断放大，并没有明显的多空能量的偏移，多于撮合成交量的委托量也没有太大，所以集合竞价期间的走势使我们得出当天股价走势并不会十分乐观的结论。股价全天在低位横盘震荡，虽然有打到过跌停板，但是还是时有打开。

福建金森（002679）的集合竞价是最要防范的一种。集合竞价的初期股价还在红盘区，有的股票的涨幅甚至可以达到5%以上，但只是昙花一现，股价一直下滑，到开盘时股价已经下滑到绿盘区，有的甚至下滑到跌幅5%附近。如图所示，福建金森在集合竞价期间的价格从上涨2%到下跌2%，从量能的变化上来看主力资金参与度不高，当天很难走出漂亮的多头行情。

达华智能（002512）2016年12月1日分时走势图

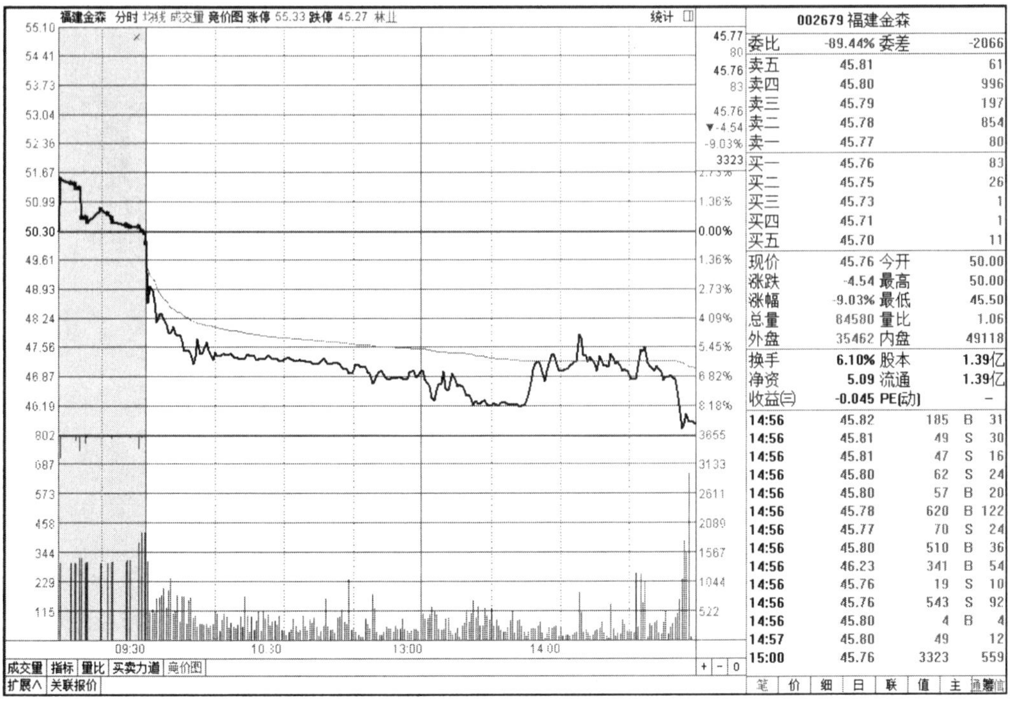

福建金森（002679）2016年12月1日分时走势图

3. 多空不一致需开盘后观望

集合竞价期间，综合分析我们前面所介绍的要素后发现，很多时候在集合竞价期间是不能走出非常明显的方向性行情的，或者在短短的15分钟行情发生了惊天的逆转，临盘时面对这些情况一定要等开盘后再做出决策。

图示案例

如图所示，康斯特（300445）当天的走势可谓一个“绝”字，集合竞价涨停板，到开盘时小幅下滑，集合竞价期间的撮合成交量和多于撮合成交量的委托量都没有明显的放大的特征，市场上没有明显的一致性多空行为，所以还需要开盘后进一步观望。开盘的瞬间股价飞流直下般跳水，随后就在接近跌停板的低位震荡。

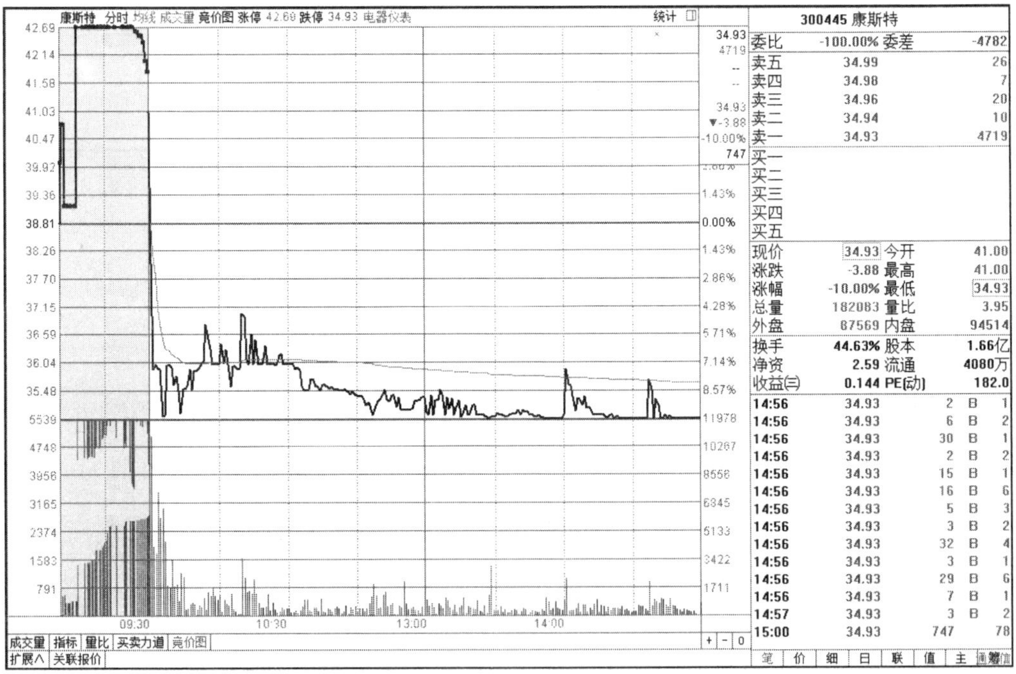

康斯特（300445）2016年12月1日分时走势图

中潜股份（300526）的集合竞价期间股价上下震荡较剧烈，但是从量能上看并没有主力资金积极参与的迹象，说明当天还是市场自然交易为主，全天很难有好的行情，所以以观望为主。

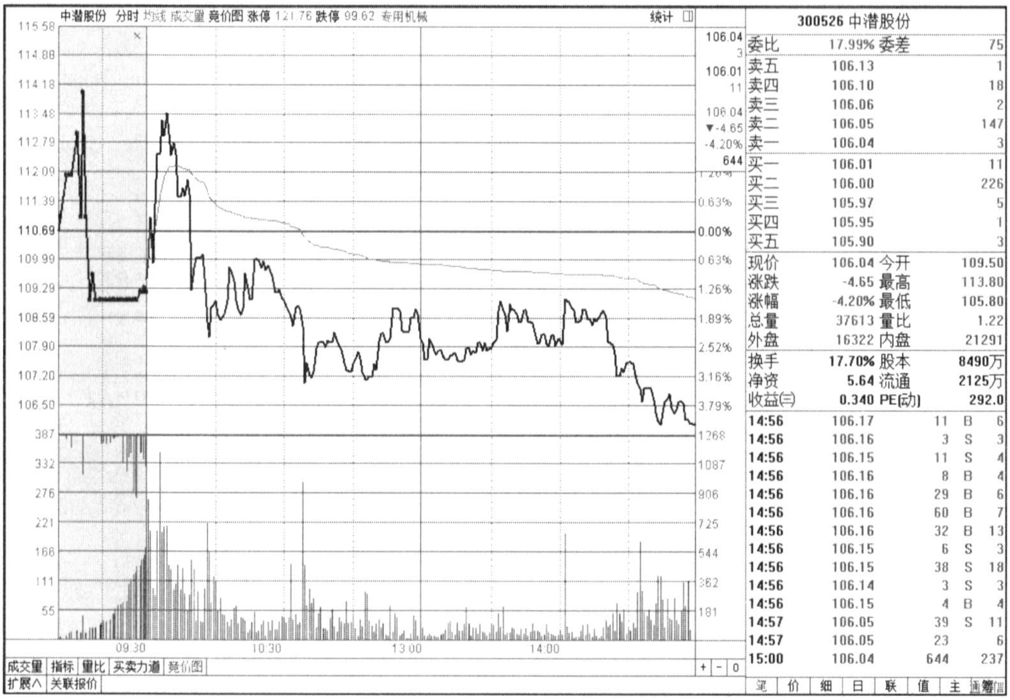

中潜股份（300526）2016年12月1日分时走势图

时代万恒（600241）的集合竞价的走势也是一种诱多的表现，在集合竞价初期的量能非常漂亮，且撮合成交的价格一直是涨停价，但是在9:20之前就把前面的委托单全部撤销了。如果跟风的散户在9:20之前涨停板的价位上挂了单，9:20~9:25发现大批的挂单撤掉了，而自己的委托单是不能撤销的，只有等到9:25被成交。一旦9:25的集合竞价的成交量是最近几天集合竞价的最大量，则基本确定主力在出货。

南宁百货（600712）的集合竞价是每天3000多只股票中最常见的一种情况，交易清淡，价格涨跌幅不大，这样的集合竞价能够给予我们的信息非常有限，就不能依据集合竞价做出交易决策了，所以要把精力放在集合竞价期间量价异动明显的股票上。

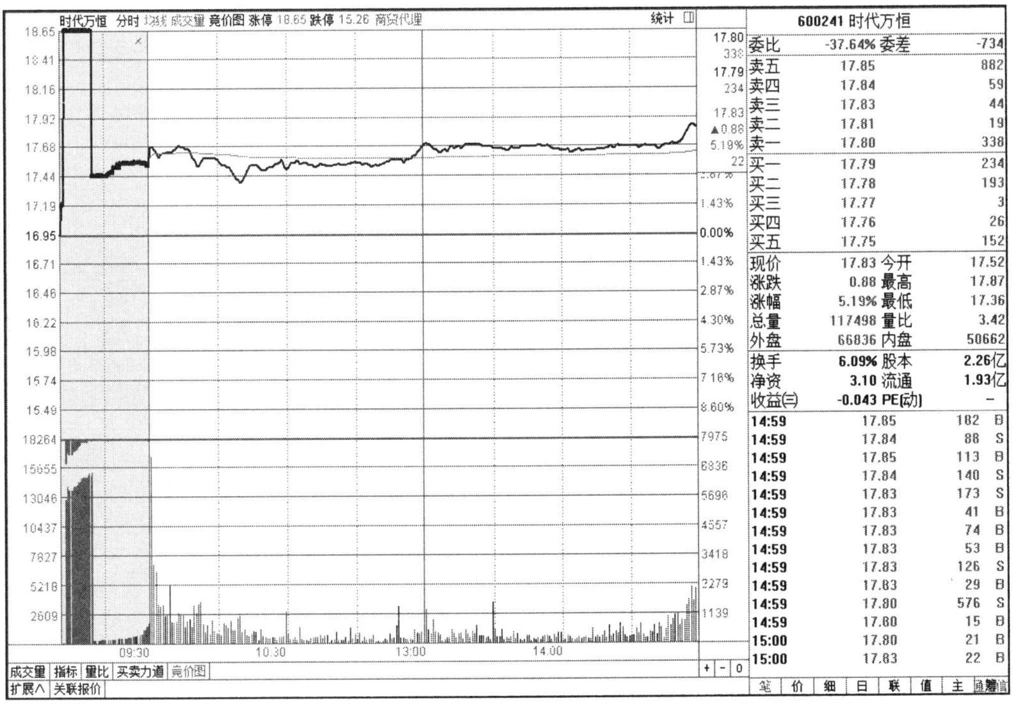

时代万恒（600241）2016年12月1日分时走势图

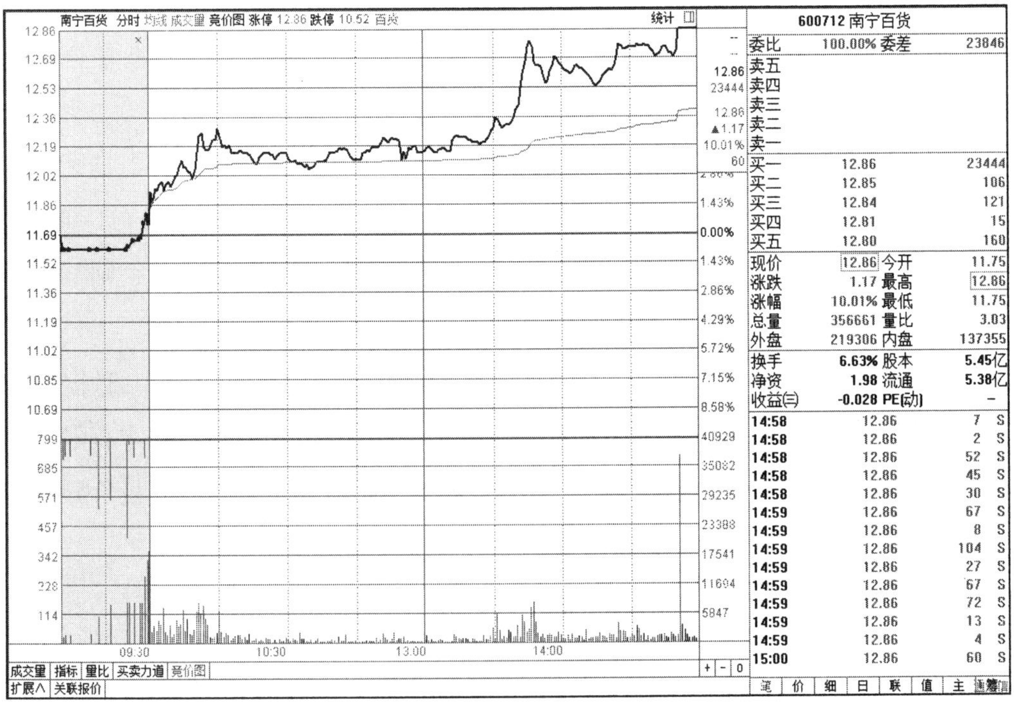

南宁百货（600712）2016年12月1日分时走势图

研究集合竞价一定要结合股价当下所在的位置，就是上文所说的要先找准大的方向然后再去研究小的细节，否则会做很多无用功。下图的三江购物在出现了连续6个一字板之后在12月1日的集合竞价期间股价产生了严重的分歧，上下振幅超过了15%，股价连续上涨后只有最后的两天开始放量，但是第一天的换手率7.63%以及第二天的换手率10.97%，远远没有达到主力资金出货的换手率标准，在该位置利用集合竞价进行洗盘是非常正常的，确定这个标准对后市的交易决策就很清晰了。

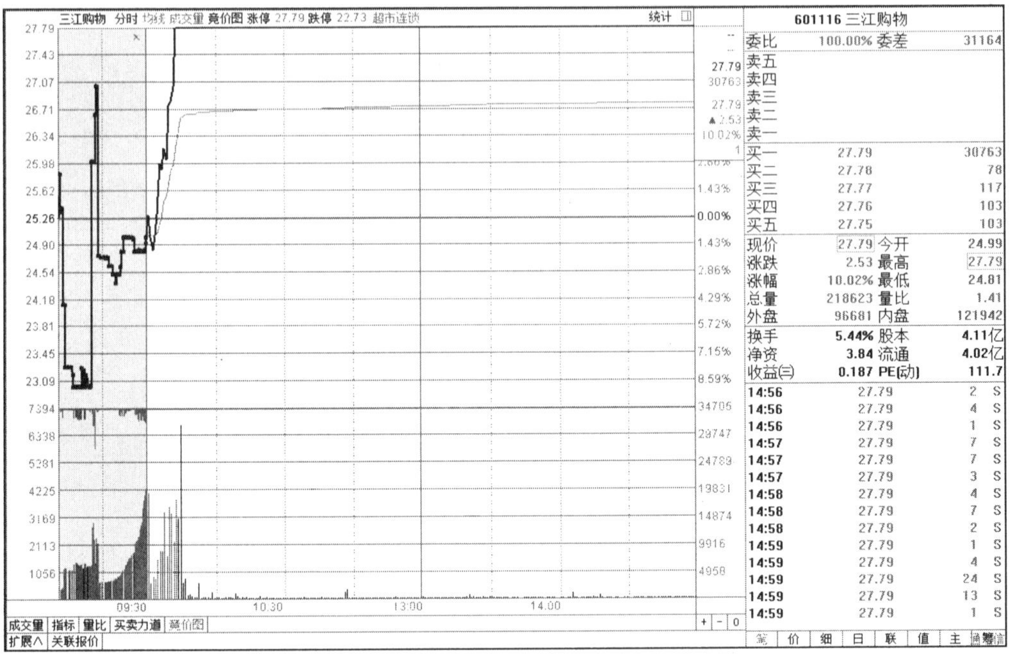

三江购物（601116）2016年12月1日分时走势图

思考题

1. 集合竞价的交易规则是什么？沪市和深市有什么不同？
2. 开盘价重要吗？对当天的交易决策有什么影响？
3. 哪种集合竞价的走势对当天股价走势的影响比较明确？
4. 主力资金如何运用集合竞价出货？
5. 如何利用集合竞价操作短线涨停板？

第九章

操作风向标的指数盘口

大盘是母亲，板块指数是父亲，只有父亲和母亲都健全的个股才会走出好的行情，才会给予我们最值得交易的投资机会。

第一节　大盘指数的重要性

大盘是对整个市场的股票价格进行加权计算得来的指数报价，反应的是市场整体走势。有的投资者认为我买的是个股又不是指数，看指数干吗？这也就是大部分不知道自己为什么亏钱、为什么赚钱的投资者存在的共同问题：大盘上涨不见得所有的股票都上涨，但是大盘下跌所有的股票都会下跌。这和市场的一个核心逻辑密不可分：跌永远都比涨容易！

很多投资者把大盘指数简单地理解为上证指数，其实不是这样的。上证指数对整个A股确实具有里程碑式的意义，尤其在国际指数中能反映A股情况的也是上证指数，但是不同指数反映的上市公司在类别上的整体走势是有差异的，而这种差异往往是我们投资决策是否正确的关键。在A股市场中常用的大盘指数共有14个，见下表，然而我们常用的有上证指数、深证成指、创业板指数，以及投资风格不同选择的适合自己的成分股指数。

	代码	名称	涨幅%	现价	总量	涨速%	今开↓	最高
1	399001	深证成指	0.77	10334.76	1.67亿	0.04	10258.64	10346.53
2	000010	上证180	-0.12	7278.27	6543万	0.00	7270.92	7312.41
3	399005	中小板指	0.60	6543.18	6980万	0.00	6501.16	6563.60
4	000905	中证500	0.61	6318.52	6220万	0.02	6279.28	6329.19
5	000009	上证380	0.60	5560.88	3630万	0.03	5525.45	5564.02
6	399004	深证100R	0.74	4537.14	2378万	0.06	4507.17	4540.29
7	399007	深证300	0.77	4137.09	4802万	0.04	4107.36	4141.00
8	000300	沪深300	0.17	3346.03	9078万	0.02	3335.36	3356.29
9	000903	中证100	-0.03	3168.81	4909万	0.01	3162.19	3180.72
10	999999	上证指数	0.17	3122.98	1.65亿	0.01	3111.51	3128.87
11	000016	上证50	-0.32	2302.32	3058万	0.00	2302.87	2315.54
12	399006	创业板指	1.13	1998.11	2640万	0.02	1977.86	2005.28
13	399106	深证综指	0.95	1991.64	1.67亿	0.02	1973.58	1993.26
14	399008	中小300	0.82	1439.65	3426万	0.01	1427.61	1441.79

上证指数作为A股的标准风向标，是一定要关注的，不关注上证指数就相当于不知道A股市场，更谈不上专业。上证指数（999999）是由全部在上海证券交易所上市的上市公司综合编制而成，也就是市场上所有“60”开头的股票的总体走势情况；深证成指（399001）是所有“00”开头的股票的总体走势情况；创业板指（399006）是所有“30”开头的股票的总体走势情况。

市场上的成分股指数越来越多，就拿上证50来说，是从沪市1000多家上市公司中选择的规模大、流动性好、业绩良好、行业代表性强的标的。随着A股市场越来越规范，整体投资会越来越偏向理性，所以业绩差、股价过高的股票会从理性投资的标的篮子中被逐渐剔除。就2016年11月末和12月初的行情来说，上证50走出独立于上证指数的行情，为今后整个市场的投资方向给出了一个全新的信号。

从下面上证50和创业板指数两图的对比中不难发现，在2016年下半年的走势中上证50远远强于创业板指数，尤其在11月份和12月份，上证50的行情走势明显强于创业板指数，很多偏爱中小创的投资者在此期间郁闷不已。此处强调该差异的主要目的还是要求投资者关注指数以及指数的差异，这会给我们的投资带来更多优质的机会。

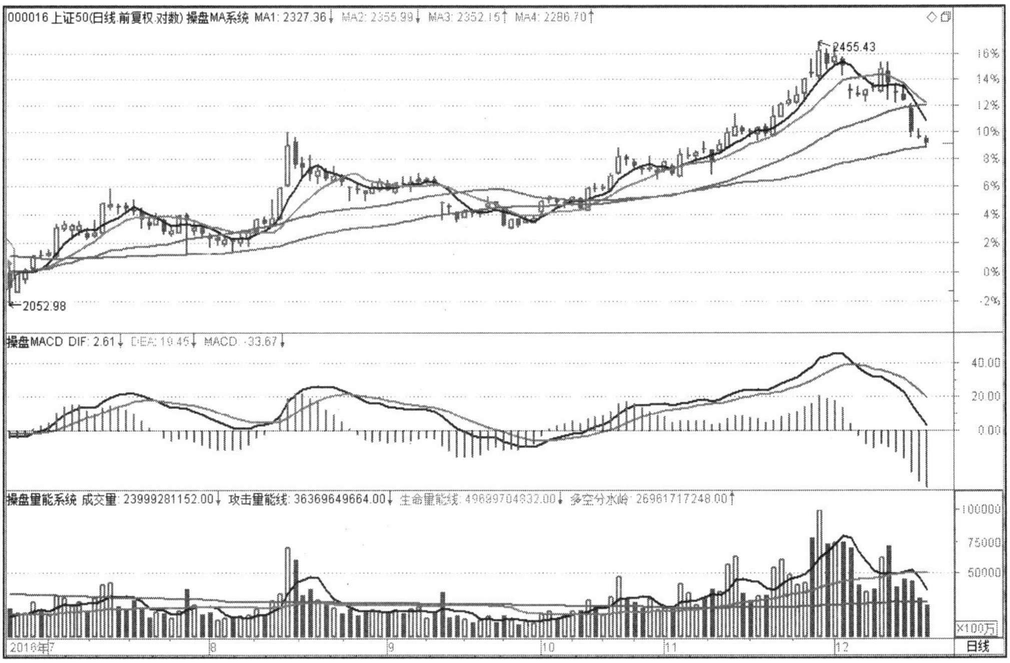

上证50（000016）2016年6月~12月日K线走势图

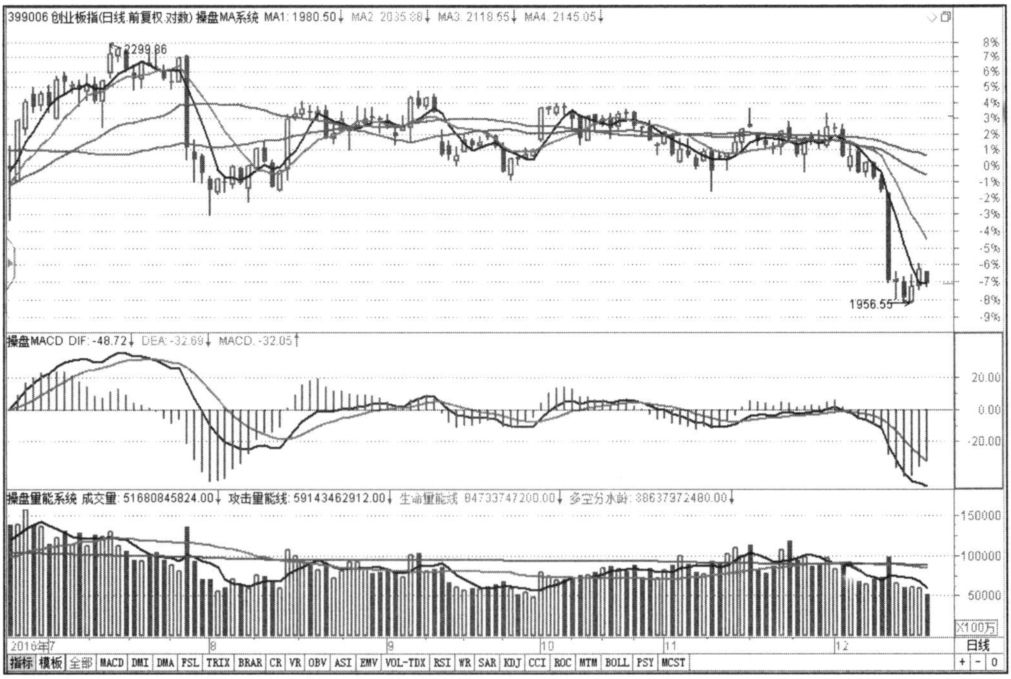

创业板指（399006）2016年6月~12月日K线走势图

第二节　板块指数的重要性

板块指数不同于大盘指数，是根据公司所在的行业、具有的阶段性热点效应、所在的地区等条件进行划分的，分类更加细致，每个板块中的股票之间的关联性更强。无论在牛市还是在熊市，市场中板块的上涨都是轮动的，虽然普遍上涨的情况曾发生过，但是很多时候还是有明显的龙头板块、次龙头板块、跟风板块和逆行板块之分的，所以关注板块指数更容易让我们锁定龙头股。无论是在盘中还是复盘时，都要学会用15快捷键调出以下版面关注到板块指数的排名状况。

全部板块 | 行业板块 | 概念板块 | 风格板块 | 地区板块 | 统计指数　　设置

	代码	名称	涨幅%↓	现价	涨跌	涨速%	量比
1	880453	公共交通	2.69	1405.11	36.79	0.07	1.55
2	880360	农林牧渔	1.05	1446.94	15.00	-0.01	1.29
3	880455	供气供热	0.87	1095.50	9.41	0.06	1.06
4	880459	运输服务	0.85	935.35	7.91	0.06	1.00
5	880310	石油	0.82	834.30	6.80	0.00	0.69
6	880350	造纸	0.77	1408.21	10.71	0.14	0.96
7	880421	广告包装	0.74	2012.95	14.71	0.03	0.85
8	880335	化工	0.45	1299.88	5.79	0.03	0.98
9	880330	化纤	0.42	1347.30	5.67	-0.04	1.23
10	880474	多元金融	0.39	2188.42	8.58	0.01	0.65
11	880372	食品饮料	0.35	1602.24	5.64	0.00	0.94
12	880452	电信运营	0.34	1431.95	4.79	0.02	0.57
13	880406	商业连锁	0.31	1274.25	3.96	0.04	0.87
14	880301	[illegible]	0.30	536.75	1.60	-0.04	0.87
15	880437	通用机械	0.28	1270.62	3.53	0.04	1.01
16	880380	酿酒	0.24	1501.57	3.63	0.01	0.86
17	880305	电力	0.21	1375.59	2.85	0.00	0.88
18	880497	综合类	0.19	1420.42	2.66	0.02	0.94
19	880367	纺织服饰	0.18	1490.20	2.66	0.04	0.79
20	880423	酒店餐饮	0.18	1460.85	2.60	0.02	0.67
21	880465	交通设施	0.18	1497.28	2.64	0.05	0.80
22	880318	钢铁	0.12	825.31	0.98	-0.01	0.65
23	880440	工业机械	0.07	1681.28	1.17	0.03	0.88
24	880464	仓储物流	0.07	2546.63	1.71	0.08	0.78
25	880355	日用化工	0.06	1367.48	0.82	-0.01	0.96
26	880430	航空	0.05	1596.81	0.80	0.06	0.55
27	880456	环境保护	0.05	2185.07	1.06	0.05	0.71
28	880351	矿物制品	0.02	1106.08	0.27	-0.08	0.77

	农林牧渔(68)	涨幅%↓	现价	量比	涨速%	流通市值
1	国联水产	7.10	10.10	1.21	0.00	75.31亿
2	敦煌种业	6.99	9.95	5.21	0.40	44.56亿
3	万福生科	5.83	48.50	5.68	-0.36	64.99亿
4	星河生物	5.12	29.96	1.72	-0.06	31.77亿
5	罗 牛 山	5.10	7.63	1.71	0.00	67.10亿
6	武昌鱼	4.70	19.61	1.06	-0.10	99.78亿
7	农发种业	4.26	7.09	1.74	0.14	70.45亿
8	平潭发展	4.17	7.25	1.90	0.00	121.54亿
9	新赛股份	3.68	7.89	1.88	0.12	36.54亿
10	永安林业	3.34	17.63	1.66	-0.05	33.37亿
11	亚盛集团	3.21	6.10	2.10	0.00	118.76亿
12	大禹节水	3.13	18.43	1.72	0.00	30.52亿
13	北大荒	2.91	13.10	0.98	0.22	232.88亿
14	新农开发	2.80	9.55	1.58	0.10	36.43亿
15	冠农股份	2.73	8.28	1.48	0.00	64.98亿
16	壹桥股份	2.49	9.45	0.89	0.10	54.84亿
17	禾丰牧业	2.40	14.94	1.30	0.00	62.51亿
18	农 产 品	2.37	12.96	1.38	-0.07	219.22亿
19	丰林集团	2.28	8.99	1.16	0.11	42.16亿
20	华英农业	2.24	10.52	1.48	0.00	44.55亿
21	大北农	2.22	7.38	1.00	-0.13	175.81亿
22	众兴菌业	1.83	21.13	1.64	0.00	33.33亿
23	金健米业	1.80	6.78	1.45	0.00	43.51亿
24	天山生物	1.47	17.93	1.46	-0.11	32.65亿
25	万向德农	1.42	17.90	2.67	-0.05	40.29亿
26	新 希 望	1.34	8.30	1.36	-0.12	286.90亿
27	丰乐种业	1.29	11.75	1.59	-0.08	35.12亿
28	正虹科技	1.19	13.64	0.83	0.00	36.37亿

15快捷键对应板块指数排名

行业板块是按照上市公司的属性划分的标准行业，一个上市公司只属于一个行业，如果上市公司经营多个跨行业的业务会以其主营业务所在的行业为主，一旦公司确定了所在行业之后不会轻易改变。概念板块的数量是变化的，通常情况下是一直增加的，随着市场中炒作的题材和热点增多，软件供应商会根据最新的题材整理出相关的个股，进而编制成新的概念板块，一个上市公司可能属于多个概念板块。地区板块和行业板块都是属于上市公司基本属性的，不会轻易改变，即使上市公司变更了注册地软件商也不会轻易改变该上市公司所属的地区，比如三一重工从湖南搬到了北京，目前在软件中其所属的地区还是湖南板块。

第三节　指数的盘口要素

下图是上证指数的盘口，从整体上看和个股的盘口基本一致，最大的不同在于指数没有买卖盘，指数比个股多了指数构成个股当天的涨跌数量统计，成交明细中不再显示成交量而是成交金额。指数盘口还有一处和个股不同的地方，就是指数走势图中的另外一条线，下图中显示是均线，但是可以通过Ctrl+D的组合键调出软件的系统设置页面，在设置4中把“大盘分时显示均线，隐藏不加权线”的勾选去掉，确定后就是后面的走势图。

比较上下两图中除了走势图之外的线，可以发现它们发生了变化，上图中的

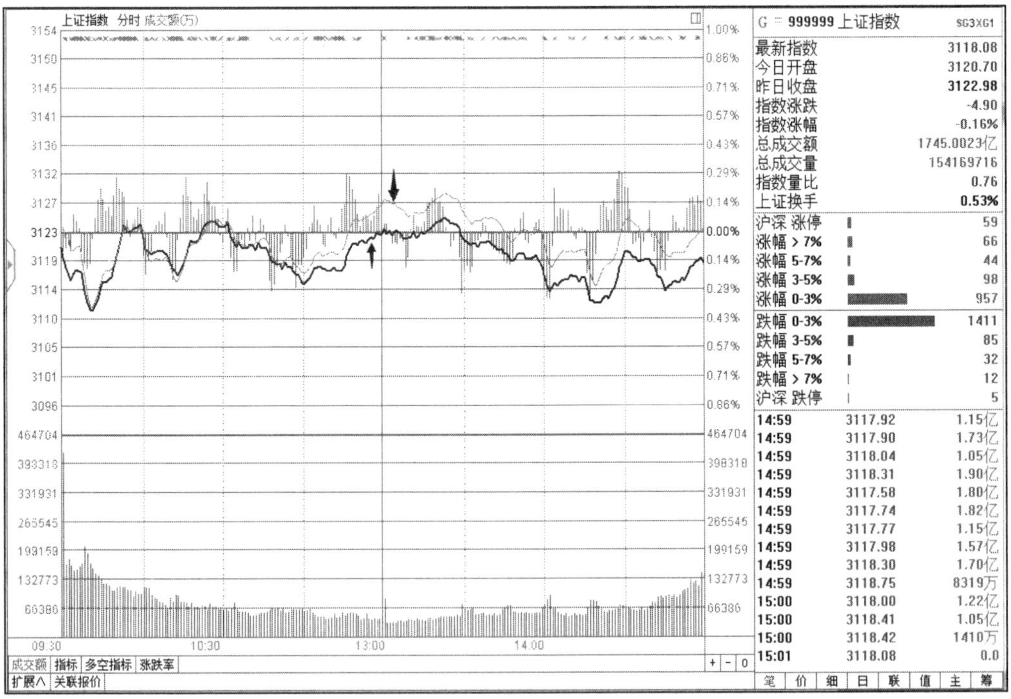

上证指数（999999）2016年12月19日加权分时走势图

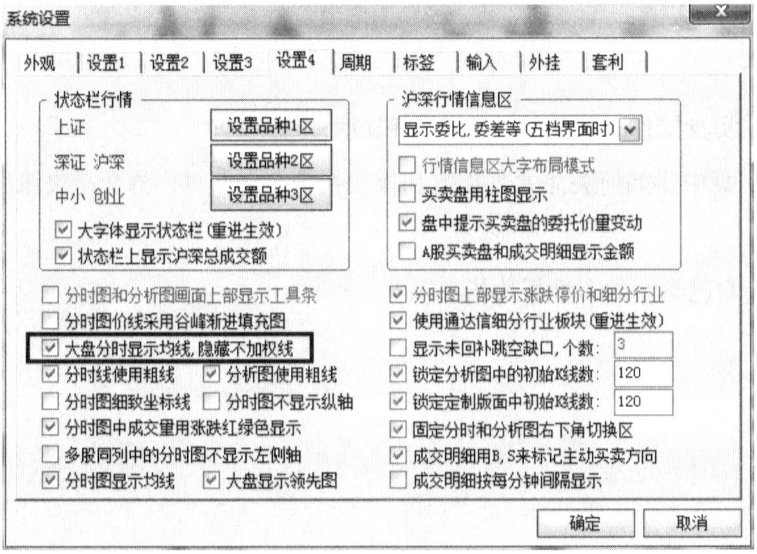

均线是用当天的成交额加权得来的，而下图的加权线则是按照标的股票的流通盘大小加权得来的，所以如果当天出现了明显的权重股上涨或者杀跌的走势时就会造成下图的两条线的分歧：当权重股强势上涨时加权线涨幅会大于走势线的跌幅，当权重股强势下跌时加权线跌幅也会大于走势线的跌幅。

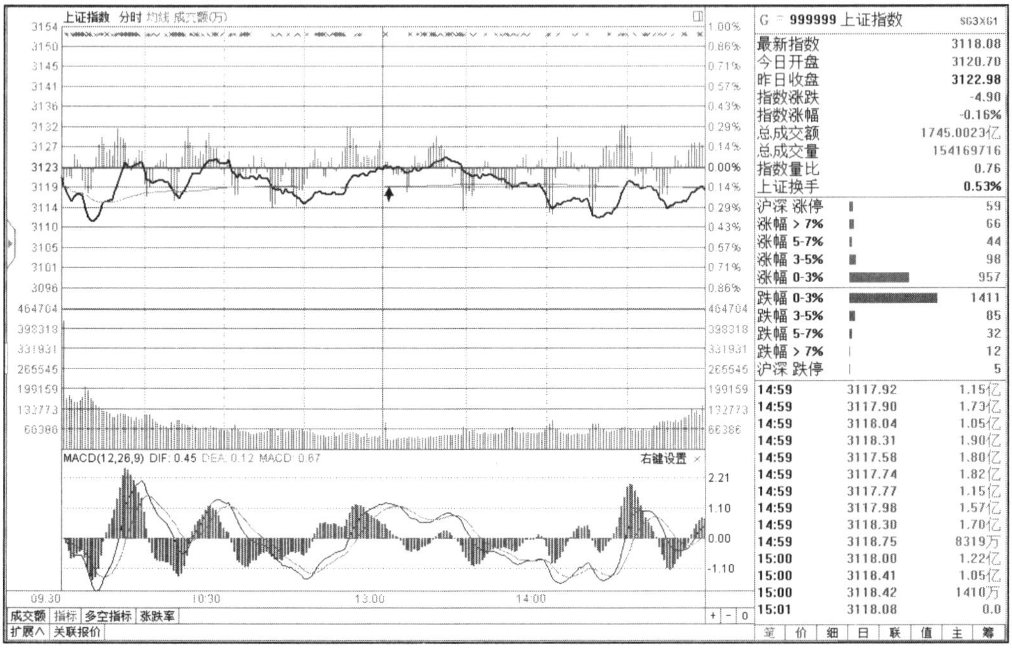

上证指数（999999）2016年12月19日均线分时走势图

思考题

1. 你在实盘操作时关注的大盘指数和板块指数多吗？

2. 在实盘中要如何关注大盘指数和板块指数，它们对你的交易决策有什么样的作用？

3. 你有自己编制的个性板块指数吗？

第十章

经典短线狙击招式

理论是为实践服务的，再完美的理论不能用于实践就失去了它应有的价值，都会让它的“完美”黯然失色。不存在完美的理论，但是有对理论的“完美”追求才会在操作上获得日益精进的回报。

第一节　短线第一招——探囊取物

1. 位置要素

①双突破之后，上升趋势得到确认；

②30日均线和60日均线金叉；

③股价上方没有重要均线压制；

④股价要在相对低位，而不能在相对高位，尤其是最近两年的相对高位。

2. 盘口要素

①当天分时盘口快速下跌，下跌过程不能放大量，然后快速拉回形成当天的最低点；

②下跌过程的整体跌幅大于3%，最后下跌过程最好大于60度，拉升过程的角度不能小于前期的下跌角度；

③前5个交易日如果是下跌的要求下跌不放量，前5个交易日如果是上涨的要求上涨波段的涨幅小于10%，前5个交易日涨跌不明显的要求在15分钟上形成双底。

3．操作策略

①大盘在收盘前15分钟无跳水风险；

②收盘前15分钟股价最好在红盘区之上，股价在红盘区的涨幅最好小于3%，涨幅超过3%的要求不是拉尾，且拉升的过程中是放量，最好出现过堆量；

③第一买点：收盘前3分钟买进，仓位20%；

④第二买点：次日开盘后股价如果下行，不创前一天下影线的新低，股价再次上涨时加20%的仓位；

⑤第一卖点：次日分时盘口出现量价背离；

⑥第二卖点：跌破15分钟上升趋势线。

图示案例

如图所示，连云港（601008）在突破了底部横盘整理区后走出了强势横盘状态，虽然均线已经处于多头状态，但是整个多头的氛围并不是非常强悍，均线向上的角度并不大。11月9日之前的K线都是较弱的十字星，但都是在5日均线之上缓慢爬升，低点不断抬高，看似疲弱，实则暴风雨来临之前的宁静。

11月9日上午的盘口仍然较弱，午盘开盘的瞬间股价快速向下打压，虽然放出了当天的最大量，但是“最大量”的数量级和整体量能相比还是比较微弱，其实市场传递出来的信号是：底部已经夯实，打不下去了，那么只有上涨了。见低点后股价快速拉回，但是快速拉回的强势并没有维持多久，股价就再次恢复了原本软弱无力的样子，尾盘一直在红盘区、重心价附近震荡。盘中市场给出“下不去”的信号，尾盘股价又没有大衰就是一种非常强势的表现，也就是探囊取物模型的进场点。

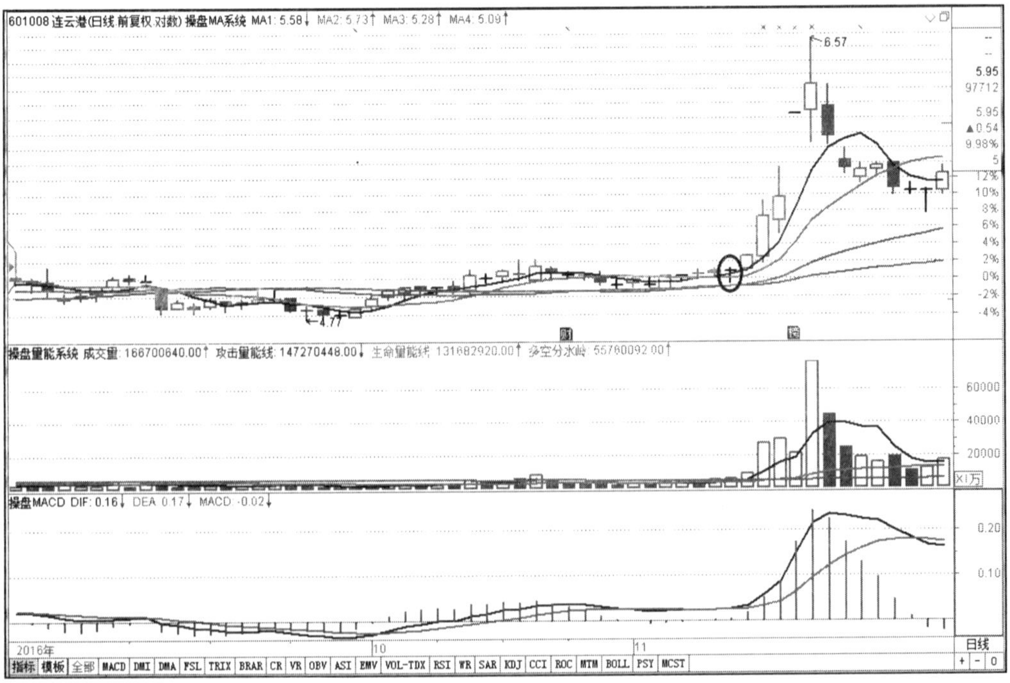

连云港（601008）2016年9月~11月日K线走势图

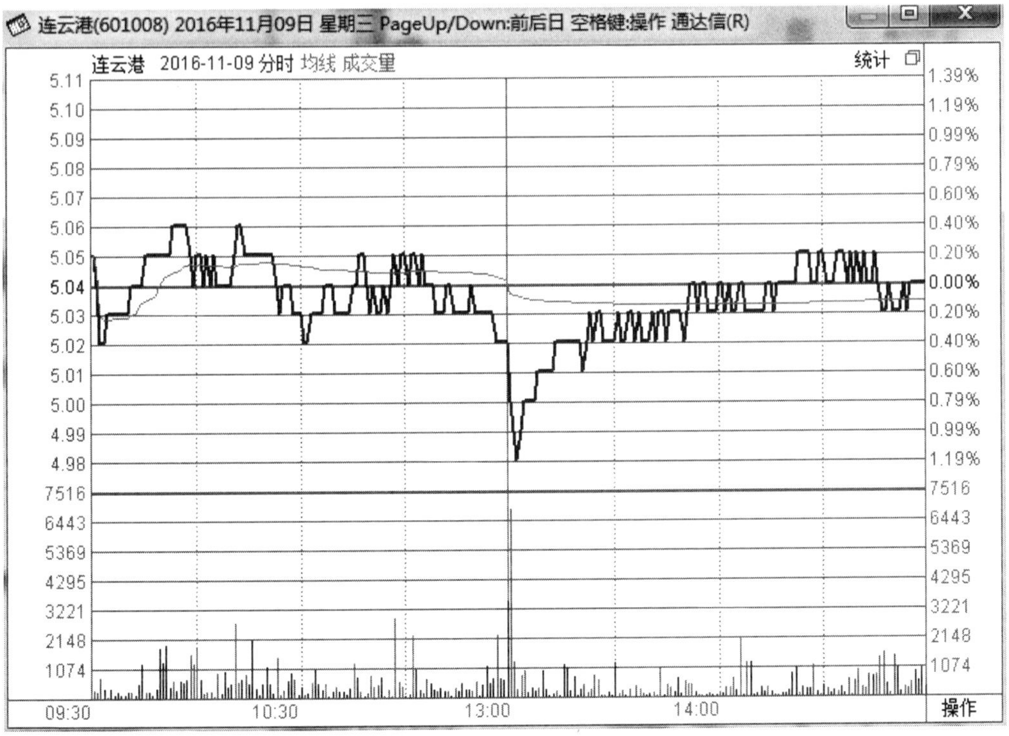

连云港（601008）2016年11月9日分时走势图

股市寄语

探囊取物模型在股价下探的时候，取的物品就是恐慌盘出尽、股价已经跌不下去的信号，股价快速被拉回时就是告诉大家，想要的物品已经取回。

第二节　短线第二招——扶摇直上

1. 位置要素

①股价已经突破前期下降趋势线；

②股价前期没有大幅上涨，上方没有中长期均线压制；

③15分钟上已经形成了上升趋势。

2. 盘口要素

股价快速拉升，单波上涨的幅度超过2%，但是不超过6%，拉升时放量。

3. 操作策略

①大盘指数30分钟在上升趋势中；

②第一买点：股价满足上述盘口要素条件且上涨幅度小于7%时买进20%仓位；

③第二买点：股价回调缩量遇到重心价有支撑，再买进20%的仓位；

④第三买点：股价拉升到涨停板，在卖一成交单即将消失的瞬间抢入20%的仓位；

⑤第一卖点：次日分时盘口出现量价背离；

⑥第二卖点：跌破15分钟上升趋势线

图示案例

如图所示，赛福天（603028）已经突破了前期的下降趋势，并且也完成了一

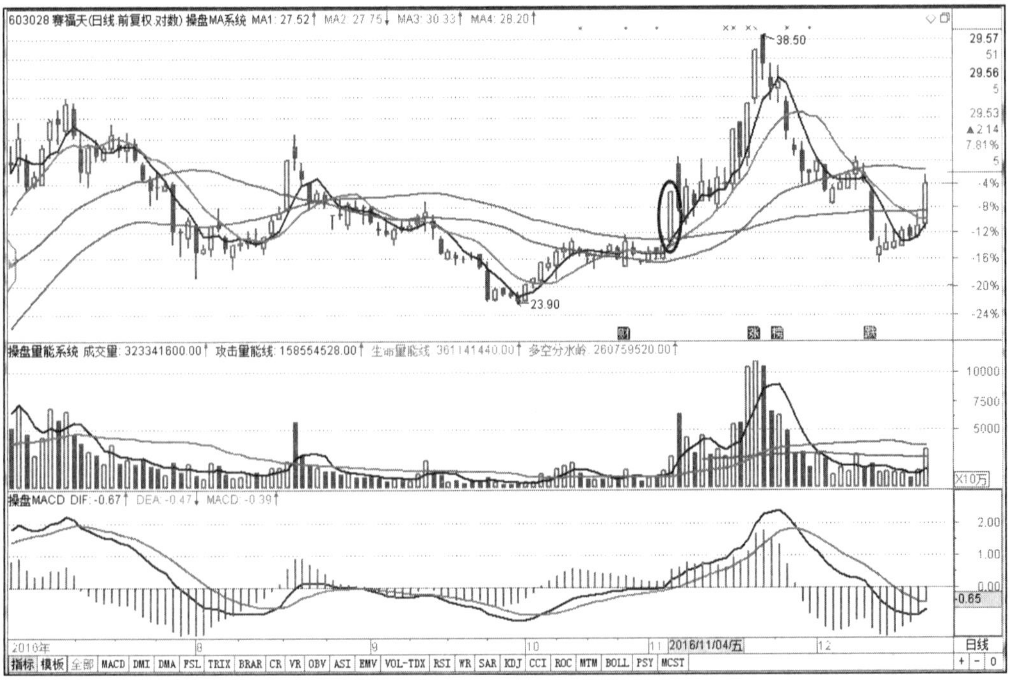

赛福天（603028）2016年7月~12月日K线走势图

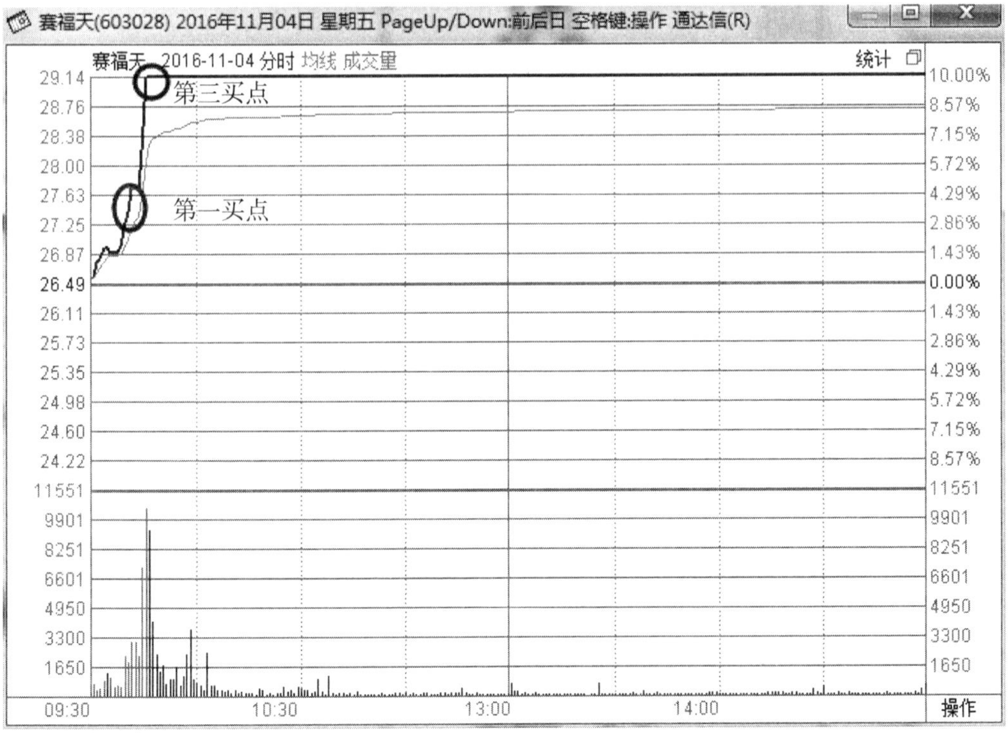

赛福天（603028）2016年11月4日分时走势图

个波段的上涨，在反弹到30日均线附近展开了横盘整理，等待K线以及短期均线和60日均线的会合，2016年11月4日股价早盘小幅高开后快速向上拉升。第一个波段拉升的幅度只有1.5%，不满足扶摇直上模型单波拉升的幅度，所以暂时没有进场点，股价稍作喘息后再次拉升，该波段拉升的幅度达到了4%且放量，是扶摇直上模型的第一进场位。但是由于赛福天当天的走势非常强悍，相邻波段之间的回调时间并不长，幅度也特别浅，所以根本没有回调到重心价的机会就直接拉升到了涨停板。如果你盯盘时出手的速度够快就会抓到一次补仓的机会，也就是涨停瞬间的第三买点。

第三节　短线第三招——狡兔起跳（回踩均线）

1. 位置要素

①股价已经突破前期下降趋势线；

②股价前期没有大幅上涨，上方没有中长期均线压制；

③15分钟上已经形成了上升趋势。

2. 盘口要素

股价全天在重心价上方震荡，如果股价跌破重心价也要保证在重心价下方的时间不超过30分钟。

3. 操作策略

①第一买点：13:00以后，股价回调不破重心价，且回调过程缩量，一旦放量拉升买进20%仓位；

②第二买点：第一仓位进场后股价如期上涨，且上涨过程量能健康，待股价创了当天新高后加仓20%；

③第一卖点：次日分时盘口出现量价背离；

④第二卖点：跌破15分钟上升趋势线。

图示案例

下图金字火腿前期完成了一个小的上涨波段后进行横盘，在横盘的末期股价快速向下打压，打压后在底部横盘5天，在此期间，30日均线已经拐头向上且已经和60日均线金叉，虽然60日均线还没有拐头向上但是对股价的压力已经不在，短期均线死叉后回踩30日均线。以上是对金字火腿出现狡兔起跳当天的位置进行分析，股价当天上午的震荡上升就已经把股价拉升到了所有均线之上，所以不用担心压制的问题。

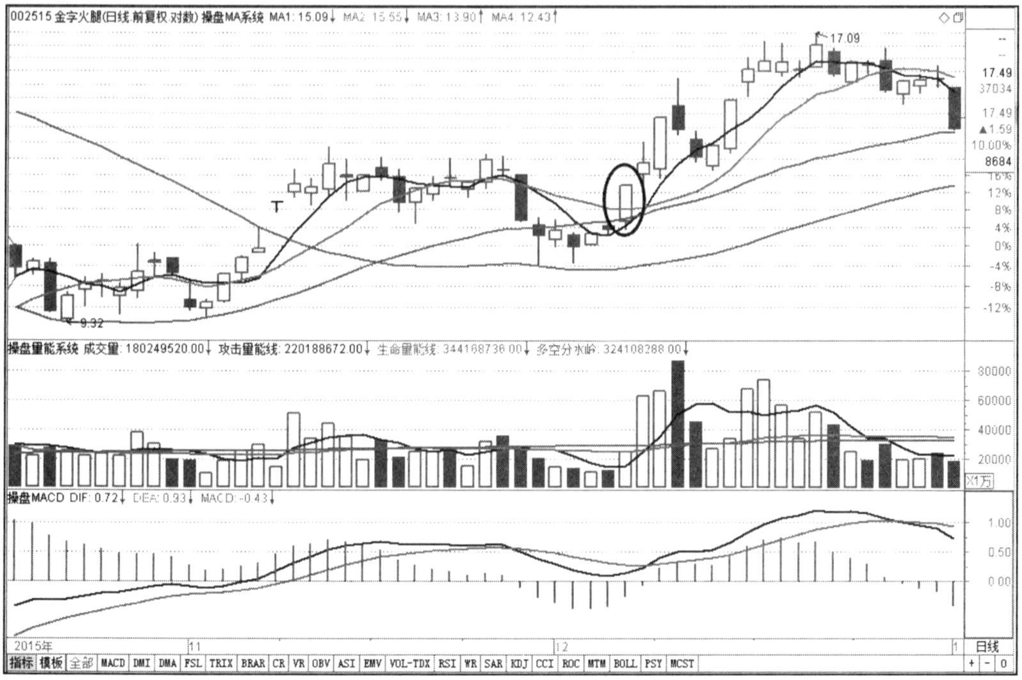

金字火腿（002515）2015年10月~12月日K线走势图

上午股价缓慢推升到4%以上的涨幅后，股价开始强势横盘，横盘的振幅较小并没有大量放出，且股价回踩到重心价后快速拉起就可以买进第一仓位，之后股价继续拉升，当股价创当天新高时买进第二仓位，待股价拉升到涨停板时买进第三仓位。

金字火腿（002515）2015年12月7日分时走势图

第四节　短线第四招——鱼跃龙门

1. 位置要素

①日线上突破了前期横盘整理期；

②均线从黏合走向发散，30日均线拐头向上。

2. 盘口要素

①盘口走出了标准的下跌、横盘、上涨的轮回；

②该轮回可以是一天的分时走势图也可以是多天的分时走势图，但是多天的分时走势图不超过3天；

③下跌过程不能放大量，横盘区最好缩量。

3. 操作策略

①第一买点：股价形成双突破时买进20%的仓位；

②第二买点：上升趋势形成，股价回踩重心价，但是重心价不能低于双突破的价格，再次放量时买进20%的仓位；

③第三买点：股价拉升到涨停板，在卖一成交单即将消失的瞬间抢入20%的仓位；

④第一卖点：次日分时盘口出现量价背离；

⑤第二卖点：跌破15分钟上升趋势线。

图示案例

如图所示，世纪游轮（002558）在2016年6月23日的中阳线突破了前期的横盘整理区，此时各均线已经处于充分黏合等待选择方向的状态，该中阳线的出现无疑说明股价已经做出了方向性的选择。6月24日早盘开盘后股价的走势并不理想，一度下跌，最深的跌幅达到了5%，但是比较乐观的是出现了快速杀跌的最低点后股价被瞬间拉起，在分时盘口中走出了底部收敛三角形，在股价爬升到重心价附近，放量拉升，股价在分时盘口中走出了双突破的同时也突破了重心价的压力。关于双突破请参阅《趋势为王》。

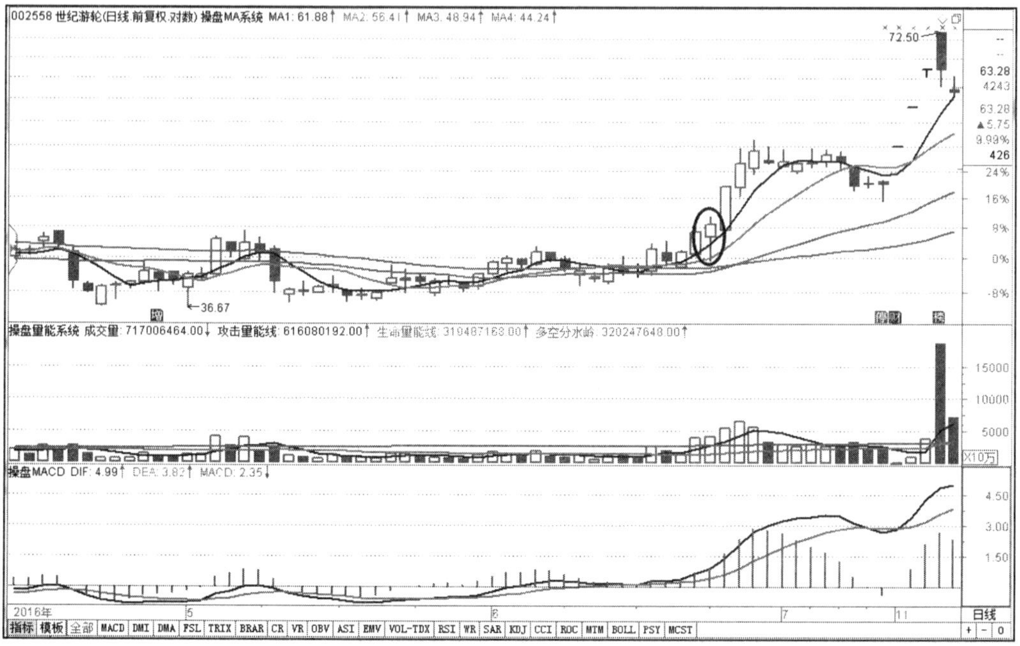

世纪游轮（002558）2016年4月~11月日K线走势图

世纪游轮（002558）2016年6月24日分时走势图

第五节　短线第五招——左右开弓

1. 位置要素

①日线上突破了前期横盘整理期；

②均线从黏合走向发散，30日均线拐头向上。

2. 盘口要素

①早盘后上午出现了一波明显的拉升，拉升的幅度在2%以上；

②之后股价开始回调，回调的方式可以是横盘也可以是向下，但是不能放量，且一定不能出现比之前拉升一波更大的量；

③股价再次放量拉升，且第二次放量拉升的量能一定大于前一波放量拉升的量能，第二波上涨的角度大于第一波上涨的角度；

3．操作策略

①第一买点：股价第二次放量拉升时买进20%的仓位；

②第二买点：股价回踩重心价，但是重心价不能低于双突破的价格，再次放量时买进20%的仓位；

③第三买点：股价拉升到涨停板，在卖一成交单即将消失的瞬间抢入20%的仓位；

④第一卖点：次日分时盘口出现量价背离；

⑤第二卖点：跌破15分钟上升趋势线。

图示案例

如图所示，南洋股份（002212）在形成了上升趋势后，30、60日均线也形成了金叉，完成了一个小的上升波段后股价开始回调，遇到30日均线后有止跌企稳的迹象，在下跌动能最大的中阴线出现后走出了一根极弱的十字星，市场上的多空能量趋于一致，即将面临方向的选择。

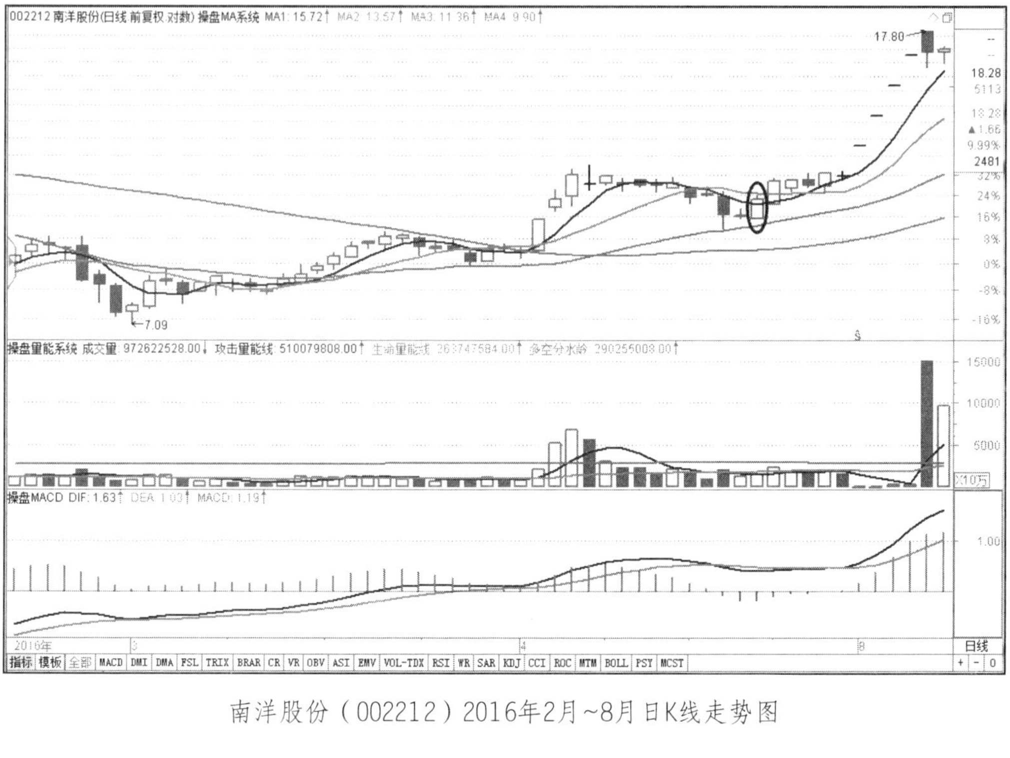

南洋股份（002212）2016年2月~8月日K线走势图

十字星之后，股价早盘小幅低开后上扬，波段上涨幅度刚好达到2%。之后股价围绕重心价展开了横盘，直到下午13:30以后盘中的量能逐渐放大，股价被快速推高，该推升波段的量能明显大于早盘拉升波段的量能，该拉升波段的角度和流畅程度都优于早盘的第一个拉升波段，当股价创了当天的新高时就是第一买点。

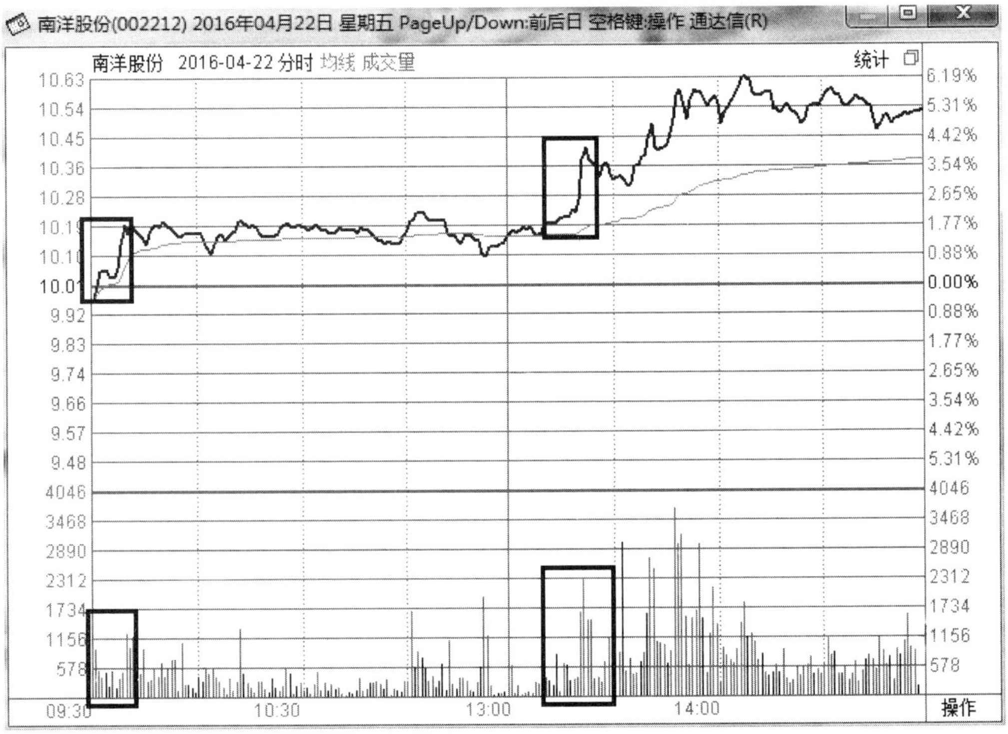

南洋股份（002212）2016年4月22日分时走势图

实战案例

操作标的	买入时间	买入均价	卖出时间	卖出均价	盈利比率
金路集团（000510）	2016年11月4日	9.50	2016年11月11日	15.6	64.21%

和一位有两个月没怎么联系的学员见面后聊天，该学员告诉笔者说操作渐渐有感觉了，最近两个月就交易两次，一次是驰宏锌锗从亏损10%，通过滚动操作在两个多月的时间里盈利70%多；还有一次交易是金路集团，在6个交易日中获得了64%的收益。

首先分析买进之前股价所在的位置。股价之前有3个月的时间在60日均线之上横盘震荡，虽然是上升趋势，但是上升趋势的力度比较弱，30日均线和60日均线处于小于10度的向上延伸中，在市场上交替进行的牛股中它真的是非常不起眼的一只，也一定不会入了广大散户的法眼。其实建议大家去研究一下大牛股启动前的形态，都是非常不起眼的，都是和我们追涨杀跌的风格不符的，所以很难有牛股启动之前的先见之明。

2016年11月3日，金路集团以涨停板的方式打破了股价前期的宁静，而且给出了王者归来的征兆！

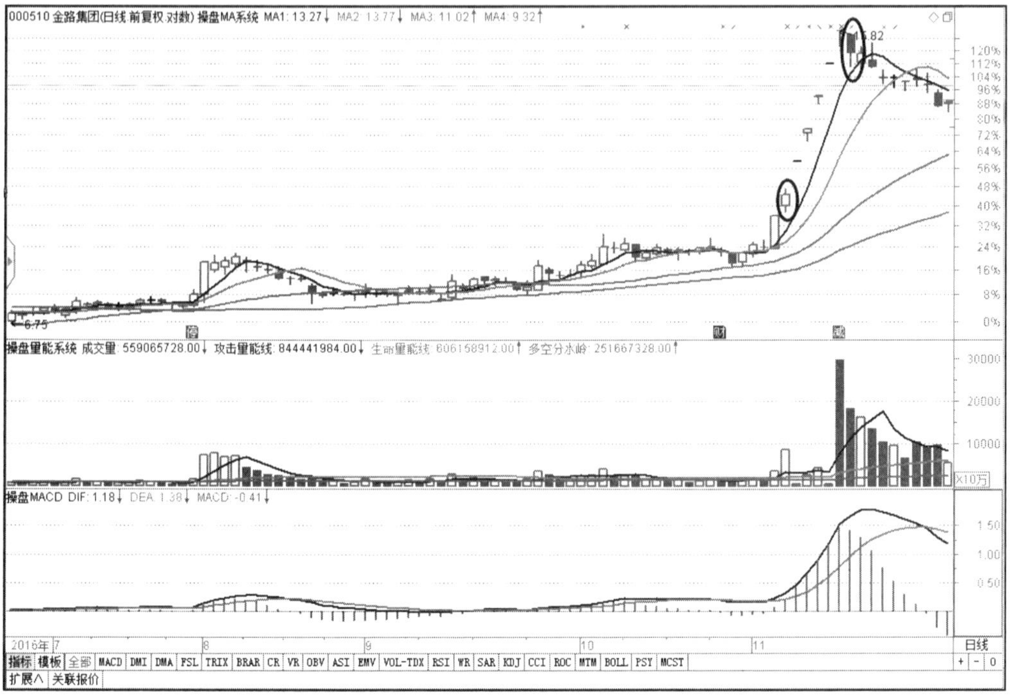

金路集团（000510）2016年6月~11月日K线走势图

看涨停板当天的分时走势图，早盘拉升的一个波段走出了标准的扶摇直上模型，和上文的赛福天当天的涨停波形如出一辙。盯盘是一件累人但是又不一定有满意回报的事情，就像金路集团当天的涨停一样，可能在给朋友打个电话的瞬间就涨停了，虽然涨停后有过5分钟左右的开板震仓洗盘，但是整个过程也没超过30分钟，能够在这个时间认真盯着这只股票就是一件小概率事件，在出现这样的拉升波形后能够快速做出进场决定的更是小概率中的小概率。该学员当天看到金路集团时已经涨停了，而且大单封停，没有任何打开的迹象，这就给出了两个信号：一个是当天没有机会进场了，另一个是更加确定王者归来。所以该学员当天就决定次日集合竞价涨停板挂单进场。

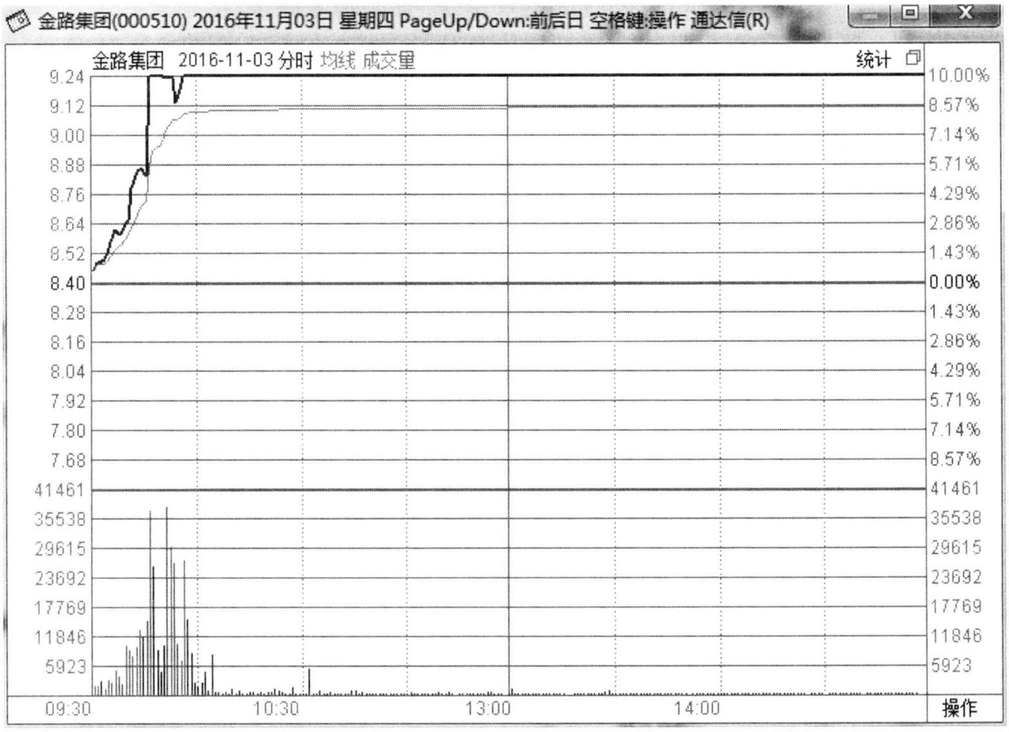

金路集团（000510）2016年11月3日分时走势图

涨停次日，金路集团和一般的涨停板次日的走势差不多，早盘跳空高开，所以集合竞价涨停板挂单就以开盘价全部成交。股价当天在高位横盘震荡，全天放出一年来的最大量，达到了充分洗盘目的，然而洗盘却是散户最容易离开的位置。

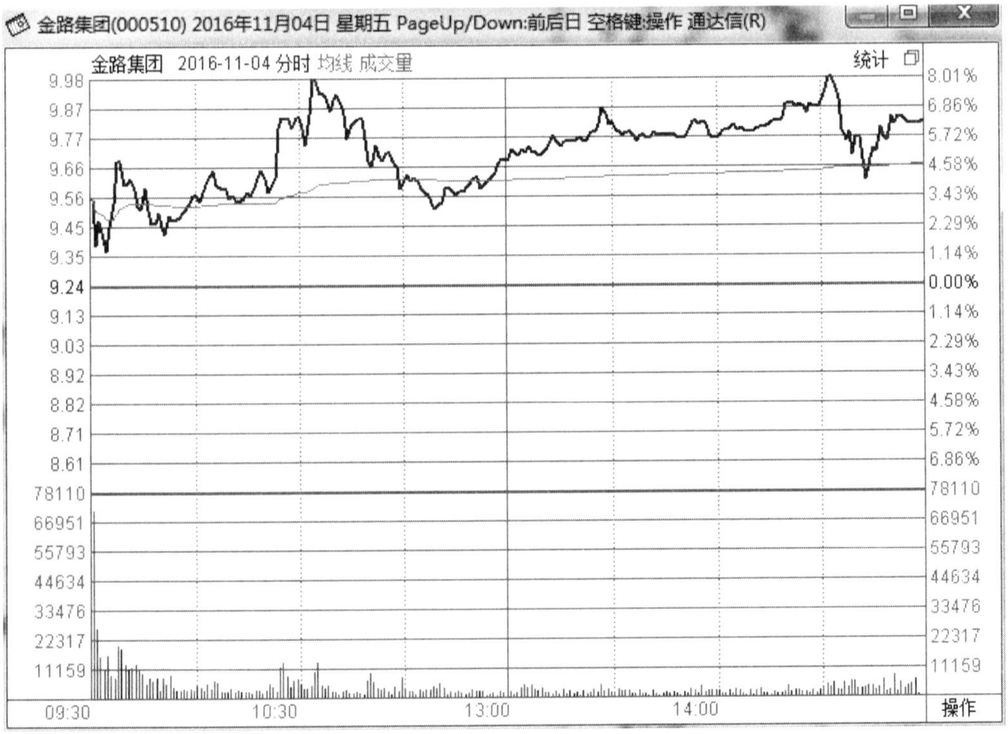

金路集团（000510）2016年11月4日分时走势图

进场后的走势就不再叙述了，K线图上一目了然，这种走势出现后任何一次开板的位置卖掉都是正确的。

思考题

1. 交易模型重要吗？你在实战中有完全按照交易模型操作吗？
2. 复述本章介绍的5个短线操作模型的技术要素。
3. 5个短线操作模型的共同点是什么？
4. 结合本书的全部内容你总结了哪些自己的交易模型？

思考题答案

在本书一些章节的最后留下了一些问题，读者翻看此页的目的一定是迫不及待地寻找答案来了。非常遗憾地告诉您，这一页给不了您想要的答案，哪怕是我们见面也无法给您明确的答案。或者您可以选择向一些在这个市场上已经有很深造诣的前辈来提问，但是笔者敢保证他们也无法给您一个标准的答案，因为对于这些问题，每个人都会有不同的答案。

那么，怎么样才能找到属于我们自己的答案？只有通过学习，对这个市场有了充分的研究和洞察并建立了自己的交易体系和交易模型之后，才会得出答案。而且，我们还要解决思维层面上的问题。股市犹如战场，要想成为赢家，一定要养成强者的思维——主力思维。

无数的投资者在这个市场前仆后继，有些甚至在这里摸爬滚打了几十年，但是依然不知道每次交易为什么赚钱、为什么亏钱。时间只是增加股龄，却没有改变他们在这个市场中追涨杀跌的散户思维，更没有站在主力运作股票的高度，斟酌每次交易决策是否顺时顺势。

江氏操盘体系是在市场中经过了无数次实战印证的。愿意同笔者一起将这套体系进行拓展的同人越来越多，大家都认为我们应该帮助更多想在这个市场中劈风斩棘的有缘人，所以我们会将江氏操盘体系全部的内容通过图书、培训等多种方式发扬光大。阅读“江氏操盘实战金典”丛书不一定保证您在这个市场上大有所为，但是一定会让执着于这个市场的您少走弯路。

这是一个需要有前辈指引方向的战场，更是一个需要自己潜心研究、做好充分战前规划和部署的战场。愿本系列丛书能够帮您在股票投资这条道路上有所斩获。

后 记

当您看到后记时，即使还没来得及对本书的内容进行深度研读，也一定有了初步了解。我们这套丛书，是为期望长久在市场中有所斩获的投资者和操盘手准备的，越是深入研读，对您认识这个市场和走近这个市场越有帮助。但是大家要明白一个道理，持续、稳健地盈利是需要长时间基础知识的沉淀和操作经验的积累才会实现的，绝非一蹴而就。任何想要在市场中快速一夜暴富的思想都是幼稚的，“流星容易恒星难”，很多投资者都是抱着先赚点钱再学习的态度，殊不知没有渔网，能够捕到鱼的概率小之又小。

2016年和2017年上半年，整个A股在低位横盘，中小板和创业板却在低位一再创新低，而且走出了典型的蓝筹股护盘式上涨、小盘股跳楼式下跌的分化。在全球证券市场向好的背景下，A股的走势和中国GDP第二大国的头衔实在不太匹配，然而，“塞翁失马，焉知非福”？A股在27年里一直处于跌跌撞撞的摸索状态，虽然有所发展，但是有些制度还不太健全，真正强势的证券市场必然需要健全的、保证优秀的上市公司的监管制度，我们国家的监管层正在做这项工作，黎明前的黑暗往往是最难熬的。

从2015年大盘走出5178的高点之后，整个证券市场进行了一次大洗牌，市场的运行模式都在变化。一些机构的操盘手越来越年轻，从之前的60后、70后逐渐向80后甚至90后转变，思维方式更加活跃和激进，市场上爱学习的股民越来越多，所以经常会形成一致性的支撑和压力，而主力就是要破坏这种支撑和压力。

学习股票，可分为“术”“法”“道”三个层次。如果投资者的学习只是停留在“术”的层面，就很难应对市场的变化。这也是很多投资者在学习了一些交

聚牛财经
股市掘金：江氏交易天机系列之"腾飞点"

江氏专业操盘手训练课程家人合影
2015.5.27

职业投资者高级操盘课程全体师生合影
复旦大学证券研究所 2014年8月
復旦大學

职业投资者之K线天机上海训练营
复旦大学证券研究所 2014年12月3日

易模式后有一段时间可以盈利，但是换一段行情之后就开始亏损的原因，只有晋升到“法”和“道”的层面，才有能力应对市场的千变万化。

最后，非常感谢北京大学中国金融研究中心证券研究所吕所长在百忙之中抽出时间为本书作序，感谢我的助手曲君洁对我们培训的材料进行整理和归纳，并从市场中搜集了最新的案例，才使得本书顺利出版。同时，也要感谢我的父母和我的爱人贾红秀、女儿孙艺玮和儿子孙乾翔对我从事这个行业的支持；感谢基金团队的杨玲丽、李文捷、袁红兵、倪润道、尹一茜等对实盘案例的提供；感谢周玉平对本书的宝贵建议；感谢四川人民出版社人文出版中心主任王定宇编审的精心策划，副主任何佳佳编辑优秀的文案撰写，副编审何秀兰老师细致的文字加工。更要感谢阅读完本书的您，如果您对本书有任何意见或者建议，欢迎同我们联系，我及我们团队的所有成员欢迎您的指正。

我们的使命

帮助亿万投资者树立正确的投资理念，远离投资失败的痛苦，实现财富稳健增长！

我们的愿景

提高中国人的财商，为每一个中国家庭培养一名合格的财富管理经理。

我们的宗旨

为客户提供实战、实效、实用的投资教育培训，为客户创造价值是我们永远的追求。

江氏精品课

1. 趋势天机3天2晚
2. 短线操盘真经3天1夜
3. 牛股起涨十大模型3天1夜
4. 牛股操盘八大秘笈3天1夜
5. 股市立论与财富革命3天2晚
6. 操盘学3天
7. 短庄套利模型3天2晚
8. 黄金大阳线2天1晚
9. 黄金分割2天
10. 涨停套利模型3天
11. MACD趋势之道1天
12. 趋势天机精品班3天2晚

江氏弟子班

1. 黄金K线3天2晚
2. 形态天机3天
3. 波浪理论3天2晚
4. 黄金解套3天
5. 波段与量能天机3天2晚

6. 盘口定乾坤3天
7. 波段结构天机3天
8. 五维六法3天
9. 交易心理与神修7天

嫡传弟子班

（包含所有江氏弟子班课程和6次密训交流会）

1. 道氏理论10天6晚
2. 高级均线与操盘训练5天
3. 作量法则3天
4. 高级盘口3天
5. 操盘智慧3天
6. 基本面分析与调研5天

问道青城山——江氏弟子密训班

2019.5.24~5.26好人好股孙清（江海）老师《股市立论与财富革命》
《股市立论与财富革命》

好人好股

20181103-1105中和应泰好人好股江海老师《黄金K线》大合影

江氏操盘　海纳百川　携手江氏　势不可挡

“江氏操盘”是创始人江海老师历经20年、数位江氏团队核心成员历经数年打磨而成的一套A股完整的、成熟的、具有实盘交易价值的操盘体系。如今，江氏人遍布全球各地，有数以万计的学员、逾400名弟子。然而，我们坚信，这只是开始!

对于技术，“江氏操盘”是海纳百川的，它以趋势理论为立足点，诠释了股价运行的核心逻辑，融汇了国内外一系列经典的投资工具。对于A股，更是专注于它的特征——政策市和主力市，形成了独特的主力资金追踪系统，足以应对牛熊的轮回。

对于人，“江氏操盘”是海纳百川的，它博大精深的内涵不仅能够解决任何一位交易者在操作上的问题，还帮投资者找回了藏在心底的正知、正念、正行。它的焦点在于投资方法，它的胸襟可以包容众人。它接受每一位善用体系、立志从无知走向卓越的投资人和交易者。好的教育不仅是给予知识，且能使人为人!

“江氏操盘”弟子是江氏操盘体系的中坚力量。每一位江氏人都是体系的构筑者，是大家的齐心协力让体系日益完善，是大家的坚定不移才让更多的投资者在证券市场中披荆斩棘。每一位江氏人都是体系的捍卫者，我们把系统作为我们的信仰，把系统的发扬和传承作为我们的使命!

虽然我们每个人都是一个微不足道的个体，但是我们愿意将我们所有的能量汇聚在“江氏操盘”这套系统上：一群人、一套系统、一个信念、一辈子!